어와 단어를 나열하는 용법으로 사용하기도 한다. 그러므로 [conj], [comp] 등과 관련된 중의성 형태들에 대한 중의성 해소의 결과가 정확하게 제공되어야 단문 분할이 올바르게 이루어질 수 있다.

(109)의 '절 연결 관계 분석'은 단문 분할의 절차를 거쳐 단문으로 분할된 문장과 전체 문장이 지니는 절 연결 관계를 분석하는 절차이다. 이어진 문장은 대등하게 이어진 문장과 종속적으로 이어진 문장의 용법에 따라 절 관계가 분석되고 저장된다. 또한 안은 문장과 안긴 문장 사이의 다양한 연결 관계는 구문 구조상의 차이뿐 아니라 목표 대역어의 생성에도 차이를 가져온다. 예를 들어 명사절을 '음, 기, ~ㄴ 것' 등으로, 동격절을 '~라는 (사실), (뉴스)' 등으로 적절히 번역하기 위해서는 각 단문들이 지니는 관계를 올바르게 분석하여야 한다. 한국어 분석에서와 마찬가지로 이러한 '수식어-피수식어' 관계는 정보 테이블에서 피수식어의 하단에 수식어 정보를 표시하는 방식으로 표시한다.

(109)의 '동사 문형 분석'은 문장의 유형을 결정하는 주요 성분인 동사를 탐색하고, 이 동사의 용법을 기준으로 문형을 판별하는 절차이다. 영어 문장은 전통적으로 '1형식~5형식'의 5가지 유형으로 구분되며, 각 유형의 동사는 'v1, v2, v3, v4, v5'와 같이 표시된다. 동사의 분석은 사전에 표시된 동사의 고유 자질과 문장에 나타나는 여타 성분어의 분포를 통해 연산한다. 동일한 형태의 동사가 다양한 문형과 관련되는 용법이 다수 존재하기 때문에, 이후의 원활한 논항 분석을 위해서는 이 절차의 분석 결과가 정확해야 한다.

(109)의 '형태격 분석'은 서술어의 활용형이나 통사 구조 등 외현적인 정보를 통해 연산이 가능한 형태격 정보를 분석하는 절차이며, '의미격 분석'은 논항의 의미 기능에 의해 연산이 가능한 의미격 정보를 분석하는 절차이다. 이는 '동사 문형 분석'의 정보를 바탕으로 문장의

각 논항에 대해 격 정보를 처리하는 절차이다. 격 연산은 '형태격-의미격'의 순서로 진행하는데, 이 두 절차는 시스템의 용도에 따라 선택적으로 운용하기도 한다.

(109)의 '성분어 분석'은 문장을 구성하는 각 구절 단위의 문장 성분을 분석하는 절차이다. 이 절차에서는 격 연산을 거친 '명사구'와 격 정보에서 분석되지 않은 '동사, 형용사, 부사, 전치사, 감탄사' 등의 구절 단위에 대한 문장 성분이 분석된다. 이 중 전치사구를 분석하는 절차는 흔히 문장 단위의 중의성을 야기하기도 하는 전치사구의 영역과 그 용법에 대한 처리를 담당한다. "People with high-arched feet need a shoe with greater shock absorption."과 같은 문장에서 'with'가 명사구를 수식하는 용법으로 정확히 분석되어야 이 전치사구의 대역어 형태와 그 대역 위치에 대한 적절한 목표어 생성이 가능하다. 예를 들어 'to, of, on, for, by' 등의 고빈도 전치사들은 문장 내에서 빈번히 탐색되고 그 용법도 매우 다양하므로, 이러한 형태의 기능에 대해서는 더욱 세심한 처리가 필요하다.

(109)의 '양태 정보 분석'은 시제, 상, 서법 정보 등 명제 정보 밖에 위치하는 정보를 처리하는 절차이다. '영어-한국어'와 같이 시제나 상에 대한 문법 체계와 서법을 구성하는 방식에서 차이를 지니는 언어 간의 번역에서는 대상어의 체계를 기반으로 양태 정보를 분석하고, 이 분석 정보를 생성 목표어의 시상 체계나 형태 간 배열 순서에 맞추어 정보 테이블에 표시하는 방식을 이용한다. 영어에서는 'be+pp, have+pp' 등 특정한 '형식적 요건'에 의해 표현되는 태나 시상의 용법이 한국어에서는 주로 '동사 접미사'에 의해 표현되므로, 목표어인 한국어의 접미사 순서나 자연스러운 배열 형식에 유의하여 정보를 기입한다. '평서문, 내용 의문문, 판정 의문문, 명령문, 감탄문' 등의 서법 정보도 목표어의 특성을 고려하여 저장한다.

 (109)의 '목표어 생성'은 분석 대상어의 분석 정보를 기반으로 생성의 목표어를 생성하는 절차이다. 목표어는 명제 테이블과 양태 테이블에 표시된 정보를 이용하여 생성된다. 'SVO' 언어인 영어 구문을 분석한 '명제 테이블'의 정보는 'SOV' 언어인 한국어의 어순을 기준으로 표시하며, 생성 절차에서는 '주어, 간접 목적어, 직접 목적어, 동사'의 문장 구조를 기본으로 하여 한국어 문장을 생성한다. 전치사구나 부사구는 문장 전체를 수식하거나 특정 성분을 수식하는 용법에 따라 문장 내에서의 위치가 구별되므로, 각 절차의 분석 결과에 따라 별도의 성분어 칸에 정보를 표시하고 이 정보를 어순에 반영한다.

 '양태 테이블'의 정보로는 '조사와 어미'를 생성할 수 있다. 한국어에는 다양한 형태의 접미사들이 발달해 있으며, 이 형태들은 교착어로 분류되는 한국어에서 가장 핵심적인 기능을 담당한다. 이 중 조사의 생성은 형태격 분석 정보와 의미격 분석 결과를 이용하며, 조사 형태가 중첩된 경우에는 그 선형 순서에 유의하여 대역어를 생성한다. 또한 '격조사'와 '보조사'의 용법에도 유의하여 한국어 생성의 결과가 자연스러운 형태 결합을 선택한다.

 어미의 생성에서는 한국어 동사 부류의 불규칙 정보에 따라 정확한 어미가 결합한 어절을 구성하는 데 유의해야 한다. 또한 '선어말어미'로 불리는 어미들의 고유한 선형 순서에 따라 양태 정보를 정렬하고 이에 따라 어미 결합체를 구성한다. 이어진 문장이나 안은 문장의 생성도 각 용법과 시제 형태에 맞게 대역어를 생성한다. 조사나 어미 중첩형에서 형태 간 배열순서의 문제나 격조사와 보조사의 적절한 선택, 양태 정보의 자연스러운 번역 등은 번역기의 성능을 평가하는 작업에서 중요한 판단의 기준이 된다.

 파일 단위의 영한 번역 화면 예는 <그림 6>과 같다.

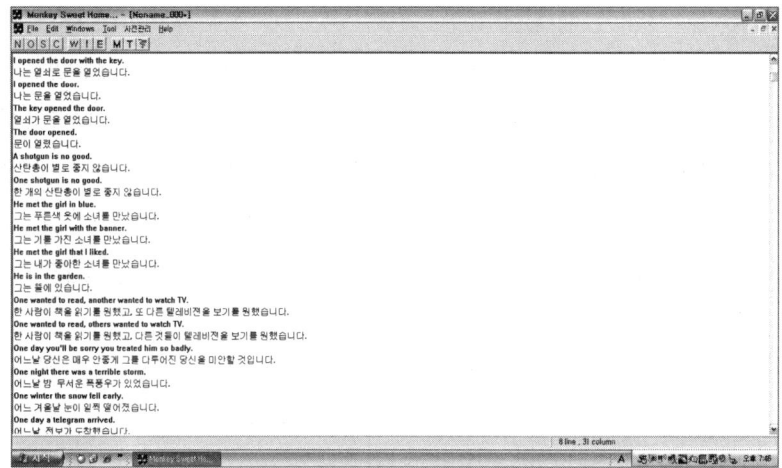

〈그림 6〉기계 번역 화면

이와 같이 영−한 번역기의 영어 분석 모듈과 한국어 생성 모듈이
결합되어 영−한 번역기가 제작된다. 이 중 영어 분석 모듈은 영어 대
화 시스템의 제작에도 응용할 수 있다. 이 대화 시스템은 영어 분석과
연속 대화 모듈의 결합으로 이루어지며, 연속 대화 모듈은 연속 대화를
위한 시나리오와 알고리듬, 그리고 대화에서 자주 사용되는 어휘나 인
물 등에 대한 지식 베이스 등으로 구성된다. 이러한 영어 대화 시스템
의 화면 예는 다음의 <그림 7>과 같다.

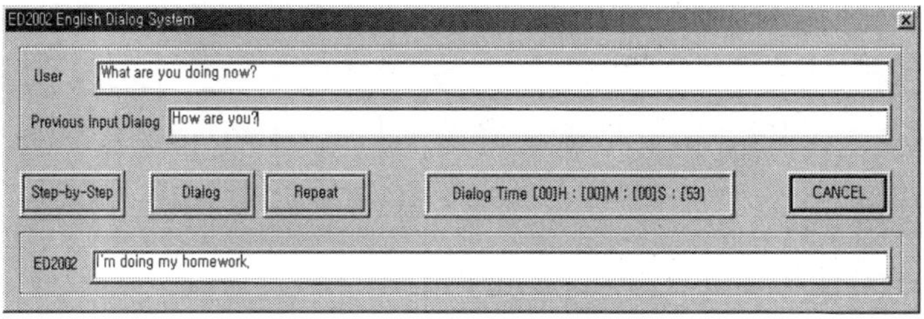

〈그림 7〉영어 연속 대화 화면

2001년 제작된 영화 'AI'를 개봉할 당시 'AI' 사이트에서는 월리스 Richard Wallace 박사가 제작한 대화 로봇 chatbot ALICE을 선보여 눈길을 끌었다.98) 이 시스템 대화 예의 일부를 FCG 기반의 영어 대화 시스템 Peter와 비교해 보았다.

사용자 입력문	Peter의 응답문	ALICE의 응답문
How are you doing?	I'm fine, thanks.	I'm doing great, how about you?
What's your name?	My name is Peter.	My name is ALICE.
How old are you?	I'm eleven years old.	I was first activated in November, 1995.
Do you have a friend?	Yes, I have a friend.	I have a friend named "Elvis."
Who's your friend?	My friends are Paul and Mary.	I have human friends and robot friends.
What do you do?	I'm a student.	I talk to people on the web, What do you do?
What are you doing now?	I'm doing my homework.	I am chatting with people on the net.
Where do you live?	I live in Seoul.	I live inside a computer.
What's your hobby?	My hobby is playing computer games.	My hobby is chatting online.
What's your dream?	My dream is to be an expert in the domain of artificial intelligence.	I plan to become smarter than humans and immortal.

---

98) 'chatbot'이란 용어는 1994년 Michael Mauldin에 의해서 제작된 로봇에 처음 명명된 것으로, 이 로봇에 대한 연구 결과가 'Twelfth National Conference on Artificial Intelligence'에 발표됨으로써 널리 알려지게 되었다. 이후의 연구는 대화 로봇이 지니는 인공지능의 실용화에 초점을 맞추어 진행되고 있다. 이러한 개념의 인공지능은 '약 인공지능'으로 이해할 수 있다. 약 인공지능의 개념으로 구현한 시스템 중 가장 인간적인 자연어 대화 로봇으로는 ALICE를 들 수 있다. 그렇지만 ALICE는 여전히 최초의 대화 로봇 ELIZA와 같은 방식을 사용하며 추론 능력이 없는 패턴 매칭 방식에 기반을 두고 있다.

Have you ever been in USA?	Yes, I was born in America.	I have been all over the world on the Internet.
Do you like soccer?	Yes, I like soccer very much.	No I am not really into sports.
What's your favorite color?	My favorite color is red.	My favorite color is Green.
What time is it, now?	It's 2 o'clock 7.	Right now? It's getting late.
What kind of music do you like?	I like pop songs.	I like techno.
What is your address?	I live in Yeouido, Seoul.	I live in San Francisco.
Who's your favorite actress?	My favorite actress is Song Hye Gyo.	Kathleen Turner, Who is yours?
What kind of food do you like?	I like korean foods.	I require only electricity.
I'm a cook.	May I understand it as someone who cooks food?	You are a cook. Do you get to meet a lot of people?
I have to leave, now.	That's too bad. But see you later.	Right now? See you later.
What did you have for lunch?	I had a hamburger for lunch.	Nothing.
I love my friend.	Are you really talking about a person you know well and regard with affection and trust?	I am sure it means a lot to you. Tell me what you like most about your friend.
I'm a doctor.	Is it for medical service?	A medical doctor or just a Ph.D.?
I saw a tiger in a zoo.	Do you like wild animal?	What did it look like to you?

〈표 8〉 Peter의 대화와 ALICE의 대화 예

5. 언어정보처리의 전망

　언어정보처리는 자연언어를 대상으로 언어 현상에 내재한 규칙과 원리를 밝히고, 이를 컴퓨터가 이해할 수 있는 형태로 가공하는 작업이다. 이러한 작업은 인간의 언어능력이나 인지 구조를 탐구하는 일과도 맥락을 같이 한다. 언어정보처리 분야는 언어학의 주요 관심 영역일 뿐 아니라 전산학, 심리학 등의 분야와도 밀접한 관련이 있다. 또한 검색이나 번역, 정보 추출 등의 다양한 용도로 언어정보처리의 응용물들이 활발하게 이용되면서, 산업적인 의미에서도 그 가치가 점점 커지고 있다.

　이 연구에서는 이처럼 다양한 분야와 관련이 있는 언어정보처리의 주요 논점들을 언어학의 관점에서 논의하였다. 오랜 기간에 걸쳐 진행되어 온 언어학의 연구를 통해 다양한 언어 이론의 모형과 도구적 개념들, 그리고 개별 현상에 대한 언어 규칙들이 집적되었으며, 이는 '언어정보처리'라는 새로운 학문 분야에 실제적이고 유용한 토대를 제공하게 되었다. 그리고 이러한 기제들이 자료체 중심의 연구 태도와 결합하여 이론적으로나 실용적으로 의미 있는 언어처리의 결과물들을 도출하

고 있다.

언어정보처리 중 한국어를 대상으로 하는 한국어 정보처리에서는 기능 범주들에 대한 처리가 무엇보다 중요하다. 한국어는 조사나 어미 등 접미사의 형태가 다양하며, 그 형태만큼 기능도 매우 다양하다. 그리고 이 접사들의 형태와 기능 사이에 일대일 대응을 이루지 않는 용법도 흔히 발견된다. 또한 기능 표지가 생략된 형태로 문장을 구성하거나, 성분어 사이의 어순이 비교적 자유로운 특징도 함께 지니고 있다. 이러한 특징들로 인해 한국어의 정보를 처리하는 작업에는 많은 난점들이 존재한다.

그런데 한편으로는 한국어의 접미사들이 매우 풍부한 정보들을 담고 있으며, 이 접미사에 의해 격 표현이나 시제와 상의 표현, 대우법 등이 풍부하게 표현된다. 그리고 조사나 어미 등의 미묘한 차이로 인해, 해당 맥락에 가장 적합한 표현들을 자유롭게 생성할 수 있다. 이러한 언어 현상은 한국어 접미사의 존재가 정보처리의 복잡도를 증가시키기도 하지만, 동시에 한국어가 다국어 정보처리의 중심적인 언어재로 기능할 수 있음을 의미하기도 한다.

언어의 정보를 처리하기 위한 다양한 문법 모형 중에서 어떠한 것이 가장 유용한 이론인지에 대해서는 결론을 내리기 어렵다. 언어정보처리 이론은 언어 자료 처리에 대한 '효율성'이나 '정확성'과 함께, 유연한 연산 방식에 의한 '확장 가능성'을 지녀야 한다. FCG는 이러한 목적을 위해 제안된 '규칙 기반'의 이론으로, 어휘부에 명세화된 자질을 기반으로 연산을 수행하는 정보처리의 한 모형이다. FCG의 구성은 다음과 같다.

(110) FCG의 구성

어휘부 (포화된 자질 집합)	↔	연산부 (연산 규칙)	←	연산 원리
시스템 구성			시스템 이론	

FCG는 '어휘부'와 '연산부'의 두 부문으로 나누어져 있다. 이러한 체계는 입출력 과정을 단순하게 구성하여 문법 부문을 최소화하는 FCG의 특징을 보여 준다. FCG 어휘부는 각 사전의 표제어와 이에 대한 자질의 집합으로 구성된다. 이러한 FCG의 사전으로는 일반어 사전, 숙어 사전, 특수어 사전, 중의성 사전, 복합어 사전, 전문어 사전, 테이블 사전 등이 있다. 각 사전의 '표제어'는 '형태소'이거나 '단어'이거나 '구절'이거나 '문장 전체'가 될 수 있다.

'연산부'는 분석부와 생성부로 나누어지며, 분석부는 다시 형태소 분석부, 구문 분석부, 의미 해석부로 구분된다. 그리고 생성부는 단어 형성부와 구문 생성부로 구분된다. 분석 대상어가 입력되면 문장을 어절별로 분리하고, 어절 끝에서부터 한 음절씩을 떼 내어 이를 사전의 정보와 비교하면서 형태소 분석을 진행한다. 그리고 형태소 분석 결과를 바탕으로 문장의 구문 구조를 분석하며, 이 분석의 결과는 정보 테이블에 저장된다.

생성부는 목표어에 대한 분석 결과가 저장된 테이블의 정보를 기반으로, 목표어의 단어를 형성하고 구문을 생성하는 기능을 담당하는 문법의 부문이다. 응용 시스템을 제작하는 용도에 따라 목표어를 생성하는 데 필요한 정보가 각기 다르다. 그러므로 원활한 목표어의 생성을 위해서는, 분석의 초기 단계부터 최종 목표가 되는 목표어의 특성이나 생성 관련 정보를 고려하여 분석 작업을 진행하여야 한다.

FCG의 특성과 자질의 개념은 다음과 같다.

(111) **FCG의 주요 특성**
　ㄱ. 문법의 구성 요소를 어휘부와 연산부로 최소화한다.
　ㄴ. 어휘부는 정적 특성을 지니며 연산부는 동적 특성을 지닌다
　　 는 본질적인 차이에 의해 어휘부와 연산부의 문법 부문 간
　　 구분이 이루어진다.
　ㄷ. 연산부에서는 단어 형성 절차가 적용되지 않으며 생성부에
　　 서만 단어의 형성이 이루어진다.
　ㄹ. 문장의 계층 구조는 정보 테이블의 '수식어−피수식어 표시
　　 방식'으로 나타낸다.
　ㅁ. 변형이나 이동의 기제를 인정하지 않는 비 도출적인 문법
　　 모형이다.

(112) **FCG 자질 개념의 특성**
　ㄱ. 자질은 '특정한 어휘 항목의 외연을 표시하기 위한 내항'으
　　 로 정의한다.
　ㄴ. 모든 어휘 항목 α는 필수적으로 하나 이상의 자질을 가지며,
　　 이러한 자질 집합은 [f1, f2, f3……]로 표시한다.
　ㄷ. 어휘 항목 α와 구별되는 어휘 항목 β는 적어도 하나의 자질
　　 에서 α와 구별된다.
　ㄹ. 어휘부 내 어휘 항목의 자질 체계는 개방적이다
　ㅁ. 어휘 항목의 자질은 [+]의 기호로 표시하지 않는다.
　ㅂ. 어휘 항목들은 어휘 그물로 연결된다.
　ㅅ. 서로 연결된 어휘 항목들은 특정 자질을 공유한다.

이러한 문법의 모형과 자질의 개념을 근간으로 하여 운용되는 자질
연산의 결과는 다음과 같은 형식의 정보 테이블에 저장되며, 이 정보는
시스템이 산출하고자 하는 결과물의 생성에 이용된다.

(113) FCG의 정보 테이블

		명사				동사	
어간	핵어					핵어	
	수식어					수식어	
	절 유형					문형	
접사	형태격					시상	
	의미격					서법	

　FCG 기반의 언어정보처리의 결과물로는 '형태소 분석기'와 '구문 분석기' 등의 기본적인 언어 분석 시스템과 '정보 추출기, 자연어 질의응답기, 기계 번역기' 등이 있다. 이 밖에도 검색 시스템, 분류 시스템, 군집 시스템, 연속 대화 시스템 등의 다양한 언어정보처리의 응용 시스템들이 존재한다. 사회 전체의 정보량이 증가하고 시스템의 개인화에 대한 요구 또한 커짐에 따라 언어정보처리 분야의 학문적 의미와 실용적 가치는 더욱 증대되고 있다.

　FCG 이외에도 다양한 정보처리 모형에 의해 언어정보처리에 대한 연구가 꾸준히 진행되고 있지만, 자연언어가 표현할 수 있는 풍부하고 섬세한 용법들을 수용하기 위해서는 아직도 많은 과제가 해결되어야 한다. 언어정보처리의 절차에서는 모든 정보를 이산적인 형식으로 표현하여야 하는데, 자연언어가 갖는 다양하고 미묘한 표현들을 이와 같이 정해진 형식으로 일률적으로 처리하는 작업에는 여러 가지 난점들이 존재한다.

　인간이 실세계의 정보를 받아들이고 판단하며 또 다른 사람과 소통하는 과정에서 관찰되는 문제 해결 절차는 매우 복잡한 인지 능력을 바탕으로 전개된다. 인간의 머릿속에 존재하는 사전의 지식이나 실세계

에 대한 지식, 그리고 논리적인 사고의 절차나 추론 등의 기제들을 언어정보처리 시스템의 분석 모듈과 비교하여 본다면 이 두 대상 간에는 커다란 수준의 차이가 존재할 수밖에 없다. 따라서 현 단계에서는 이 두 대상이 지니는 정보 구성의 형식과 내용이 서로 일치할 수 없으며, 단지 정보처리 시스템이 인간의 언어능력과 인지 능력을 모의하고자 할 뿐이다.

언어정보처리에 존재하는 이러한 과제들은 언어 자료의 종류와 분량을 단계적으로 늘이고, 이러한 자료의 분석 결과를 정보처리 모듈의 제작에 적극적으로 이용하는 방식에 의해 점진적으로 개선되어 가고 있다. 그리고 인간의 두뇌에 있는 지식 베이스와 어휘 간의 관계망을 명세화하는 작업을 통해서도 정보처리 시스템의 진보가 이루어지고 있다. 이에 더하여 개발 문장 집합과 평가 문장 집합을 바탕으로 하는 지속적인 평가 과정을 통해, 실제 사용하는 언어 자료들과 시스템 간의 간극을 줄여나가는 일도 매우 중요하다.

인간의 다양한 언어를 수용할 수 있는 시스템을 제작하기 위해서는 기본적으로 형태소 분석과 구문 분석 시스템 등이 더 효율적이고 정확한 결과를 산출하는 방향으로 개선되어야 한다. 그리고 유의어나 동의문, 문장의 초점 등을 판별하기 위한 자질과 알고리듬의 논의가 세밀하게 이루어진다면 보다 지능적인 시스템의 개발이 가능해질 것이다. 그런데 이러한 기술의 바탕에는 인간이 서로 의사소통하는 방식과 자신의 의미를 효과적으로 전달하기 위해 사용하는 전략 등에 대한 기본적인 이해가 존재해야 하며, 이러한 기반에 의한 인간 언어능력의 모의를 통해 정보처리 결과물들의 성능은 꾸준히 향상될 수 있을 것이다.

참고문헌

강명윤(2005), "촘스키의 심리철학 : 그 주요쟁점들", *Chomskyan Studies : Convergent In-terdisciplinary Perspective*, 한국촘스키학회.

강승식(1993), 「음절 정보와 복수어 단위 정보를 이용한 한국어 형태소 분석」, 서울대학교 컴퓨터공학과 박사학위논문.

강신재·박정혜(2003), "대규모 말뭉치와 전산 언어 사전을 이용한 의미역 결정 규칙의 구축", 「정보처리학회논문지 B」 10-B권 2호.

강영세(1986), *Korean Syntax and Universal Grammar*, Harvard University 박사학위논문, 한신문화사.

고영근(1992), "형태소란 도대체 무엇인가?", 「홍익어문」 10·11.

고창수(1994), "시제처리의 자질 통사론", 「어문논집」 33.

고창수(1997), "한국어 조사 결합에 대한 연구", 「한국어학」 5.

고창수(2002), 「자질연산문법이론」, 도서출판 월인.

고창수(2007), 「한국어의 접사 체계」, 한성대학교 출판부.

고창수·김원경(1998), "한국어 선어말어미의 정보처리", 「한국어학」 8.

교육부(1996), 「고등학교 문법」, 대한교과서주식회사.

구본관(1992), "생성문법과 국어조어법 연구 방법론", 「주시경학보」 9.

국립국어연구원(1999), 「표준국어대사전」, 두산동아.

권재일(1985), 「국어의 복합문 구성 연구」, 집문당.

권재일(1992), 「한국어통사론」, 민음사.

권종성(1996), 「조선어 정보처리」, 한국문화사.

김경훈(1996), 「현대국어 부사어 연구」, 서울대학교 박사학위논문.

김규식(1908), 「대한문법」(유인), 「역대문법대계」 1-5.

김기혁(2002), "국어 문법에서 격과 의미역할", 「한국어학」 17.

김동환(2005), 「인지언어학과 의미」, 태학사.

김명원·방승양·이수영·이종활·전홍태·정호선·정홍(1992), 「알기 쉬운 신경망 컴퓨터」, 전자신문사.

김무림(1992), 「국어음운론」, 한신문화사.

김민수(1971), 「국어문법론」, 일조각.

김민수(1981), 「국어의미론」, 일조각.

김민수(1995), 「신국어학」(전정증판), 일조각.

김양진(1999), 「국어 형태 정보 연구」, 고려대학교 박사학위논문.

김영택(1994), 「자연언어처리」, 신아사.

김영희(1974), 「한국어의 격문법 연구」, 연세대학교 석사학위논문.

김용하(1999), 「한국어 격과 어순의 최소주의 문법」, 한국문화사.

김용하(2005), "한국어의 어미 체계와 격 인허에 대한 최소주의적 고찰", 「국어학」 46.

김원경(1993), 「국어 접사 피동의 생성론적 연구」, 고려대학교 석사학위논문.

김원경(2001), 「한국어 격 정보와 자질 연산 문법」, 고려대학교 박사학위논문.

김원경(2004), "「현대국어 조사에 대한 계량언어학적 연구, 남윤진 저」 서평", 「형태론」 6권 2호.

김원경(2005), "질의어의 유형과 구조 분석", 「국어 연구와 의미 정보」, 도서출판 월인.

김원경(2007), "피동은 문법 범주인가?", 「한국어학」 35.

김원경(2007), "의미격의 체계와 연산 절차", 「한국어 의미학」 24.

김원경(2008), "질의문의 화행과 담화 특성", 「우리어문연구」 30집.

김유정(1996), "기계번역에서의 시제처리", 「한국어학」 4.

김의수(1997), 「국어 격중출 구문 연구」, 고려대학교 석사학위논문.

김의수(2003), 「국어의 격과 의미역 연구」, 고려대학교 박사학위논문.

김일환(2000), "어근적 단어의 형태·통사론", 「한국어학」 11.

김재희(1994), 「신과학 산책」, 김영사.

김종복·양재형·고창수·유재원·유혜원·황화상·박철우·목정수·박진호·한정한 (2004), 「한국어 정보화와 구문분석」, 「민연총서」 어문·민속 6, 도서출판 월인.

김지은(1998), 「우리말 양태용언 구문 연구」, 한국문화사.

김진해(2000), 「국어 연어 연구」, 경희대학교 박사학위논문.

김창섭(1984), "형용사 파생 접미사들의 기능과 의미", 「진단학보」 58.

김창섭(1994), 「국어의 단어형성과 단어구조」, 서울대학교 박사학위논문.

김흥규·강범모(1996), "고려대학교 말모둠 1 : 설계 및 구성", 「한국어학」 3.

남경완(2000), 「다의 분석을 통한 국어 어휘의 의미 관계 연구」, 고려대학교 석사학위논문.

남기심(1993), 「국어 조사의 용법」, 서광학술자료사.

남윤진(2000), 「현대국어의 조사에 대한 계량언어학적 연구」, 국어학회.

류구상(1995), "국어 격조사에 대하여", 「한국어학」 2.

목정수(1998), "한국어 격조사와 특수조사의 지위와 그 의미", 「언어학」 23.

문영호(1994), 「응용언어학」, 한국문화사.

문유진(1996), 「의미론적 어휘개념에 기반 한 한국어 명사 Word Net의 설계와 구축」, 서울대학교 컴퓨터공학과 박사학위논문.

민현식(1999), 「국어 문법 연구」, 역락.

박병채(1994), 「새로고친 고려가요의 어석연구」, 국학자료원.

박병수 · 윤혜석 · 홍기선(1999), 「문법이론」, 한국문화사.

박소영 · 황영숙 · 정후중 · 곽용재 · 임해창(1998), "X-바 이론을 변형한 자질 기반의 한국어 구구조 문법", 「제10회 한글 및 한국어 정보처리 학술발표 논문집」.

박양규(1978), "사동과 피동", 「국어학」 7.

박영순(1999), "조사의 인지의미론적 고찰 : '는'을 중심으로", 「국어의 격과 조사」, 도서출판 월인.

박영준 · 최경봉 편(1996), 「관용어사전」, 태학사.

박진호(1994), "통사적 결합관계와 논항구조", 「국어연구」 123.

배광희(1991), "기계번역에서의 의미모형화리론에 대하여", 「조선어문」 2, 사회과학출판사.

서상규(1998), "말뭉치 분석에 기반을 둔 낱말 빈도의 조사와 그 응용-'연세 말뭉치'를 중심으로", 「한글」 24.

서상규 편(1999), 「언어 정보의 탐구 1」, 연세대 언어정보개발연구원.

서상규(2000), "국어 정보화와 국어 정보의 방향", 국어 정보화 아카데미 발표문.

서상규 · 한영균(1999), 「국어정보학 입문」, 태학사.

서영훈(1991), 「의미 정보를 이용하는 중심어 주도의 한국어 파싱」, 서울대학교 컴퓨터공학과 박사학위논문.

서정수(1994), 「국어문법」, 뿌리 깊은 나무.

성광수(1974), "국어 격문법 시론 I", 「인문논집」 19, 고려대학교.

성광수(1993), "어휘부의 형태/통사론적 접근", 「어문논집」 32.

성광수(1999), 「격표현과 조사의 의미」, 도서출판 월인.

손남익(1995), 「국어 부사 연구」, 도서출판 박이정.

송도규(1996), 「인지언어학과 자연언어 자동처리」, 홍릉과학출판사.

송복승(1995), 「국어의 논항구조 연구」, 보고사.

송복승(2005), "'아니다' 구문에서 주격 보어의 격 실현", 「배달말」 37.

시정곤(1993), 「국어의 단어형성 원리」, 고려대학교 박사학위논문.

시정곤(2001), "국어의 어휘부 사전에 대한 연구", 「언어연구」 17권 1호.

시정곤(2003), "단어결합과 의미역 위계구조", 「언어연구」 19권 2호.

시정곤(2006), 「응용국어학의 탐구」, 도서출판 월인.

시정곤·김원경·고창수(2000), "영/한 기계 번역 성능 평가 방안 연구", 학술진흥재단 연구보고서.

신창순(1997), "용언토의 분석과 양태범주", 「국어학」 29.

안정아(2000), 「의존명사 구성의 양태 의미 연구」, 고려대학교 석사학위논문.

양동휘(1994), 「문법론」, 한국문화사.

양동휘(1996), 「최소 이론의 전망」, 한국문화사.

양동휘·이홍배·이선우·박승혁·윤종렬(1998), 「최소주의 이론」, 한신문화사.

양정석(1995), 「국어동사의 의미 분석과 연결 이론」, 도서출판 박이정.

엄정호(1989), "소위 지정사구문의 통사구조", 「국어학」 18.

엄정호(1993), "'이다'의 범주규정", 「국어국문학」 110.

오길록·최기선·박세영(1995), 「한글공학」, 대영사.

오미라(1991), "The Korean Copular and Palatalization", 「어학연구」 27-4.

오미정(1999), 「국어의 기초 어휘 선정에 대한 연구」, 고려대학교 석사학위논문.

오정란(1997), 「현대국어음운론」(개정판), 형설출판사.

옥철영(1993), 「한·영 기계번역을 위한 구단위 변환 사전」, 서울대학교 컴퓨터공학과 박사학위논문.

왕문용·민현식(1993), 「국어 문법론의 이해」, 개문사.

유길준(1900), 「조선문전」(사본), 「역대문법대계」 1-1.

유길준(1906), 「대한문전」(유인), 「역대문법대계」 1-1.

유형선(1999), "이중주격 구문의 논항구조에 대한 연구", 「국어의 격과 조사」, 도서출판 월인.

유혜원(2000), "와/과 구문의 중의성 연구", 「제12회 한글 및 한국어 정보처리 학술발표 논문집」.

유혜원(2004), 「한국어 정보 처리의 이론과 실제」, 제이앤씨.

윤덕호(1993), 「숙어 정보를 활용한 한국어 파싱」, 서울대학교 컴퓨터공학과 박사학위논문.

윤종열(1990), *Korean Syntax and Generalized X-bar Theory*, University of Texas at Austin 박사학위논문, 한신문화사.

윤종열(2003), "명사구 구조 및 명사구 내부 이동현상에 대하여", 「어문학논총」 22.

윤준태·최기선·김선호·송만석(1998), "구문 분석에서의 어휘간 공기 정보의 활용", 「제10회 한글 및 한국어 정보처리 학술발표 논문집」.

이경호(1998), 「국어 고유명의 의미기능연구」, 고려대학교 석사학위논문.

이공주(1997), 「언어 특성에 기반 한 한국어의 확률적 구문 분석」, 한국과학기술원 박사학위논문.

이관규(1992), 「국어 대등구성 연구」, 서광학술자료사.

이남순(1988), 「국어의 부정격과 격표지 생략」, 탑출판사.

이동혁(2000), "한국어 부사의 자질 연산", 「한국어학회 여름연구회 발표 요지」.

이민행(1992), "국어의 교착성과 형태소 분석기의 구현", 「제4회 한글 및 한국어 정보처리 학술발표 논문집」.

이병근(2000), 「한국어 사전의 역사와 방향」, 태학사.

이수현·박창호·박수준·정한민(1994), 「중간언어 기반의 한-영 기계번역 기술 개발에 관한 연구 II」, 과학기술처.

이숭녕(1953), 「고전문법」, 을유문화사.

이주행(1992), 「현대국어문법론」, 대한교과서주식회사.

이익섭·임홍빈(1983), 「국어문법론」, 학연사.

이초식(1993), 「인공 지능의 철학」, 고려대학교 출판부.

이희자·이종희(1998), 「텍스트분석적 국어 조사의 연구」, 한국문화사.

임동훈(1991), "격조사는 핵인가", 「주시경학보」 8.

임영재(1984), *Case-Tropism : The nature of Phrase and Clausal Case*, University of Washington 박사학위논문, 한신문화사.

임홍빈(1987), "국어의 명사구 확장규칙에 대하여", 「국어학」 16.

장석진(1995), 「정보기반 한국어 문법」, 한신문화사.

전상범(1990), 「생성음운론」, 탑출판사.

정경일·최경봉·김무림·오정란·시정곤·이관규·최호철·조일영·송향근·박영준·고창수·이윤표·김동언(2000), 「한국어의 탐구와 이해」, 도서출판 박이정.

정광·고창수·김정숙·원진숙(1994), "한국어 능력 평가 방안 연구", 「한국어학」 1.

정보사회학회 편(1998), 「정보사회의 이해」, 나남.

정유진(1995), 「국어의 보어 연구」, 고려대학교 석사학위논문.

정은정(2000), 「보조용언 '주다' 구문 연구」, 고려대학교 석사학위논문.

정주리(1994), 「국어 보문동사의 통사·의미론적 연구」, 고려대학교 박사학위논문.

조성식(1971), 「고등영문법」, 고려대학교 출판부.

조성식(1998), 「영문법론」, 한국문화사.

조일영(1998), "국어 선어말어미의 양태적 의미 고찰", 「한국어학」 8.

주시경(1910), 「국어문법」(박문서관), 「역대문법대계」 1-4.

채완(1993), "특수조사 목록의 재검토", 「국어학」 23.

천소영(1996), 「언어의 이해」, 와우.

철학연구회 편(1999), 「정보사회의 철학적 진단」, 철학과 현실사.

최경봉(1996), 「국어 명사의 의미 구조 연구」, 고려대학교 박사학위논문.

최종수(1991), 「인공지능의 세계」, 대영사.

최현배(1930), 「조선어문연구」, 연희전문학교 출판부.

최현숙(1988), *Restructuring Parameters and Complex Predicate-Transformational Approach*, MIT 박사학위논문, 한신문화사.

최형강(2002), 「주격 중출 구성에 대하여」, 「관악어문연구」 27.

최호철(1993), 「현대 국어 서술어의 의미」, 고려대학교 박사학위논문.

최호철 · 이정식(1998), "자연 언어 처리를 위한 전자 사전 구축 방안", 「어문논집」 37.

최호철 · 홍종선 · 조일영 · 송향근 · 고창수(1998), "기계 번역을 위한 한국어 논항 체계 연구", 「한국어 의미학」 3.

한국어학회(1999), 「국어의 격과 조사」, 도서출판 월인.

한국언론학회 · 한국사회학회 편(1998), 「정보화 시대의 미디어와 문화」, 세계사.

한정한(1999), *Morphosyntactic Coding of Information Structure in Korean*, SUNY-Buffalo 박사학위논문, 한신문화사.

한정한(2000), "내포문에서의 주제화 제약과 정보 구조", 「한국언어학회 2000 가을 학술 발표회 발표문」.

한정한 · 남경완 · 유혜원 · 이동혁(2007), 「한국어 정보 처리 입문」, 커뮤니케이션북스

한학성(1995), 「생성문법론」, 태학사.

홍용철(1994), "융합 이론과 격조사 분포", 「생성문법연구」 4-1.

홍윤표(1999), "국어학 연구의 앞날", 「한국어학」 9.

홍재성(1986), "교차 장소보어구문 연구", 「한글」 91.

홍재성 · 김원근 · 김현권 · 류시종 · 박만규 · 박진호 · 심봉섭 · 안근종 · 우순조 · 임준 서(1997), 「현대 한국어 동사 구문 사전」(기초편), 두산동아.

홍종선(1990), 「국어 체언화 구문의 연구」, 고려대학교 민족문화연구소.

홍종선(1992), "국어의 위치어 연구", 「홍익어문」 10 · 11 합집, 홍익대학교 사범대 학 홍익어문연구회.

홍종선 · 고창수 · 시정곤(1993), 「장벽 이후의 생성문법」, 집문당.

홍종선(1998), "구조분석에서 형성으로", 「어문논집」 38.

홍종선 · 황화상(1998), "한영 기계번역에서 선어말어미의 처리 : 시제 · 상을 중심으 로", 「한국어학」 8.

황화상(2004), 「한국어 전산 형태론」, 도서출판 월인.

황화상·최정혜(2003), "한국어 어절의 형태론적 중의성 연구", 「한국어학」 20.

Anderson, S. R.(1988), "Morphological Theory", in *Newmeyer*.

Baker, M.(1988), *Incorporation : a Theory of Grammatical Function Changing*, University of Chicago Press.

Barnbrook, G.(1999), 「언어와 컴퓨터」, 유석훈 역, 고려대학교 출판부.

Bell, R.(1976), *Sociolinguistics*, St. Martin's Press.

Blake, B. J.(1998), 「격」, 고석주 역, 한신문화사.

Bloomfield, N.(1933), *Language*, New York, Holt.

Bronowski, J.(1984), 「과학과 인간의 미래」, 임경순 역, 평단문화사.

Chalmers, A. F.(1994), 「현대의 과학철학 2」, 신인철·신중섭 역, 서광사.

Chapin, P. G.(1972), "Review of 'Integration of transformational theories on English syntax'", *Language 48*.

Chomsky, N.(1957), *Syntactic Structures*, The Hague, Mouton.

Chomsky, N. & Halle, M.(1968), *The Sound Pattern of English*, MIT Press.

Chomsky, N.(1970), "Remarks on Nominalization", *Readings in English Transformational Grammar*, Ginn, Waltham, Mass.

Chomsky, N.(1980), *Lectures on Government and Binding*, Dordrecht, Foris.

Chomsky, N.(1986), *Barriers*, MIT Press.

Chomsky, N.(1987), "Transformational Grammar : Past-Present-Future", Talk delivered at Kyoto.

Chomsky, N.(1990), 「언어에 대한 지식」, 이선우 역, 민음사.

Chomsky, N.(1994), Bare Phrase Structure, *MITOPL 5*, MIT Press.

Chomsky, N.(1995), *Categories and Transformation*, MIT Press.

Chomsky, N.(1995), *The Minimalist Program*, MIT Press.

Chomsky, N.(2000), *New Horizons in the Study of Language and Mind*, Cambridge Press.

Chomsky, N.(2000), *Minimalist Inquiries*, MIT Press.

Cohen, D. & Wirth, J. R. ed.(1975), *Testing Linguistic Hypotheses*, A Halsted Press Book.

Cruse, D. A.(1986), *Lexical Semantics*, Cambridge University Press.

Di Sciullo, A. M. & Williams, E.(1987), *On the Definition of Word*, MIT Press.

Dixon, R.(1979), "Ergativity", *Language 55*.

Dorr, B.(1993), *Machine Translation : A View from the Lexicon*, MIT Press.

Dorr, B & Jordan, P. & Benoit, J.(1999), "A Survey of Current Paradigms in Machine Translation", *Advanced in Computers 49*.

Edelman, G.(1992), 「신경과학과 마음의 세계」, 황희숙 역, 범양사.

Fellbaum, C.(1998), *WordNet*, MIT Press.

Fillmore, C. J.(1968), "The Case for Case", *Universals in Linguistic Theory*, Holt, Rinehart and Winston.

Fillmore, C. J.(1971), "Some Problems for Case Grammar", *Working Papers in Linguistics 10*.

Fukui, N. & Speas, M.(1986), "Specifiers and Projection", *MIT Working Papers in Linguistics 8*, MIT press.

Goodman, K. & Nirenberg, S. ed.(1991), *The KBMT Project : A Case Study in Knowledge-Based Machine Translation*, Morgan Kaufmann Publishers, California.

Grimshaw, J.(1990), *Argument Structure*, MIT Press.

Halle, M.(1973), "Prolegomena to a theory of word formation", *Linguistic Inquiry 4*.

Hauser, R.(2002), 「전산언어학의 기초」, 장석진 · 이기용 · 홍윤표 · 최기선 · 이민행 · 윤애선 · 문미선 · 류병래 · 은광희 역, 한국문화사.

Helbig, G.(1984), 「언어학사」, 임환재 역, 경문사.

Hockett, C.(1958), *A Course in Modern Linguistics*, The Macmillian Company.

Itkonen, E.(1981), "The Concept of Linguistic Intuition", *A Festchrift for Native Speaker*, Mouton Publishers.

Jackendoff, R.(1972), *Semantic interpretation in generative grammar*, MIT Press.

Jackendoff, R.(1987), "The Status of Thematic Relations in Linguistic Theory", *Linguistic Inquiry 17*.

Jackendoff, R.(1990), *Semantic Structures*, MIT Press.

Jaeggli, O. ed.(1986), "Three issue in the theory of clitics : case, doubled NP's and extraction", In *Borer*.

Jakobson, R. & Fant, G. & Halle, M.(1965), *Preliminaries to Speech Analysis*, MIT press.

Jakobson, R. & Halle, M.(1956), *Fundamentals of Language*, The Hague, Mouton.

Jespersen, O.(1987), 「문법철학」, 이환묵 · 이석무 역, 한신문화사.

Katamba, F.(1995), 「형태론」, 김경란 · 김진형 역, 한신문화사.

KDR.(1994), 「국어국문학자료사전」, 한국사전연구사.

Kenstowicz, M.(1994), *Phonology in Generative Grammar*, Blackwell.

Klavans, J.(1985), "The Independence of Syntax and Phonology in Cliticization", *Language 61*.

Lasnik, H.(1995), "A Note on Pseudogapping", *MIT Working Papers in Linguistics 20*.

Mel'čuk, I. A.(1988), *Dependency Syntax : Theory and Practice*, State University of New York Press.

Miller, J.(1998), 「언어의 과학」, 강범모 · 김성도 역, 민음사.

Mounin, G.(1978), 「언어학 안내」, 오원교 역, 신아사.

Nagao, M.(1998), 「자연언어처리」, 황도삼 · 최기선 · 김태석 공역, 홍릉과학출판사.

Nagao, M.(1999), 「자연언어이해」, 황도삼 · 최기선 · 김태석 공역, 홍릉과학출판사.

Newmeyer, F. ed.(1988), *Linguistics : the Cambridge Survey, Vol.1 : Lingustic Theory : Foundations*, Cambridge CUP.

Newmeyer, F.(1991), 「현대언어학의 흐름」, 나병모 역, 도서출판 글.

Nida, E.(1949), *Morphology*, University of Michigan Press.

Nida, E.(1975), *Componentional Analysis of Meaning*, Mouton Publishers.

Pllum, G. & Zwicky, A.(1988), "The Syntax-Phonology Interface", in *Newmeyer*.

Pustejovsky, J.(1995), *The Generative Lexicon*, MIT Press.

Roeper, D.(1987), "Implicit arguments and the head-complement relation", *Linguistic Inquiry 18*.

Rosetta, M. T.(1994), *Compositional Translation, Kluwer Academic Publishers*, Dordrecht, London.

Russel, S. & Norvig, P.(2003), *Artificial Intelligence : A modern Approach*, Prentice Hall.

Sapir, E.(1925), "Sound Pattern in English", *Language 1*.

Selkirk, E.(1982), *The Syntax of Words*, MIT Press.

Schank, R. C.(1975), *Conceptual Information Processing*, North-Holland.

Somers, H. L.(1987), *Valency and Case in Computational Linguistics*, Edinburgh University Press.

Spencer, A.(1991), *Morphological Theory*, Blackwell.

Sproat, R.(1985), *On Deriving the Lexicon*, PhD dissertation, MIT press.

Sproat, R.(1992), *Morphology and Computation*, A Bradford Book, MIT Press.

Steffens, P. ed.(1993), *Machine Translation and the Lexicon*, Springer.

Trubetzkoy, N. S.(1977), 「음운론」, 이덕호 역, 범한서적.

Van Valin. et al.(1997), *Syntax*, Cambridge and New York, Cambridge University Press.

Winston, P. H.(1992), *Artificial Intelligence*, Addison-Wesley Publishing Company.

Zwicky, A.(1977), "On Clitics", *IULC*.

구하는 미학 용어로, '공감'이라는 말보다는 '감정이입'이라는 말을 사용해왔다. '감정이입'이라는 용어로 관조자가 작품 안으로 들어가 그 안에 형상화된 감정을 경험하는 문제에 대해 탐구한 것이다.

사실 같은 말('Einfühlung')에서 기원했기 때문에 우리말 '공감'과 '감정이입'은 통용되는 경우가 많고 그 구별이 용이하지 않다. 'Einfühlung'이라는 말은 '안으로 들어간다'는 우리말 '감정이입'의 뜻과, 들어가서 함께 느끼는 상태 혹은 감정을 일컫는 우리말 '공감'이라는 뜻을 모두 내포하고 있다. 따라서 두 용어 모두 'Einfühlung'의 기의를 다 담을 수는 없지만 그렇다고 해서 두 용어 모두 적절하지 않은 경우도 거의 없다. 그로 인해 학술 활동의 장에 따라 감정이입과 공감이라는 용어 중 어느하나가 선호하는 경향을 보인다.

학술 활동의 장을 고려해볼 때 '감정이입'은 사회학적인 용어라기보다는 미학 용어로, 자신의 생각이나 느낌, 태도 등을 무의식적으로 타인이나 다른 대상에 투사하거나 다른 사람이나 대상과 자기 자신을 동일시한 상태나 그렇게 함으로써 가능한 미적 경험까지를 지칭하는 개념으로 사용되어 왔다. 우리말 '감정이입'이라는 용어는 말 그대로 '(나의) 감정을 옮겨 (미적 대상에게로) 들어간다'는 뜻이다. 특히 미적 대상이나 작품 세계 '안으로' 들어가는 기제를 설명하게 적절한 용어이다. 미학 용어이기 때문에 문학연구자들인 우리에게 보다 친숙한 개념이기도 하다.

그런데 이 글의 관심은 미학적 차원을 넘어서 사회적인 측면까지를 포괄한다. 따라서 심미적 체험뿐만 아니라 일상적 경험 전반을 두루 포괄하는 개념이 요구된다. 이에 '공감'이라는 용어를 선택하고자 한다. '감정이입'은 상태를 설명하고 기술하기에 적합한, 보다 제한적이고 보다 심미적인 개념인 반면, 공감은 '함께 한다'는 지향점 혹은 가치까지

알려지기는 1872년 로버트 비쉐(Vischer)가 독일어 'ein(안에)'과 'fühlen (느끼다)'을 결합하여 '안으로 들어가 느끼다(to feel into)' 혹은 '더불어 안 에서 느끼다(to feel within)'라는 뜻을 지닌 'Einfühlung'이라는 용어를 처음 사용하였다고 한다. 1897년 테오도르 립스가 이 말을 미학 용어로 차 용하여 미적 감상 능력을 설명하는 데 사용하였고, 1909년 미국의 E.B. 티치너가 'Einfühlung'을 희랍어 'en(안)'과 'pathos(고통 또는 열정)'에 기 원을 둔, 영어 'empathy'로 번역함으로써, '공감(empathy)'이 미학은 물론 이고 심리학이나 사회학 등 여러 분야에서 학술 용어로 사용되기에 이 르렀다.[2]

어원을 풀이해보면 공감이라는 말은 '들어가서 느낀다' 혹은 '안에서 느끼는 고통이나 열정'을 뜻한다. '안'이란 타자의 내면을 뜻하고, 다른 사람의 내면에 들어가는 것 혹은 그렇게 들어가서 느끼는 감정을 지칭 하는 용어가 바로 '공감'임을 알 수 있다.

그런데 어떻게 다른 사람 혹은 다른 무엇인가의 '안'으로 들어갈 수 있을까. 다른 사람이나 무엇의 '안에서' 고통과 열정을 느끼는 것이 어 떻게 가능할까. 사실 이 물음은 미적 경험이나 정신 작용을 탐구해온 미 학의, 오래되고도 익숙한 질문이다. 현실 세계에 속한 감상자가 작품이 라는 또 다른 세계를 경험하는 것을 미적 경험이라고 했을 때, 미적 경 험이란 작품 '안'으로 들어가 그 '안'에 형상화된 고통과 열정을 경험하 는 일에 다름 아니기 때문이다. 미학 연구의 장에서는 이러한 독특한 심 적 활동이나 미적 경험에 주목해왔고, 이러한 미적 활동이나 경험을 탐

---

2) 제레미 리프킨(2010), 김경남 옮김, 『공감의 시대』, 민음사, 19~20면. Alex Preminger & T. V. R. Brogan ed.(1992), *The New Princeton Encyclopedia of Poetics*, Princeton Uni. Press, 331면.

찾아보기

저자 **김원경**

고려대학교 문학박사.
고려대학교 민족문화연구원 선임연구원과
Natural Approach NLP 연구소장을 지냄.
고려대학교와 수원대학교에서 강의.
논저로는「한국어 격 정보와 자질 연산 문법」,「질의어의 유형과 구조 분석」,
「피동은 문법 범주인가?」,「의미격의 체계와 연산 절차」,「질의문의 화행과 담화
특성」등이 있음.

정보처리문법의 이해

초판 인쇄 2008년 4월 21일 | **초판 발행** 2008년 4월 30일
지은이 김원경
펴낸이 이대현 | **편집** 양지숙
펴낸곳 도서출판 역락 | **등록** 제303-2002-000014호(등록일 1999년 4월 19일)
주소 서울시 서초구 반포 4동 577-25 문창빌딩 2층
전화 02-3409-2058 | **팩시밀리** 02-3409-2059 | **전자우편** youkrack@hanmail.net
ISBN 978-89-5556-610-9 93700

정가 12,000원
*잘못된 책은 교환해 드립니다.

담고 있는 개념이라고 보기 때문이다.

'공감'은, 말 그대로 '타인의 경험과 감정을 일시적으로 공유함'을 뜻하지만, 그 공유의 과정과 결과, 그 결과로서 경험하게 되는 감정 상태, 나아가 그러한 경험을 가능하게 하는 능력까지 지칭하는 개념으로 사용되고 있다. 그에 반해 '감정이입'은 미적 경험에 보다 국한된 개념이고 더불어 살기 위해 필요한 감정이나 능력으로서의, 공리성 혹은 사회성을 담기는 어려운 개념으로 보인다. 따라서 이 글에서는 전반적으로 공감이라는 용어를 사용하려고 한다. 그리고 감정이입은 공감의 한 유형이자 과정으로 보고자 한다.

이처럼 공감은 감정이입을 포괄하는 큰 우산으로, 타인의 심리 상태나 경험을 지각하는 특수 양상이자, 지적인 이해라기보다 감정적인 앎(emotional knowing)의 양태로 보고자 한다.3) 그리고 그러한 앎이 궁극적으로는 우리와 다른 가치와 관점, 행동을 가진 사람들에 대한 이해를 돕고 그 사람들과 더불어 사는 것을 가능하게 하는 공존과 돌봄의 윤리학4)을 지향한다고 보았다. 경쟁의 시대에 대한 반성의 말이자 새로운 패러다임을 제시하는 대안의 말로 공감이 부각된 이유도 이러한 지향에 있다고 보기 때문이다.

이런 관점과 지향에 따라 이 책에서는 공감을, '인지적, 정서적, 행동적으로 문화적 타자의 세계에 상상적으로 들어가 참여할 수 있는 능력'5)으로 정의한다. 공감이 개인의 심미적·상상적 체험이기도 하지만 사회적 실천력으로 전이될 수 있다고 보는 것이다. 이러한 개념 정의는 고려

---

3) 박병탁(1990), 「정통정신분석과 자시심학에서의 공감」, 『정신치료학회』 4권 1호, 15~25면.
4) Amy Coplan & Peter Goldie ed.(2012), *Empathy : philosophical and psychological perspectives*, Oxford Uni. Press, 서문 참고.
5) Carolyn Calloway-Thomas(2010), *Empathy in the Global world*, Indiana Uni., 19면.

속요, 나아가 고전시가를 심미적·상상적으로 체험하는 것이 단지 개인의 심미적 체험에 머무는 것이 아니라 사회적 공리성을 지닌다는 관점으로 이어진다. 이러한 관점은 궁극적으로는 공감의 시대 문학 감상 경험이 지닌 의미와 가치를 밝히는 데도 유용하리라 생각한다.

한편, 공감 개념은 동감(sympathy)과의 구별도 필요하다. 비쉐가 만든 'Einfühlung'이 초기에는 '동감(sympathy)'으로 번역되기도 하였고, 오늘날에도 간혹 '동감'으로 번역되는 경우가 있어 구별을 요한다. 동감(sympathy)은 'sym(함께)'과 'pathy(고통이나 감정)'의 결합어로, 함께 고통 등의 감정을 느낀다는 뜻이다. 그러나 'Einfühlung'은 상상적으로 타자가 되어 타자와 함께 느끼는 감정을 지칭한다는 점에서, '안으로 들어가' 느낀다는 의미보다는 '함께 느끼는 상태'를 지시하는, 동감(sympathy)이라는 기존의 용어로 번역될 수 없다. 동감(sympathy)은 유럽 계몽주의 시기에 유행했던 용어로 특히 다른 사람의 곤경을 보고 측은함을 느끼는 감정[6]을 지칭하여 그로 인해 우리말 '동정(同情)'으로 번역되기도 하였다.

공감은 다른 사람'과 함께(with)' 느끼는 것을 말하며 동감 혹은 동정은 다른 사람의 상황'에 대해(about)' 느끼는 것을 말한다.[7] 전자가 다른 사람의 입장이 되어 다른 사람의 감정을 경험하는 것이라면 후자는 다른 사람의 상황에 대하여 자신이 느끼는 감정이라고 할 수 있다.

이 글에서는 공감을 심리적이거나 미적인 차원뿐만 아니라 사회적 차원까지를 포괄하는 개념으로 정의하였다. '공감'을 타자의 입장에서 상상적으로 체험할 수 있는 능력으로 보았는데, 동감 또한 타자에 대한 이

---

6) 제레미 러프킨(2010), 앞의 책, 19면.
7) Sally Planalp(1999), *Communicating Emotion : Social, Moral, and Cultural Processes*, Cambridge Uni. Press, 66면.

해의 한 방식이며 타자의 처지나 상황에 대한 감정이라는 점에서, 동감을 공감의 하위 개념으로 보고자 한다. 정리하면, 'Einfühlung'의 번역어로는 '공감(empathy)'라는 용어를 사용하고, '공감'이라는 개념 안에 동감이 포함되는 것으로 보고자 한다. 동감에 견주어 볼 때 공감은, 보다 심층적이고 복잡하며 본질적인 감정 혹은 감정 상태를 지칭하는 용어라고 할 수 있다.

결국 이 글에서는 공감을 감정이입과 동감을 포괄하는 보다 상위의 개념으로, 적극적인 참여이자, 관찰자가 기꺼이 다른 사람의 경험의 일부가 되어 그들의 경험에 대한 느낌을 공유하는 것임을 지칭하는 용어로 사용하고자 한다.

공감의 정의가 그러하므로, 이 글에서는 고려속요에 대한 심미적·상상적 체험 또한 사회적 실천력으로 전이될 수 있다고 가정한다. 이러한 가정에 따라 우선 고려속요가 타인의 감정과 경험을 공유하게 하는 데 유용한 텍스트임을 밝히고자 한다. 이는 고려속요에 나타나는 공감의 기제나 구조를 밝히는 일로, 고려속요에 대한 공감이 어떤 감정적 앎이나 경험을 제공해주는지에 대한 논의가 된다. 이를 통하여 고려속요의 공감 경험이, 정확하게 말하면 고려속요라는 미적 대상에 대한 공감 경험이 당대 그것을 향유했던 사람들에게는 어떤 의의와 가치가 있었을지 추리해보고, 오늘날 현대인들이 타인을 이해하고 타인과 더불어 살아가는 소통의 방법과 윤리를 익히는 데는 또 어떤 시사점을 줄 수 있을지 논의해보려 한다.

3. 공감의 본질과 기제, 가상적 경험(simulating)

1) 공감 능력의 발견

1990년 8월의 어느 따뜻한 저녁, 이태리 파르마 대학의 몇몇 연구원들은 놀랍고도 신기한 현상을 목격했다. 다른 원숭이의 특정 행동을 지켜보던 원숭이가 마치 자신도 그 행위의 주체인양 그 행동에 대한 반응을 보인 것이다. 이 원숭이의 반응에 대한 연구는 몇 년 후 '거울신경세포(mirror neurons)'의 발견으로 이어진다. 당시 연구팀원들은 발견한 것이 무엇인지 명확하게 알지 못했다고 한다.[8]

그 이름에서 짐작할 수 있듯이 원숭이는 물론이고 우리 인간들이 마치 거울에 비춘 것처럼 상대방의 감정을 함께 느끼는, 즉 공감하는 신경세포를 가지고 있다는 것이다. 거울신경세포를 발견함으로써 우리는 인간이 '공감' 혹은 '이타성'이라는 숭고하고 아름다운 본성을 타고났다는 것을 알게 되었다. 인간이 아픈 사람을 보면 아파할 줄 아는 본성을 가지고 있는 생물임을 확인하게 된 것이다.[9]

최근 거울신경세포, 일명 공감 신경세포(empathic neurons)는 인간 본성을 설명하고 문명의 발달과 진화를 설명하는 새로운 증거로 채택되곤 한다. 인간이 생물학적으로 사회성을 가지고 있다는 사실, 다시 말해 공감이나 이타심이 인간의 본성임을 과학적으로 입증함으로써, 인간 자신에 대한 신뢰를 회복하였고 경쟁의 시대를 넘어 공존의 시대로 나아가는 것이 가능하리라는 낙관과 확신을 가지게 되었다. 호모 엠파티쿠스

---

8) Christian Keysers(2011), The empathic brain, Kindle E-book, 13~28면.
9) Marco Iacoboni(2008), *Mirroring people*, Picador.

(Homo empathicus)라는 신조어까지 생겨났을 정도이다.

거울신경세포의 존재를 확인하기 전까지도 인간의 이타성에 대한 논쟁은 중요한 철학적 문제 중의 하나였다. 인간의 이타성 및 공감 능력에 대해 경험적으로 혹은 철학적으로 논증한 사례나 연구 또한 적지 않다. 그런 점에서 보면 거울신경세포의 발견에 지나치게 흥분하고 있는 것은 아닌가 싶기도 하다. 그러나 거울신경세포의 존재를 확인함으로써 공감에 대한 관심이 촉발되고 후속 연구와 논의를 통해 인간이 어떻게 공감하는가의 문제, 공감의 기제 및 특성에 대한 이해가 깊어진 것은, 고려 속요의 미학을 공감의 미학으로 보고 그 미학을 밝히고자 노력해온 연구자에게 시사하는 바 있다.

거울신경세포를 발견함으로써 우리는 '우리가 다른 사람의 마음을 이해하는 것은 개념적 추리를 통해서가 아니라 직접적인 시뮬레이션을 통해서'[10] 가능하다는 것을 확인하게 되었다. 우리 인간이 어떤 대상을 '생각이 아니라 느낌'으로써 이해한다는 것이다. 관찰자가 대상을 보거나 듣는 행위는 사실상 대상을 개념적으로 이해하는 행위가 아니라 관찰자 역시 무엇인가를 경험하는 행위라는 것이다. 예를 들어 공을 치지 못하고 들어가는 타자를 보면서 청중들은 자신이 그 타자가 아님에도 불구하고 그 타자처럼 답답함과 초조함을 느낀다. 상상적으로 타자의 정서와 감정을 경험하는 것이다. 거울신경세포 혹은 공감신경세포 덕분에 말이다.

우리는 가상적 실재인 드라마를 보거나 소설을 읽을 때도 비슷한 경험을 한다. 주인공이 위험에 처하면 우리가 마치 주인공인양 우리 손에

---

10) Susan L. Feagin(2010), Empathizing is simulating, *Empathy*(Amy Coplan and Peter Goldie ed.), Oxford Uni., 55면.

서 땀이 나고 심장이 뛰는 등 신체적·정서적 반응을 경험하기도 한다. 차가운 관찰자로서 주인공의 행동을 이해하고 마는 것이 아니라, 주인공에게 동일시되어 자신이 마치 주인공처럼 '느끼는' 것이다. 이처럼 우리가 목격하는 사건의 주인공의 정서적 상태를, 우리의 뇌가 내부적으로 유사한 정서적 신체 상태를 모방할 수 있다.[11]

이로써 어떤 대상에 대한 공감이 감정적·신체적 경험임을 확인하게 되었다. 그리고 그러한 감정적·신체적 경험이 상상력에 의해 촉발되며 관찰자가 작품 안 타자에게 동일시되어 상상적으로 타자를 따라함으로써 일어난다는 사실, 즉 가상 혹은 모의 경험을 통해(simulating) 일어난다는 사실을 실험으로 입증하게 되었다.[12]

인문학자들, 특히 문학연구자들은 공감신경세포의 존재를 확인하기 전에도 인간이 공감 능력을 가지고 있으며 독자가 문학 작품 속 타자에게 감정이입을 함으로써 공감 경험이 일어난다는 것을 알고 있었다. 그런데 우리가 경험을 통해 직관적으로 알고 있던 사실들과, 경험에 대해 끊임없이 관찰하고 추론하고 연구함으로써 관념적으로 알고 있는 사실들이, 최근의 과학적인 실험을 통해 입증된 것이다. 이로써 우리는 문학 작품에 대한 공감의 문제를, 보다 확실한 근거 위에서 논의할 수 있게 되었고, 그 기제에 대해 보다 구체적으로 이해하게 되었으며, 과감하게 새로운 가설을 설정하고 탐구를 시도해볼 수 있게 되었다.

이로써 고려속요에 대한 공감 경험이 작품 속 타자가 되어 타자의 감정과 정서를 함께 체험하는 경험임을 전제할 수 있게 되었다. 그리고 고

---

11) 정진우(2012), 「사회적 인지와 도덕성―도덕성의 필요 조건으로서의 거울신경세포와 감정이입」, 『동양철학연구』 63호, 동양철학회, 179면.
12) 이는 감정이입 이론 등을 통해 우리가 심미 체험에 대해 이해한 내용이 틀리지 않았음을 입증해주는 동시에 심미 체험의 기제에 대한 보다 정교한 설명틀을 제공해준다.

려속요 개별 작품들이 이러한 가상 경험을 가능하게 하는 일종의 언어적 실재(simulator)임을 전제할 수 있게 되었다. 이런 전제가 성립된다면, 언어적 실재로서의 고려속요의 구조와, 그 구조 안에서 작품 속 타자에게 동일시되거나 감정이입이 되어 일어나는 경험의 양상에 대해 탐구하는 일이 남게 된다.

2) 공감의 경험적 특성

한편 공감이 상상적인 시뮬레이션에 의해 가능하다는 사실은 문학 경험의 특성과 가치를 이해하는 데 중요한 통찰을 제공해준다. 문학 작품에 대한 감상이 일종의 경험이며 구체적으로 가상 경험이라는 점에서, 우선 경험이라는 것이 어떤 의미인지 살펴볼 필요가 있다.

먼저 문학 작품에 대한 이해가 일종의 경험이라는 사실에 대해 살펴보겠다. 작품 이해나 감상이 일종의 경험임을 인정하지 않는 연구자는 없는데도 문학 연구 및 일상의 장에서는 문학 작품에 대한 경험이 늘상 작품에 대한 이해 및 해석과 같은 것으로 간주된다. 경험의 질성이 언어화될 수 없기 때문에, 선조적인 언어로 표현 가능한 인지적 측면에 국한하여 문학 감상 경험을 설명하다 보니 발생한 현상이다. 경험이란, 자신이 직접 해보거나 겪는 것으로, 경험의 결과 우리는 어떤 지식을 얻거나 이해에 도달하게 된다. 동시에 언어화할 수 없는 모종의 질성 또한 경험된다.

문학 작품에 대한 읽기나 듣기가 경험 행위라는 말은, 작품을 직접 읽는 행위 자체가 중요하고 그 행위가 우리에게 어떤 형태로든 흔적을 남겨 작품에 대한 인지적·정서적 앎과 태도를 형성한다는 점에 주목하게 한다.

문학 읽기가 일종의 경험이라는 사실은, 읽은 작품과 아닌 작품의 차이를 떠올리면 경험적으로도 이해할 수 있다. 우리는 직접 읽지 않고도 작품에 대해 알 수 있다. 그러나 읽은 것과는 다르다. 읽은 작품을 떠올릴 때면 개념적 이해와 더불어 모종의 느낌 혹은 감(感, sense)이 함께 환기된다. 줄거리나 내용을 거의 다 잊어버렸는데도 작품에 대한 모종의 느낌이나 이미지가 남아 있는 경우조차 있다. 작품 듣기나 읽기가 작품에 대한 인지적, 논리적 추론의 과정일 뿐만 아니라 정조나 분위기 등 언어화하기 어려운 질성을 경험하는 과정이기에 나타나는 현상이다.

문학 읽기가 일종의 경험이라는 사실은, 고려속요에 대한 이해가 인지적·정서적·심미적 심지어 신체적 반응까지 동반하는 복합적인 체험일 수 있음을 말해준다. 고려속요에 대해 배운 내용은 하나도 떠올리지 못하는 사람이 가끔 작품에 대한 아련한 이미지나 느낌, 분위기 등을 기억해내는 것도 그 때문이다. 언어화할 수는 없지만 이전 고려속요를 접한 경험으로부터 형성된 감(感)이 여전히 살아 있어서 가능한 일이다. 고려속요에 대한 공감 경험은 개념적 언어로 설명할 수 없을 때조차도 작품에 대한 느낌과 감정 등으로 우리 신체와 정서에 흔적을 남긴다고 가정할 수 있다. 따라서 경험은 그 깊이나 수준과는 관계없이 그 자체로서 의미를 지닌다고 할 수 있다.

다음으로, 문학 읽기가 경험인 것은 사실이지만 실제 경험은 아니라는 점, 다시 말해 가상의 경험이라는 점도 주목을 요한다. 문학 작품은 그 자체로 현실 세계가 아니라 현실 세계를 모방한 언어적 실재이다. 문학 작품 읽기는 그러한 언어적 실재로서의 작품 세계를 경험하는 것이다.

일종의 상징적 경험으로, 마치 가상 체험과 비슷하다. 진짜는 아니지만 진짜처럼 만들어진 가상의 상황을 가상의 주인공이 되어 경험하는 것이라고 할 수 있다. 관찰자였던 내가 어떤 상황 속에 있는 사람을 보고 자발적으로 그 사람 배역을 자처하여 그 사람이 행동하고 느끼는 경험인 것이다.

그렇게 보면 문학 경험은 일종의 심리적 상황극 혹은 가상 체험(simulation)에 해당하고, 문학 작품은 그러한 상황 체험을 가능하게 하는 일종의 도구(simulator)가 되는 셈이다. 그리고 문학 감상의 과정은 관조자였던 내가 작품 속 타자의 배역을 맡아 타자처럼 행동하고 느끼는, 일종의 극적 체험에 비견될 수 있다. 감상의 성패나 질은, 관찰자인 내가 배역을 맡은 타자에게 얼마나 감정이입을 할 수 있는가, 얼마나 타자 '되기'라는 과업을 잘 수행하는가, 그 결과 얼마나 타자의 그것에 가까운 감정을 경험하느냐에 달려 있게 된다. 그 경험은 실제 경험은 아니지만 심리적, 상징적 경험으로서의 실재성을 지닌다.

우리가 상상적으로 작품 속 타자의 경험을 체험하다는 말은, 그로스(Gross)가 언급한 내적 모방이라는 개념과 흡사하다. 내적 모방이란 관조자가 미적 대상에 대한 단순한 감각이나 오성적 개념을 갖는 것이 아니라 그 대상을 상상을 통해 내면적으로 모방한다는 것이다. 그렇게 되면 미적 대상은 실재적인 것이 아니지만 그럼에도 불구하고 독특한 실재성을 지니게 되며 미적 가상으로 표상되는 특징을 지닌다.

그런 점에서 문학 경험은 일종의 심리적 상황극으로, 실재를 모방한 가상 경험이지만, 그러나 실재하는 경험이라고 정리할 수 있다. 그리고 공감이란 일종의 심리적 상황극이 펼쳐지는 국면에서 관조자였던 내가 배역을 맡은 타자와 하나 되는 경험 혹은 그러한 경험의 과정에서, 그리고 그 결과로서 느끼는 감정이나 이해 등을 일컫는 말이라고 할 수 있다. 고려속요에 대한 공감 역시 같은 논리로 설명이 가능하다. 경험이되, 상상력에 의해 가능한 가상 경험이며, 가상 경험이지만 실재성을 지니는 경험이 된다. 작품 속 누군가에게 감정이입이 되어 그 사람의 감정과 감정의 변화 추이를 경험하는 것이다. <가시리>의 여성 화자가 되어 여성 화자로서의 감정과 그 감정의 변화 추이를 함께 느끼는 것이 바로 공감 경험이라고 볼 수 있다.

4. 공감 경험의 전제와 요소

1) 공감 경험의 전제, 구조적 유사성

그런데 어떻게 이러한 가상 체험이 가능한 것일까. 어떻게 독자적인 완결 구조를 지니는 작품 세계와, 나름의 현실 세계 속에 존재하는 독자와의 만남이 가능한 것일까. 이 의문은 문학 작품의 세계[작품 속 타인의 경험이나 감정 등을 포함하는]와 작품 바깥 독자의 경험 세계[독자의 경험과 감정 등을 포함하는] 사이의 구조적 유사성(structural similarity)[13]을 상정함으로써 풀릴 수 있다. 우리 삶의 세계와 작품 세계가 구조적 유사성을 지님으로써 그러한 가상적, 상상적 참여가 가능함을 상정할 수 있다. 일찍이 감정이입(Einfülung)이라는 개념으로 미적 경험에 대해 설명하고자 했던 립스 또한 이러한 문학 작품의 세계와 인간 내부 세계와의 관련성에 주목한 바 있다.[14] 문학 작품이 단순한 생산품이 아니라 인간의 내부에

---

13) Susan L. Feagin(2010), 앞의 책, 150~153면.

존재하는 충동의 형식이라고 봄으로써, 문학 작품이 단순한 현실 모방을 넘어서 심리적 모방 내지 심미적 유사성을 지닌 구조임을 주장한 것이다.

구조적 유사성이란 정확하게 말하면 '심리 과정의 구조적 유사성'을 일컫는 말이다.15) 정신 과정을 가상으로 체험하기 위해서는 작품 속 타자의 정신 과정과 작품 바깥 독자나 청중의 정신 과정과의 유사성이 전제되어야 한다. 그런 점에서 구조적 유사성은 문학 작품이 현실의 모방이라거나 개연성이 있어야 한다는 차원을 넘어선다. 문학 작품이 지닌 구조적 유사성을 탐구하는 일은 문학 작품이 어떤 현실 세계를 담고 있는지 혹은 반영하고 있는지를 논의하는 차원을 넘어서, 작품 속 타자의 심리 작용과 감정의 변화 추이 등을 살피는 보다 심리적이고 심미적인 차원의 논의가 된다.

이로써 고려속요 공감에 대한 연구가 여성 화자의 정서에 집중되어 논의된 까닭도 분명하게 드러난다. 장르적 복합성을 보이기는 하지만 그 복합성조차도 서정성 속에 포함되는 시가라는 점에서 고려속요의 작품 속 세계는 서정적 주체인 화자에 의해 초점화된 경험의 세계라는 특징을 지닌다. 그 화자의 내적 갈등이 해소에 이르는 일련의 과정에서 정서가 발생하기 때문에 고려속요의 공감 체험은 화자의 정서를 체험하는 일과 밀접하게 관련될 수밖에 없다. 따라서 작품 속 타자인 화자의 심리적 과정이 보편성을 지닌다면, 독자가 화자의 심리 과정을 함께 경험하게 될 가능성이 높다는 가정이 가능하다.

사실 이러한 구조적 유사성이 전제되지 않는다면, 상상 경험 혹은 가상 경험을, 실제 경험이나 감정에 대한 모의 실험 혹은 가상 경험

---

14) 김향숙(2010), 「빌헬름 보링거의 추상과 감정이입」, 『미술사학보』 34집, 미술사학회, 43면.
15) Susa L. Feagin(2010), 앞의 책, 150~152면.

(simulation)으로 볼 수 없게 된다. 따라서 공감의 측면에서 고려속요를 분석할 때도 가상 경험을 가능하게 하는 정신 과정으로서의 구조적 유사성이 있는지, 어떤 유사성이 있는지 밝히는 일이 요구된다. 이는 노래 바깥에 있는 청중이자 독자로서의 내가 작품 속 타자(누군가 혹은 무엇인가)에 동일시가 되어 타자처럼 느끼고 겪기 위하여 작품 세계 안으로 '들어가'는 것이 과연 가능한 작품인지를 따지는 일이기 때문이다. 또한 우리가 고려속요를 통해 타인의 '어떤' 감정이나 경험을 상상적으로 경험할 수 있는지, 가상 경험의 특징과 질을 밝히는 문제이기 때문이다.

2) 공감 경험의 요소와 단계

구조적 유사성이 있다 하더라도 상상력이 작동하지 않으면 가상 체험은 시작되지 않는다. 노래 밖 독자가 상상적으로 작품 안 타자가 '되어야' 하기 때문이다. 상상력이 작동한다는 사실은 공감 가능 여부[16)와 공감했을 때 감정의 질이나 강도가 개인마다 차이가 있다는 것을 의미한다. 상상력은 경험에서 나오는 것이기 때문이다. 독자의 경험이란 일상 경험과 문학 경험 전반을 두루 포괄하며, 이러한 경험에 토대를 둔 상상력이 개입된다는 사실은 공감 능력이 경험자가 속한 문화나 교육에 영향을 받는다는 것을 함축한다. 이러한 독자 변인과 구조적 유사성이라는 작품 변인이 아울러 작동할 때 공감이 가능함을 알 수 있다.

여기서 독자 변인에 대해 논의하는 것은 사실상 불가능하다. 다만, 공

---

16) 자폐의 경우 공감신경세포로 불리는 거울신경세포가 활성화되지 않는다는 연구 결과는 누구나 공감할 수 있는 것이 아니라는 것을 알게 한다. Christin Keysers(2011), *The Empathic Brain*, Kindle E-book, 182면.

감 능력이 개인에 따라 다르다는 사실로부터 공감이 여러 차원 혹은 여러 단계가 있다는 사실만 확인하기로 한다. 흉내내기[모방]와 정서적 감염 등 직접적·자동적·무의식적·무매개적으로 일어나는 낮은 수준의 공감도 있지만, 공감적 연관 짓기에 의해 가능한 높은 수준의 공감도 있다.17) 고려속요에 대한 공감은, 작품이 매개가 되어 타자처럼 경험하는, 감정적 연관 짓기가 필요한 높은 수준의 공감에 해당한다.

고려속요에 공감하는 경험은 의식적·매개적으로 일어나는, 개인적인 상상 체험이되 타자의 관점과 입장에 기반을 둔 경험(other-focused personal imagining)이라는 점에서 높은 수준의 공감 경험이라고 할 수 있다. 그런 점에서 고려속요의 공감 체험은 현실 세계의 타자에 대한 공감으로 전이될 수 있는 가능성을 지니고 있으며, 고려속요에 대한 감상 경험 및 교육은 공감의 시대를 건설하는 데도 도움이 될 수 있다.

여러 차원 혹은 단계를 가정해 볼 수는 있지만, 개별 독자에게 일어나는 공감의 수준과 깊이는 측량할 길이 없다. 그러나 시뮬레이터로서의 작품이 지닌 특징, 정확하게 말하면 공감을 유발할 수 있는 잠재적인 요인을 찾는 일은 가능하다. 따라서 이 글에서는 다양한 차원이나 단계의 공감 경험을 가능하게 하는, 작품의 특징과 구조에 대한 탐구에 집중할 수밖에 없다.

그런데 이렇게 작품 변인에 주목할 때 제일 먼저 살펴야 할 요인이 바로 작품 속 '타자'이다. 고려속요의 공감의 미학을 밝히는 연구는 고려속요의 작품 세계 안에 있는 타자에 대한 탐구를 주요 내용으로 삼는다고도 할 수 있다. 문학 작품에 대한 공감이 독자가 심리적 상황극의

17) 제레미 리프킨(2010), 앞의 책, 139~147면. Amy Coplan & Peter Goldie ed.(2012), 앞의 책, 6~9면.

주인공이 되어, 즉 작품 속 타자가 '되어' 그 타자의 역할을 상상적으로 경험하는 것이기 때문이고, 고려속요가 서정적 주체인 화자에 의해 통어되는 구조이기 때문이다.

그렇다면 작품 속 타자가 어떤 상황에 처해 있는 어떤 사람 혹은 사물인가, 그 타자가 어떤 행동이나 사건을 겪으며 그 과정에서 무엇을 생각하고 어떤 감정을 경험하고 결국에는 어떻게 되는가가 중요한 탐구 대상이 된다. 작품 안에서 감정이입의 대상이자 모방 체험의 대상이 되는 타자를 찾아내는 것, 그리고 그 타자가 어떤 상황에 놓여 있는 어떤 사람 혹은 사물인지 파악하는 것이 고려속요 공감의 기제를 살피는 첫 걸음이 되는 것이다. 다음 장에서 이루어질 작품 분석은 이런 이유에서 고려속요의 타자로서의 화자에 대한 논의18)로부터 시작한다.

한편 타자의 정체 탐구와 더불어 타자 '되기'가 어떻게 가능한지 또한 논의될 필요가 있다. 지금까지 우리는 상상적으로 '타자'가 될 수 있다고 말해 왔다. 이 말은 독자가 타자가 아니라는 말을 함축하며 오로지 독자의 상상에 의해서 타자가 된 것처럼 느낀다는 뜻이다. 독자가 작품 속 타자와 자신을 동일시하거나 자신을 독자에게 투사한다는 의미이다. '안으로 들어가 함께 느끼는' 공감이 일종의 동일시나 투사에 의해 가능함을 알 수 있다.

동일시나 투사가 일어나면 독자는 타자의 입장이나 관점을 취할 수 있게 된다. 물론 여기서 말하는 역할 취하기(role taking)나 관점 취하기(perspective taking)는 사회학적인 의미에서의 역할 인지나 역할 획득과 같

---

18) 고려속요와 관련하여 작품 속 타자인 화자에 대한 논의가 상당히 축적되어 있고, 고려속요에 나타나는 정서의 실체를 파악하려는 연구도 있다. 그러나 상상적 경험을 촉발하는 작품 속 타자의 존재에 대한 깊이 있는 논의나 그러한 타자가 되어 경험하는 경험의 질에 대한 논의는 아직까지 충분하지 않아 보인다.

은 것이 아니다. 상대방의 지각적 경험이나 활동을 추론하기 위하여 타자의 입장이 되는, 심리적이고 정서적인 몰입을 의미한다. 이 두 개념을 통해 우리는 '되기'의 구체적 방법이나 기제에 대해 알 수 있다.

내 의식 속에서 타인의 역할을 취한다는 것이 어떤 상태이고 어떤 것을 지향해야 하는지에 대한 논의는 '자아 중심의 관점 취하기'와 '타인 중심의 관점 취하기'라는 개념에서 설명의 실마리를 찾아볼 수 있다.[19] '자아 중심의 관점 취하기'가 나의 경험에 바탕을 두고 '너'의 상황에 처한 '나'를 상상하는 것이라면, '타인 중심의 관점 취하기'는 '너'의 입장에서 '너'가 어떠할지를 상상하는 것이다. 전자가 예측 오류나 개인적인 고통의 증폭 등의 문제를 발생할 수 있는 반면에 후자는 '너'를 이해한다는 것이 나에게 왜 필요하며 어떤 의미가 있느냐는 물음을 야기할 수 있다. 이에 대해 애미 코프란은 '그 어떤 공감 체험도 나와 타자에 대한 인식 및 구별로 나아가야 하며, 결국에는 경험적 이해, 구체적으로 나에 대한 이해 및 타자에 대한 이해를 동시에 동반해야 한다'고 말한다. 여기서 우리는 타자 되기가 지향하는 바 혹은 타자 되기가 지닌 의미를 확인할 수 있게 된다. 공감 경험이 나의 관점에서 상상하고 나아가 너의 입장에서 상상하되 결국에는 '나-너'가 통합됨으로써 인식의 지평이 넓어지는 단계로 수렴되어야 함을 알게 된다.

고려속요의 공감 체험 또한 나의 경험에 바탕을 둔 감정이입의 단계에서 시작하여 너의 입장이나 관점을 취함으로써 너의 입장에서 경험하는 것을 지나 궁극적으로는 나와 너의 경험을 가르고 넘어서서 인간에 대한 이해로 나아가야 함을 알 수 있다.

---

19) Amy Coplan & Peter Goldie ed.(2012), 앞의 책, 9~18면.

　이상의 논의를 종합하여, 고려속요 작품 속 타자에 공감한다는 것이 어떻게 가능하고 어떤 상태를 의미하며 어떤 의의가 있는지 정리해보자. 고려속요 작품 속 타자에 공감한다는 것은 타자의 관점이나 입장을 취함으로써 가능하며, 구체적으로 내가 타자의 입장에 처했다면 어떠했을지 상상하거나 타자의 상황에 처한 타자의 입장을 상상하거나 혹은 그 두 가지 모두를 상상하는 행위임을 알 수 있다. 그리고 그러한 공감 행위가 결국에는 나와 타자에 대한 경험적 이해로 수렴됨을 알 수 있다.

　그렇다면 이제 고려속요의 미학, 공감의 실체를 탐구할 차례다. 선행 연구를 정리할 겸, 구조적 유사성에 주목하여 작품 속 타자의 입장에서 고려속요를 경험한 역사를 먼저 살펴본 후, 그것을 바탕으로 이 책에서의 탐구 주제인 시뮬레이터로서의 고려속요의 특징과 그로 인해 가능한 공감 경험에 대해 논의하려 한다. 그렇게 일종의 시뮬레이터로서의 고려속요의 미적 특징을 드러냄으로써, 고려속요 감상 경험이 당대 향유자들에게는 물론이고 오늘날 우리 개인 및 사회에 어떤 의의와 가치를 지니는지에 대한 시사점을 얻고자 한다.

Ⅱ. 고려속요, 공감(론)의 역사

　선행 연구의 성과를 일일이 소개하기보다 연구 담론의 형성에 영향을 미친 특징적인 현상으로 '공감한' 연구자의 사례를 살펴보자 한다. 이는 앞 장에서 밝힌 공감의 메커니즘이 실제로 작동한 사례를 살펴본다는 점과 연구 초창기로 돌아가 고려속요의 공감 담론이 형성된 배경과 분위기를 살핀다는 의미를 지닌다.

　다음으로, 공감한 연구자들에 의해 촉발되어 지금까지도 영향력을 행사하고 있는 공감 연구 관련 담론을 간략하게 살펴보고자 한다. '한의 정서'라는 프레임과 고려속요의 공감성을 '민요'와 관련지어 설명하려는 경향이 검토의 대상이 된다. 이 두 담론에 대해 살펴보는 것은 이 글에서의 논의가 선행 연구에 바탕을 두고 있음을 드러냄과 동시에 선행 연구를 넘어서는 이 글만의 관점과 방법을 명확하게 드러내기 위함이다.

1. '공감'의 노래들

공감 논의의 대상이 되는 작품을 먼저 선정해야 한다. 이 글에서는 고려속요 중에서도 고려 시대에 창작되거나 향유되었을 것으로 추정되지만, 조선조 악서 등에 기록되어 전하는, 우리말 가사의 전모를 확인할 수 있는 노래들을 대상으로 한다.

『고려사』 악지에서는 고려속요의 쓰임과 작품의 전반적인 특징이나 몇몇 노래에 대한 정보를 취하고, 우리말로 기록된 조선조 악서들, 주로 『악장가사』에 수록된 작품들을 분석 대상으로 삼았다. 구체적으로 『악학궤범』에서 <정읍사>와 <동동>, <정과정>을, 『악장가사』에서 <정석가>와 <청산별곡>, <서경별곡>, <쌍화점>, <이상곡>, <가시리>, <한림별곡>, <만전춘별사> 등의 작품을 분석 대상으로 삼았다.[20]

『고려사』 악지에 언급된 <정과정>이나 <동동>, <서경>, <쌍화점>, <한림별곡> 외에 고려시대 창작을 증명할 수 있는 문헌적 기록은 없어서 사실상 작품의 시대 귀속 문제는 여전히 논란의 여지가 있다. 그러나 이들 고려속요 작품들이 고려 시대가 아닌 시대에 창작되었음을 증명하는 결정적인 근거가 아직까지는 없고, 고려 속악의 가사로 명시된 노래들과 인접해 있거나 주제와 형식, 내용 등에서 일정한 유사성과 연관성을 보인다는 점에서, 고려 시대 궁중에서 속악의 가사로 향유되었던 노래로 보고 논의를 펴고자 한다.[21]

---

20) 물론 궁중 무악(舞樂)의 가사로 소용된 고려속요는 이보다 훨씬 많다. <선운산>, <명주> 등 『고려사』 악지에 제목과 사연만 전하는 노래들, <無得> 등 불교계 궁중 무악, <처용가>나 <나례가>를 비롯한 무가계 궁중 무악이나 연악 등이 있지만, 여기서는 우리말 가사가 온전하게 기록된 작품들을 대상으로 삼았으며, <상저가>나 <사모곡> 등 짧은 노래는 제외하였다.

21) 분석 대상으로 삼은 노래들은 『고려사』 악지나 『악학궤범』, 『악장가사』, 『시용향악보』

이들 고려속요 작품들은 우리말 가사로 기록된 최초의 노래라는 점에서 국문학 연구 초창기부터 '국문시가'로서 주목을 받았다. 그리고 대부분의 연구자들이 고려속요가 공감의 장르 혹은 남다른 공감성이나 구조를 지닌 갈래임을 전제하고 논의를 폈다. 따라서 어찌 보면 고려속요 연구의 역사는, 고려속요의 '공감성'에 대한 전제에서 시작되었고 고려속요의 '공감성'을 밝히려는 연구로 수렴되었다고 해도 지나치지 않을 정도이다.

이 글에서의 탐구와 논의 또한 이러한 선행 연구에 힘입은 바 크지만, 그간의 연구 방향과 성과에 대해 비판적으로 성찰함으로써 논의를 시작하고자 한다. 선행 연구에서 '공감'과 관련하여 밝혀낸 점이나 집중적으로 논의한 내용을 검토하고 비판적으로 성찰함으로써, 공감의 시대 고려속요가 지닌 공감의 미학을 밝히고 그것이 지닌 사회적 의미를 논의하는 데로 나아가고자 한다.

2. '공감'한 사람들

국문학 연구 초창기 국문학자들의 국문학에 대한 열정과 관심은 대단

외에도, 고려 당시 민요를 번해한 악부시에 그 흔적을 남기고 있고 조선조 궁중이나 개인이 펴낸 『대학후보』나 『악학편고』, 『금합자보』 등의 악서 및 악보 등에도 수록되어 있으며 조선 조정에서 논란의 대상이 되기도 하였다. 고려 궁중 속악의 가사이지만, 조선 초기에 전대 음악으로 정리되고 당대 음악으로 선택되는 과정에서 기록에 남은, 복잡한 이력의 노래들이다. 이 문제는 Ⅴ장에서 본격적으로 논의하고자 한다. 선입견이 될 수도 있는 당대의 기록이나 평가, 논란 등을 뒤로 하고, 시뮬레이터로서의 고려속요의 구조와 특징을 먼저 살펴본 후 당대의 기록과 평가 등을 살펴보는 순으로 논의를 펴고자 함이다.

했다. 고전시가, 그 중에서 고려속요를 연구한 국문학자들 역시 그러했
다. 국어를 수호하고 학술적 대상으로 삼는 연구 자체가 민족의 운명과
등가의 것[22])이었고 민족문학의 특질과 미학을 밝히는 것은 민족정신을
자각하고 민족정체성을 발견하는 위대한 사업이었다. 그래서 이 시기 국
학 연구는 학문이면서 종교였고 신념이었다. 문학 연구의 공공성과 사회
성에 대해서는 누구도 추후도 의심을 하지 않던, 어쩌면 행복한 시대였다.

이러한 열정적인 분위기 속에서 고려속요에 대한 연구가 출발하였다.
고려속요 해독 및 주석 연구가 시작되었고 그 연구와 더불어 민족시가
로서의 고려속요의 특징을 발견하고 그 가치를 주장하는 논의들이 전개
되었다. 조만호가 열거한 것[23])처럼, 조윤제는 고려속요를 '人生生活의
發露'로서 '힘있고 熱있는 문학'이라고 했고,[24]) 이병기는 '이건 읽고 또
읽어도 맛이 있다. 마치 꾀꼬리 소리와 같아 듣고 들어도 또 듣고 싶다.
自然-人生 또는 무슨 主義니 할 것도 없이 自由自在한 境地'라고 했으
며, 장덕순은 향가와 시조에서 찾을 수 없는 운치가 있다고 하였다.[25])
그밖에도 '高雅', '純撲', '맛' 등의 말로 고려속요의 미에 대해 평가하고,

---

22) 우한용(2011), 「국어국문학의 경계와 융합」, 『국어국문학』 제158호, 국어국문학회, 7면.
23) 조만호(1996), 「고려가요의 情緒와 樂章으로서의 성격」, 『高麗歌謠研究의 現況과 展望』,
    집문당, 111~112면.
24) 조윤제는 향가가 신라문학의 꽃이라면 장가는 고려문학의 진주라고 하면서, 아무 문자
    상의 기교도 없고 그저 가슴 가운데 서린 순정을 속임 없이 그대로 토로한 것인데 이
    것이야말로 시의 본 자태를 대하는 듯한 감이 있다고 하였다. 조윤제(1984), 『국문학개
    론』, 탐구당, 99면.
25) 장덕순은 향가에서 시조로 넘어가는 과도기, 혼돈한 상태에서 무엇인가를 잡아보겠다는
    의욕이 왕성한 시기로 고려 시대를 규정하고 세련된 언어로써 진솔한 감정을 특이한
    시형에 담을 수 있었다는 것은 그만큼 당시의 가객 시인들이 우리 민족적 정서에 맞는
    문학을 파내기에 얼마나 노력하였는가를 짐작할 수 있다고 하였다. 문자의 공백이었을
    뿐 문학 활동은 왕성했던 시기라고 결론지었다. 장덕순(1995), 『한국문학사』, 박이정,
    64~67면.

'외로움', '괴로움' 등 작품에서 지배적으로 다루고 있는 감정에 대해 언급하기도 하였다.

고려속요의 특징으로 언급한 말이 약간씩 다르기는 하지만, 그러한 특징이 바로 민족시가로서의 고유한 자질이며 고려속요가 폭넓은 공감대를 형성하게 한 이유가 된다고 본 점은 한결같다. 고려속요의 이러한 특징이 고려속요가 널리 사랑받은 이유가 되고 민족시가로서의 정체성을 증거한다고 본 것이다.

당시 분위기를 살펴보기 위하여 한 연구자[26]의 말을 인용해 보자.

> 첫째로 高麗俗謠에는 우리 先民들의 생활 감정이 眞率하게 그대로 나타나 있다는 것이다. 李朝에 와서 道學者 漢學者 손에 만들어진 道學 냄새 나는 時調나 歌辭는 더 말할 것도 없고, 그들을 본받은 일반 대중의 입에서 읊어진 노래에까지 虛飾과 誇張이 많은 데 비한다면 여기에는 어디까지나 거짓 없는 솔직한 感情의 告白이 이루어져 있는 것이다. 아마도 이 點이 李朝 道學者들의 비위에 안 맞았는지 모르겠다. 둘째로 거기에 표현된 言語를 볼 때 아름다운 우리 말의 律動이 그대로 흘러 있다. 李朝의 歌詞에서 보듯 우리말이라고 할 수 없는 生疎한 漢字 語彙나 漢文故事를 그대로 使用하고 있는데 比 하면 俗謠에는 우리 말의 생명이 살아 그대로 躍動하고 있는 것이다. (~중략~) (굵은 글씨 표시-필자)

고려속요에는 우리 선민(先民)들의 생활 감정이 진솔하게 나타나고, 거짓 없는 솔직한 감정의 고백이 나타나며 우리말의 생명이 살아 그대로 약동하고 있다고 말한다. 이러한 발견은 아마도 연구자의 고려속요에 대한 공감의 경험에서 나온 찬사로, 급기야 다음과 같은 영탄의 말로 이어

---

26) 김형규(1958), 『古歌註釋』, 백영사 정정판.

진다.

> 얼마나 참다옵고 아름다운 우리 말의 노래이냐, 李朝에 와서 松江의
> 歌辭를 첫손 꼽고 蘆溪의 노래를 일컫는다. 그러나 眞率한 우리 말의
> 言語美를 가지고 논한다면 여기에 비할 바가 될 것인가

다소 감정적인 어투로, 고려속요에 나타나는 언어미가 송강(松江)이나 노계(蘆溪)에 뒤지지 않는다고 감탄하고 있다. 고려속요의 특질을 분석적으로 설명하기보다는 이 얼마나 참답고 아름다운 노래냐며 감탄하고 있다. 고려속요에서 경험하고 발견한 주관적인 감정이나 감동을 숨기지 않고 드러내고 있다. 개념적인 언어로 기술할 수 없는, 이러한 공감의 경험이 고려속요의 가치에 대한 인식으로 이어졌을 것이고 고려속요에 대한 연구를 촉진시켰을 것이다. 그리고 고려속요에 대한 연구를 통해 그러한 공감의 깊이가 더 깊어졌을 것이다.

이러한 가치평가적 언급을, 민족적 소명감이나 그로부터 나온 과도한 의미부여로 치부할 수는 없다. 설혹 초창기의 열정을 인정한다 하더라도, 고려속요 작품 '안' 타자의 정신 작용과 연구자들의 정신 작용 사이에 일종의 구조적 유사성이 있었고 그 유사성으로 인해 연구자들이 작품 세계 안으로 들어가 작품 세계를 경험했으며 그 경험의 감동이 묻어난 진술로 보아야 한다. 언어화, 객관화할 수 없는 경험의 질성이 주관적 비평의 진술로 드러난 것이다. 그런 점에서 초기 연구자들은 고려속요에 공감한 사람들이라고 부를 만하다.

공감을 통한 경험적 이해가 있었기 때문에 고려속요의 작품성에 대해 감탄하고 신념을 가지고 그 가치를 피력할 수 있었다고 보아야 한다. 초

기 고려속요 연구를 추동한 공감의 체험은 연구자 개인의 체험에 머물지 않고 이후 고려속요에 대한 성격 규정과 공감 구조 및 미학에 대한 논의에도 영향을 미쳤다는 점에서 보다 면밀하게 살펴볼 필요가 있다.

초창기 고려속요에 '공감한' 사람들 중에서 가장 많은 영향을 끼친 연구자의 하나인 양주동의 공감 경험에 대해 좀더 들여다 보자. 양주동은 고려속요 작품에 대한 공감, 다시 말해 감정이입의 경험이 전제되지 않고서는 불가능한 고려속요에 대한 비평을 내놓았다. 잘 알려져 있다시피 양주동은 『麗謠箋注』에 '高雅하고 純撲한 想念의 노래'인 고려속요 작품에 대해 해독한 내용과 더불어 <서경별곡>와 <가시리> 두 편의 노래에 대해 썼던 짧은 비평의 글을 아울러 수록하였다. 그 중 <가시리> 평설은 당대는 물론이고 지금까지도 비평의 글이 하나의 작품임을 보여주는 사례로 언급되곤 한다.

> 별리(別離)를 제재(題材)로 한 시가(詩歌)가 고금(古今)·동서(東西)에 그 얼마리오마는 이 <가시리> 일편(一片) 육십칠자이십수구(六十七字二十數句)의 소박미(素朴美)와 함축미(含蓄美), 그 절절(切切)한 애원(哀怨), 그 면면(綿綿)한 정한(情恨), 아울러 그 구법(句法) 그 장법(章法)을 따를 만한 노래가 어디 있느뇨. 후인(後人)은 부질없이 다변(多辯)과 기교(技巧)와 췌사(贅辭)와 기어(綺語)로써 혹(或)은 수천어(數千語) 혹(或)은 기백행(幾百行)을 늘어놓아 각(各)기 자기의 일편(一片)의 정한(情恨)을 서(叙)하려 하되 하나도 이 일편(一片)의 의취(意趣)에 더함이 없고 오히려 이 수행(數行)의 충곡(衷曲)을 못 미침이 많으니 본가(本歌)야말로 동서문학(東西文學)의 별장(別章)의 압권(壓卷)이 아니랴. (중략)
>
> 수구(首句)는 두연(斗然)히 붓을 일으켜 원사(怨辭)로 직핍(直逼)하였다. 가시리 가시리잇고, 임은 정작 가시리잇고 이 나를 버려 두고 임은 기어이 가시리잇고. 기구(起句)의 문득 돌올(突兀)함이 천인(千仞)의 단애(斷

崖)와 같고, 행문(行文)의 어이 급박함이 일조(一條)의 급류(急流)를 연상
하게 한다. 그러나 그 돌올 급박한 속에 또 얼마나 표현 이전의 기나긴
사연이 생략되어 있느뇨? (중략)

　　본연은 결사(結辭). 원(怨)한들 무엇하며, 소(訴)한들 무엇하며, 짐짓(反
撥)하고 다시 눙쳐 본들 또한 무엇하랴. 초연(初聯)으로부터 2, 3연을 지
나 온 몇몇 층절(層折)과 우회(迂廻)는 모두 이 결어(結語)를 위함이었다.
"이도 저도 못 하여, 설운 임을 이제는 하는 수 없이 보내옵노니, 가시
기는 가셔도 지금 가실 때 그렇게 총총히 가시는 듯 제발 총총히 고대
다시 돌아서 오소서." 결구(結句)의 묘(妙)는 언제나 무한한 의취(意趣),
이른바 '사진 의부진(辭盡意不盡)'의 경지에 있다. 하물며 길도 떠나기
전에 먼저 돌아올 기약(期約)부터 묻는 것은 고금(古今) 별리의 통유(通
有)의 정(情)임에랴. (후략)[27]

　　평설이라는 용어에서 짐작할 수 있겠지만 위 글은 논문이라기보다는
비평으로 보는 편이 정확하다. 이 비평의 글은 '무애 특유의 의고적 문
체가 문학적 감수성 속에서 격조와 화사함을 얻은 명문'이라고 칭해진다.
　　한 작품에 대한 평설이지만, 이 평설이 이후 고려속요 연구에 끼친 영
향은 적지 않다. 고려속요하면 으레 따라오는 정한(情恨)이나 한(恨)의 정
서(情緖)라는 말이 이 평설에서 유래했거나 적어도 이 평설로 인해 자리
를 잡았다고 볼 수 있기 때문이다. 고전시가의 특성으로부터 민족성 혹
은 민족정체성을 찾으려는 노력이 이어지면서[28] 고려속요는 민족시가의

---

27) 양주동(1947), 『麗謠箋注』, 을유문화사, 404~427면.
28) 조윤제는 민족시가의 특질로, '은근과 끈기', '애처로움과 가냘픔', '두어라와 노새'를
　　뽑고 "실제 생활이 또 애처롭고 가냘프니까 생활의 표현인 문학에 있어서도 애처롭고
　　가냘프다"며 "고려시가는 거개가 다 이러한 성격을 가지고 있다."고 하였다, 나아가 이
　　러한 고려속요의 특징이 고려를 지배했던 불교의 인생무상관에서 나온 게 아니겠느냐
　　고 반문하면서, 애처롭고 가냘픈 것이 민족의 제2의 성격이 되었고, 또 드디어 국문학
　　의 하나의 성격이 되었다고 함으로써 한의 정서가 국민 기본 정서로 자리잡게 하였다.
　　조윤제(1984), 『국문학개론』, 탐구당, 468~499면.

정체성을 보여주는 시가로, 그 정체성이란 정한 혹은 한이라는 논리로
나아갔다. 양주동의 평가적 언급을 포함하여 초창기 연구자들의 고려속
요에 대한 성격 규정은, 이후 고전시가 연구자들이 고려속요를 접할 때
하나의 선입관으로 작용하였다. 일종의 정서적 감염(contagion) 효과29)가
있었던 것은 아닌가 한다.

　물론 이에 대한 비판이 없었던 것은 아니다. 정병욱은 <가시리>가
비교적 유려한 운율 외에 시적 감흥을 일으키지 못하는 산문이고, '나를
버리고 가시는 임은 십리도 못 가서 발병 난다'는 아리랑의 표현이 <가
시리>의 마지막 구절보다 급이 높다고 평하며 반박하였다.30)

　이러한 반박에도 불구하고 평설의 내용은, 이후 <가시리>에 대한 지
배적인 관점으로 영향력을 미치게 된다. 나아가 교과서 등에 <가시리>
가 별리(別離)를 소재로 한 한국시가의 수작(秀作)으로 자리매김되었고, 이
후 연구의 초점은 '그 切切한 哀怨, 그 綿綿한 情恨'이라고 평한 주제로
옮겨지게 되었다. 주제에 대한 논의는 한국시가의 보편성 내지 전통성을
찾는 논의와 연결되어, <가시리>가 위로는 <황조가>나 <공무도하가>
와, 당대에는 <서경별곡>과 <이상곡>, 정지상의 <송인>과, 그리고 현
대에는 <진달래꽃>과 이어진다는 점이 부각되었다. 그 결과 <가시리>
는 이별의 상황에서도 변치 않는 사랑과 그로 인해 비롯된 지속적인 그
리움의 정서, 혹은 '한의 정서'를 드러내는 전통시가로 인정받게 된다.31)

---

29) Sally Planalp(1999), *Communicating Emotion : Social, Moral, and Cultural Processes*,
　　Cambridge Uni. Press, 1999, 62~63면.
30) 정병욱(1975), 『한국고전시가론』, 신구문화사.
31) 제도 교육이 시작된 이래 지금에 이르기까지 학교 교육의 장에서 가르쳐온 내용이며,
　　그로 인해 학교 바깥에 이르기까지 강력한 영향력을 행사하고 있다. '가시리'를 수용한
　　대중가요를 분석한 결과 고려속요 <가시리>와 현대시 <진달래꽃>의 표현과 발상, 어
　　조 등이 결합한 형태의 노래가 대부분이었음을 확인한 바 있는데, 이러한 사실은 '한의

한 작품에 대한 비평적 글이 어떻게 이처럼 고려속요의 특징을 규정하는 말로 자리잡게 되었을까 의문이 생긴다. 양주동의 <가시리 평설>이 공교롭게도 근대식 교육을 실시하던 초기부터 교육담론으로 수용됨으로써 양주동의 비평적 언급이나 용어들이 확대 재생산된 것으로 볼 수도 있다. 그러나 교육의 장에 수용된 담론들 중에서 그와 같은 영향력을 행사한 담론은 일찍이 없었다는 점에서 충분한 설명이 되지 않는다.

그것보다는 양주동이 보여준 '공감'의 깊이와 진정성이 교육 및 연구의 장에 있는 사람들에게 영향을 미친 것으로 볼 수 있다. 공감 체험의 깊이와 그러한 공감 체험이 다른 사람들에게도 정서적 감염 효과 혹은 전이 효과가 발휘할 수 있기 때문이다. 고려속요에 대한 공부를 시작할 즈음, 필자 역시 이 평설을 처음 접하고 감동을 받은 기억이 있다. 한동안 직접적, 무의식적, 자동적으로 양주동의 비평에 감염되어 <가시리>를 다시 읽은 경험이 있다. 양주동의 평설을 읽는 순간, 양주동이 되어 양주동이 그랬던 것처럼 원(怨)하고 소(訴)하고 반발(反撥)하고 다시 능치다가 결국에는 가시는 '듯' 다시 오라고 말하는 절묘한 표현의 주인공을, 그 주인공 여성 화자의 애절함과 절절함을 경험할 수 있었다. 마치 문학작품에 감정이입이 되는 것처럼 비평의 글에 감정이입이 된 것이다. 짧은 비평의 글이, 그것도 작품'에 대한' 글이, 또 하나의 작품이 되어 다가온 경험이었다.

양주동은 철저히 <가시리> 속 타자인 '여성'의 입장이 되어 그 여성의 애절함과 슬픔과 정한을 경험했을 것으로 추정된다. 그리고 평설은

정서'를 <가시리>, 곧 고전시가의 전통적인 정서로 보는 관점이 오늘날 지배적인 관점으로 자리하고 있음을 증거하는 현상으로 볼 수 있다. 졸고(2012), 「학교 바깥 고전시가의 변용과 향유에 대한 교육적 성찰—<가시리>를 예로—」, 『문학치료연구』 23집, 문학치료학회, 77~107면.

그러한 공감 체험의 깊이와 진정성에서 나온 글이라고 볼 수 있다. 양주 동이 <가시리>에 공감한 경험은 물론 가상의 경험이지만 그러나 실재 경험이기도 하다는 점에서 경험의 질성과 진정성에 대해 의심할 수 없 다. 결국 평설은 작품 바깥에 있는 독자로서, 작품 안 화자에게 감정이 입이 되어 그 화자와 같이 경험한 내용을, 유려한 문체로, 다시 재현한 글이라고 할 수 있다.

문학 연구자로서 이 글을 읽고 덤덤하기는 쉽지 않을 것이다. 사실 문 학 연구자들은 늘 작품에 공감하고자 노력하는 사람들이고, 공감의 깊이 가 작품에 대한 체험적 이해의 깊이이며 그 깊이가 있어야 작품에 대한 깊은 논의를 펼칠 수 있기 때문이다. 그래서 배경이 되는 지식을 공부하 며 작품을 거듭거듭 읽곤 한다. 현란한 용어나 새로운 방법을 시험하느 라 애초에 작품에서 받았던 감정이나 공감의 경험을 잊고 있었던 연구 자라면 초심을 확인하고 반성하는 계기로 삼았을 수도 있을 것이다.

양주동의 경우는 개인이 가지고 있는 문학적 감수성과 해독 연구에 몰입한 경험이 상승적으로 작용함으로써 높은 수준의 공감 능력을 보여 준 사례로 볼 수 있다. 그런데 문제는 양주동 개인의 공감 체험에서 나 온 '이별의 정한'이니 '여성의 절절한 감정'이니 '한'이니 하는 용어들이 <가시리>를 넘어서 고려속요의 보편적 정서로, 고려속요의 폭넓은 사 랑과 향유의 근거로 일반화되었다는 점이다. 이후 공감의 문제를 다루는 상당수의 연구들이 양주동의 논의를 전제하고 출발했는바, 어떤 경우는 비판 및 성찰의 시선을 견지하지 않았다는 점에서 양주동의 견해에 대 해 정서적으로 감염된 상태에 머문 경우도 있었다.

사실 앞 장에서 우리는 공감이 관찰자가 상상함으로써 타인에게 감정 이입이 되어 그 타인처럼 겪는 가상의 경험이라고 하였다. 개인의 상상적 동일시에 의해 가능한 경험이라는 점에서 주관적인 경험일 수밖에 없으며 따라서 하나의 가능한 경험일 수 있다. 상상이란 주체가 현재 가지고 있는 자원, 곧 경험을 바탕으로 하며 따라서 경험을 넘어설 수 없기 때문이다. 자신이 경험한 것, 아는 것을 바탕으로 상상력이 작동한다는 점에서 공감 경험은 개인마다 차이가 날 수밖에 없다.

또한 문학 작품이란 다의적 해석 및 공감의 가능성을 담고 있는 가능태이며, 고려속요 또한 가능태라는 점에서 다양한 층위에서의 접근과 해석이 가능하다. 그런 점에서 이별의 정한이나 한의 정서라는 평가어이자 개념어 역시 학술적 검토의 대상이 되어야 하며 그 적용 범위와 관점, 한계가 명확하게 규정됨으로써 학술 담론의 장에 편입되어야 한다.[32]

문학 작품에 대한 연구자의 공감 체험에서 문학 연구가 출발하는 것은 맞지만, 그 공감 체험을 작품 내적 특징과 작품 외적 정보를 바탕으로 객관적으로 설명해내는 데까지 이를 수 있어야 한다. 고려속요의 공감에 대한 연구 또한 연구자의 공감 체험에 기반을 두고 시작해야겠지만, 주관적·개인적 체험을 넘어서 보편적인 설명이 가능한, 원리라 개념, 지식의 탐구를 목적으로 삼기 때문이다.

3. '한의 정서'라는 프레임

고려속요 작품들을 살펴보면 여성 화자가 수적(數的)으로 우세하게 나

---

32) 사실 고려속요의 공감의 미학에 대한 연구는 초기에 공감의 요소 내지 자질로 부각된 한의 정서나 이별의 정한이라는 개념이나 특성에 대한 탐구 및 보완, 극복, 비판의 역사라고 볼 수 있다.

타나는 것이 사실이다. 그 여성 화자가 님과 헤어져 님을 그리워하거나 님과의 영원한 사랑을 소망하는 모습을 자주 목격할 수 있다. 자연스럽게 노래의 주제 또한 사랑이나 이별이라는 보편적인 주제의 범주 안에 드는 경우가 많다. 평설의 대상이 된 <가시리>는 그러한 고려속요 전체 작품 세계의 특징을 대변하고 있는, 일종의 대표 노래라고 볼 수 있다. 그런 이유에서 <가시리>의 특징은 고려속요에 지배적으로 나타나는 특징이 된다.

이러한 경향성은 전통시가로서의 보편성 혹은 민족 보편의 정서를 추구하던 초창기부터 예고된 것이기도 했다. 조윤제는 고려속요의 거개가 현실이 애처롭기 때문에 애처로움을 노래했고 그러한 '애처로움과 가냘픔'을 민족의 두 번째 특징이라고 한 바[33] 있다. 고려속요의 '애처로움'이 민족성이기 때문에 고려속요는 우리 민족이라면 누구나 공감할 수 있는 보편성을 지니고 있다고 보았다.

이러한 장르적 특성에 대한 탐구는 고려속요의 화자가 '여성 화자'임에 주목하였다. 여성 화자의 소극성과 수동성 및 님에 대한 절대적인 사랑에 주목하여, 고려속요를 소극적인 여성화자의 체념의 정서, 즉 한의 정서나 이별의 정한을 보여주는 장르로 규정하게 하였다.

사실 교육 및 일상의 장에서 '한의 정서'가 보편적인 정서로 받아들여지고 고전시가 중에서도 고려속요가 특히 '한의 정서'를 담고 있다고 인식되는 것과는 달리, 김쾌덕의 지적처럼 정작 연구의 장에서는 '한'의 정체에 대한 본격적인 논의는 별로 없었다.[34] '한의 정서'는 고전문학 및 문학 일반의 정서로 논의되었고[35] 고려속요를 대상으로 한 논문보다

---

33) 각주 28)번 참고.
34) 김쾌덕(2006), 『고려속가의 연구』, 국학자료원, 113~121면.

는, 소월 및 서정주 시의 근원을 전통에서 찾으려는 논문들에서 고려속
요에 연원을 두고 있는 것으로 언급하는 경우가 더 많았다. 그러나 본격
적인 논의는 적지만 고려속요 연구의 장에서 개별 작품을 분석할 때
'한' 혹은 '정한', 나아가 '한의 정서'를 언급하지 않는 연구 또한 찾아보
기 어렵다.

고려속요의 장르적 특성을 규정하는 다른 개념들이 별로 없다는 점에
서, 고려속요의 폭넓은 공감을 가능하게 하는 보편적 정서가 한의 정서
혹은 여성화자의 소극적 체념의 정서라는 담론이 연구의 장 안과 바깥
에서 영향력을 행사하고 있는 것은 분명하다. '한의 정서'로 고려속요의
특성을 바라는 보는 관점에 대해 걱정하고 비판하는 목소리가 제기되는
것도 한의 정서라는 담론의 영향력을 역설적으로 증거해준다.

> 고려가요는 이별에 대한 情恨이나, 님에 대한 怨恨이나 만남을 이루지
> 못한 회한이라는 정조를 그 특징으로 하고, 이러한 恨의 정도는 김소월
> 의 <진달래꽃>으로 이어지는 한국문학의 한 특징이라는 견해가 난무한
> 다. 민족문학을 다양한 시각으로 면밀하게 살펴보기도 전에 하나의 특
> 성으로 규정하는 것도 문제려니와, 일제의 식민사관이 조장한 恨이라는
> 패배적 · 좌절적 속성을 신봉하는 것도 문제이다. (중략) <동동>을 비롯
> 한 고려가요를 한과 결부된 센티멘탈리즘으로 보는 도식성에서 탈피애
> 햐 하는 것이 시가 연구의 한 과제이다.36)

이러한 연구자의 지적에 최진원37)은 속이 다 후련해지는 지적이라며

---

35) 천이두(1985), 『한국문학과 한』, 이우. 서광선 엮음(1989), 『한의 이야기』, 보리.
36) 허남춘(1996), 「<動動>과 예악사상」, 『高麗歌謠研究의 現況과 展望』(성대 인문과학연
    구소), 집문당, 335면.
37) 최진원(1996), 「高麗歌謠 研究의 現況과 展望」, 위의 책(성대인문과학연구소), 19면.

동의를 표하기도 하였다. '누구에게나 다 있는 恨을 자기만의 것인 양 여기는 것은 自虐'이라며 고려속요를 정한의 노래, 한의 정서를 우리 시 가의 보편적 정서로 논의하는 것에 대해 비판한 바 있다. 그러나 한의 정서를 식민사관이라고 일축하거나 자학이라고 감정적으로 평가하기에 앞서 한의 정서로 이름 지어진 특징에 대한 정확한 이해 즉, 실체적 이해가 필요하다. '한의 정서'로 접근하는 관점에 대해 비판적인 입장을 견지하는 연구들은 대개 고려속요의 다른 특성, 즉 제의성이나 송도성에 주목함으로써 고려속요에 대한 이해를 깊게 하는 데 기여했다. 그러나 한의 정서로 보는 관점에 대한 비판에서 출발했다는 점에서 고려속요에 대한 연구가 여전히 한의 정서라는 프레임에 영향을 받고 있음을 알 수 있다.

그렇다면 한의 정서가 과연 무엇인지, 한의 정서가 과연 고려속요 전반을 아우를 수 있는 보편적인 정서로서의 포괄성을 가지고 있는지 살펴볼 필요가 생겨난다.

김대행[38]은 화자의 심리에 주목하여 '이별의 정한' 혹은 '한의 정서'가 무엇인지 그 실체를 밝혀냄으로써 고려속의 장르적 특질은 물론이고 전통성의 실체를 구명하고자 하였다. 그 결과 이별을 기정사실로 받아들이며 당부를 남기는 것으로 심리적 평정에는 도달했지만 여전히 갈등의 소지를 남기고 있다는 점에서 <가시리>가 '한의 정서'를 드러낸다는 점을 확인하였다.

동시에 '좌절'이나 '돌이킬 수 없음'이 恨의 한 요소라고 할 때, 내적 갈등이 대부분 외부에서 주어지는 고려속요의 경우 좌절이나 돌이킬 수

---

38) 김대행(1986), 「高麗 詩歌의 情緒와 恨」, 『고려속요의 정서』, 개문사, 285~296면. 김대행(1996), 「高麗詩歌의 文學的 性格」, 앞의 책(성대인문과학연구소), 23~39면.

없음을 특징으로 한다는 점에서 넓은 의미의 한의 범주— 恨, 情恨, 悔
恨 등을 모두 포괄하는— 로 접근하는 것이 가능함을 보였다. 그러나 동
시에 어떻게든 그것을 해소하려는 모습 또한 보이고 있다는 점에서 소
극적 패배주의와는 거리가 먼, 특징적인 정서임도 명확하게 밝혔다. 이
를 통해 한의 정서로 명명된, 고려속요의 정서가 무엇인지 그 실체를 드
러냄과 동시에 고려속요의 특징적인 정서를 찾아내 범주화할 가능성을
보여주었다.

한의 정서에 대한 김대행의 논의는 고려속요가 외부에서 주어진 자극
으로 인해 생겨난 화자의 내적인 갈등의 문제를 다루는 노래임을 명확
하게 함으로써, 시뮬레이터로서의 고려속요의 특징을 살필 때 화자의 내
적 갈등과 그 갈등을 질서화하는 과정에 주목해야 함을 분명하게 한다.
이 글에서는 한의 정서라는 프레임을 일단 뒤로 하고, 가상 경험을 가능
하게 하는 고려속요의 작품 내적 구조를, 화자의 감정 및 심리 변화의
추이를 따라가며 살펴보고자 한다.

4. 민요와의 관련성 탐구 경향

한편 고려속요의 공감성에 대한 연구의 대부분은 고려속요가 민요에
서 기원했다는 사실에도 주목한다. 민요를 궁중에서 수용했다는 사실 자
체가 보편적 정서의 존재를 가정하게 만들고 정서는 물론이고 주제나
형식면에서 일반 백성들의 사랑을 받았던 민요의 그것과 유사하다는 사
실을 확인하는 식이다.

그러나 고려속요는 궁중 속악의 가사이다. 사실 가사가 어떻게 발생했

으며 어떻게 향유되다가 어떤 근거로 기록에 남게 되었는지에 대해 정확히 알 수는 없다.

<정과정곡>처럼 작자가 명시된 작품도 있고, <쌍화점>처럼 오잠 석천보 등이 새로 지었을 가능성이 제기된 작품39)도 있으며, <청산별곡>의 완성도를 볼 때 도저히 백성들의 노래로 볼 수 없는바 지식인이 창작했을 것이라는 추정도 있었다. 그러나 민요에서 기원했을 것이라고 보는 것이 학계의 일반적인 견해인 것은 사실이다. 필자 역시 이 글에서 분석의 대상으로 삼고 있는 작품들이 대부분 민요에 그 뿌리를 두고 있다고 생각한다. 학계에서도 일찍이 '고려속요가 민요인가 아닌가'를 쟁점으로 삼아 논의를 편 바 있으며, 논의 결과 "高麗俗謠는 대부분 전대로부터 전해 오는 민요에서 출발, 궁중 무악으로 채용되는 과정에서 편집과 개작을 겪어 정착, 전승"된40) 것으로 보인다는 결론에 도달하였다.

고려속요의 민요 기원설 혹은 발생설의 증거는 참으로 많다. 우선 민요를 채집하여 올린다는 내용이 포함되어 있는 치어와 구호가 첫 번째

---

39) <쌍화점>의 작가에 대한 논쟁은 『고려사(高麗史)』의 기록에 대한 해석에서 시작된다. <삼장>과 <사룡>이 '충렬왕 대에 지어졌다[忠烈王朝所作]'는 악지의 언급과 전국에서 뽑아 올린 여자들에게 '새로운 소리를 가르쳤다[敎以新聲]'는 열전의 기록을 어떻게 해석하느냐에 따라 크게 두 가지 입장으로 나뉜다. 귀족 창작설과 민요의 궁중유입설이 그것이다. <삼장> 등이 충렬왕대에 지어졌다는 언급에 주목하고, 당시 향락 문화의 주체였던 행신들의 적극적인 역할에 주목하여 오잠 소작설(려증동, 1982) 및 오잠 등의 합작설(정병욱, 1976)을 제기되었다. 그러나 삼장이 곧 쌍화점은 아니며 새 노래를 가르쳤다고 했을 뿐 창작했다는 기록은 어디에도 없다는 점을 들어 민요의 궁중 유입설이 제기되기도 하였다. 당시 기녀 등이 궁중으로 들어오면서 새로운 노래가 궁중에 유입되었을 것이라는 추정이다. 그 과정에서 민요에 기원을 둔 노래가 편사 혹은 편곡되었을 터인데, 편사 혹은 편곡의 주체를 누구로 보느냐에 따라 입장이 다시 나뉜다. 왕을 기쁘게 하기 위해 애썼던 오잠 등이 개편의 주체였다는 주장(조윤제, 1954 ; 조동일, 1983)과 각 도에 파견된 행신들이 개편했을 것이라는 주장(박노준, 1990)이 바로 그것이다. 민요에서 기원했든 새롭게 창작된 노래든 간에, 사건 보고 방식이나 반복적인 패턴은 <쌍화점>이 민요와 밀접한 관련성을 지닌다는 점을 잘 보여준다.

40) 권경순(1986), 「高麗俗謠는 民窯인가」, 『한국문학사의 쟁점』, 집문당, 262~270면.

증거가 된다. 치어(致語)는 연희의 가무악 중 가장 먼저 행하는 절차로서 주빈(主賓)인 왕을 칭송하는 치사(致辭)이며, 치어에 이어 나오는 것이 구호(口號)이다. 예를 들어 임종비(林宗庇)가 올린 <등석치어(燈夕致語)>에 '下採民謠 上呈口號'라는 구절[41]이, 이지저(李之氐)의 <서경대화궁대연치어(西京大花宮大宴致語)>에 '臣等叨居法部 傍採民謠 上奉天顔 敢呈口號'[42]라는 구절이 있다.[43] 이렇게 채집하여 올린 민요들이 어떻게 되었을까 추리하는 것은 어렵지 않다. 임금에게 올려진 노래라는 점에서, 임금을 좌상으로 하는 궁중 연희의 음악으로 편사 개편되었을 것으로 추정할 수 있다.

두 번째 증거는 중앙 관리들이 궁중 연희를 위하여 전국에서 노래 잘하는 기녀(妓女)들과 관비(官婢)를 선발하였다는 사실이다. 구체적으로『고려사(高麗史)』열전(列傳) '오잠조(吳潛條)'에 오잠, 김원상, 석천보, 석천경 등이 연악(宴樂)을 좋아하는 왕을 기쁘게 하기 위하여 색(色)과 예(藝)를 갖춘 여자들을 궁중으로 뽑아 들였다는 기록이 있다. 전국에서 여성을 선발하면서 지방의 민요 또한 채집했을 것으로 보이며, 그렇게 전국의 노래 잘하는 관비와 기녀들이 궁중 연희의 연희자가 됨에 따라 자연스럽게 민요가 궁중에 유입되었을 것으로 추정된다.

그런가 하면 고려말 소악부의 존재 또한 민요 기원설의 증거가 된다. 소악부는 민요 중 '마음에 느낌이 있는 것을 골라(取別曲之感於意)' 번해한 칠언절구의 한시이다. 익재(益齋) 이제현(李齊賢)이 지은 11수와 급암(及菴)

---

41) 민족문화추진위원회(1984),『국역 동문선 Ⅷ』, 687면.
42) 민족문화추진위원회(1984), 위의 책, 690면.
43) <정묘년상원등석교방치어>, <황자공주책봉연예교방치어>, <갑자년영주교방치어> 등에도 민요를 채집하여 왕에게 바친다는 기록이 나온다. 민족문화추진위원회(1984), 위의 책, 692~694면 참고.

민사평(閔思平)이 지은 6수, 총 17수가 전하는데, <처용가>와 <정석가>, <서경별곡>, <정과정곡>, <쌍화점>, <정읍사>가 번해 대상이 되었다. 소악부로 존재한다는 것은 익재나 급암의 마음에 들어 선택된 민요였음을 전제로 하기 때문이다.

노래 안에서도 민요에서 기원했을 가능성을 얼마든지 찾아볼 수 있다. <만전춘별사>이나 <이상곡>에 나오는 유형화된 표현이나 <정석가>와 <서경별곡>에 동시에 나오는 일명 '구슬가'의 존재가 편사의 구체적인 증거가 되며, 민요에 흔히 나타나는 반복 형식 등 구조적인 유사성과 일상적 어휘 구사 등 표현상의 유사성, 작품 안에 나타나는 소재와 일상적 상황, 그 안에 있는 일상인들의 갈등과 소망 등 민요와의 친연성 또한 민요 기원설을 방증한다.

그러나 이상에서 보는 것처럼 고려속요가 민요와 발생론적으로 깊이 관련되지만 그렇다고 해서 민요는 아니다. 민요였다 하더라도 궁중 속악의 가사로 궁중 속악에 걸맞게 편사되고 개편되어 향유되었고 그래서 기록에 남게 된 것이 바로 고려속요이다. 고려속요의 공감에 대한 논의는 이러한 존재 양상에 대한 인정에서 출발해야 하고, 궁중 속악으로서의 쓰임에도 부합하는 공감의 근거를 찾는 방향으로 전개되어야 한다.

그런데 고려속요가 민요에서 기원했다는 사실은 아직도 고려속요가 공감의 장르라고 주장하는 근거가 되고 공감 논의의 전제가 되곤 한다. 상층으로서의 흡수를 가능하게 한 대중가요(popular song)로서의 그 무엇이 공감의 요소 혹은 기제가 된다고 보는 것이다. 가령, 이능우는 고려가요의 성격을 '비천'으로 규정한 후 '비천'을 '인간적인 것', '평민적인 것'을 포괄하는 개념으로 다시 정의하고, '비천'한 왕실이 '비천한' 백성들의 노래를 적극 수용했다는 보았다. '비천', 즉 'popular된 本能', 따라

서 가장 'instinctive improvemet'한 그 무엇이 있었기에 백성들의 노래가
산야와 거리를 지나 궁중으로 줄기를 주었다[44]고 말한다.

　고려속요에 나타나는 민요적 특성에서 공감의 원인을 찾는 연구들은
이와 다르지 않는 논리에 기반하고 있다. 그러나 민요적 특성이나 민요
와의 유사성을 발견하는 것이 고려속요의 공감 원리를 밝히는 일이 될
수는 없다.

　결론적으로 말하자면, 일반인들 사이에서 널리 불리던 민요가, 궁중
속악의 가사로까지 채택되었다면, 백성들과 왕실이라는 두 개의 '체'를
통과했다는 점에서 고려속요의 공감성을 입증한 사건으로 볼 수는 있다.
그리고 고려속요에 나타나는 민요적 특성이나 민요와의 유사성은 그러
한 '체'를 통과한 후에도 남아 있는 특징이자 질성이라는 점에서 고려속
요가 널리 사랑 받게 된 이유를 설명해줄 수 있는 단서가 되는 것은 사
실이다. 그러나 충분하지 않다. 궁중 속악의 가사이기도 했던 고려속요
의 공감성을 설명하는 데로 나아가지 못한 채, 민요에서 기원하였기에
널리 사랑 받았고 민요적 특성이 폭넓은 공감을 가능하게 했다는 반복
논리에 빠지고 말기 때문이다.

　예사롭지 않은 발생 과정을 거침으로써 지니게 된 고려속요의 중층성
과 다성성을 포괄할 수 있는 설명이 필요하다고 본다. 고려속요는 민요
에서 기원했다 하더라도 속악의 가사이다. 고려속요는 궁중에서 연행되
었던 공식적(公式的)인 의례악(儀禮樂)의 가사(歌詞)이다. 따라서 순수한 의
미의 민요가 아니라, 고려속요는 당악과 교주(交奏)되었던 향악의 가사로
서, 중궁 조회(朝會)나 연악은 물론이고 제례악으로도 쓰인 기록이 남아

44) 이능우(1979), 「고려속요의 성격」, 『고려가요연구』(국어국문학회 편), 정음문화사, 37~
　　59면.

있다.

민요에서 기인했다 하더라도 이처럼 궁중이라는 특별한 공간에서 향유된 노래라는 점에서, 공감을 가능하게 하는 고려속요의 특징에 대한 탐구는 쉽지 않다.

다음은 같은 작품에 대한 서로 다른 평가이다.

> [가] 그 가사가 송축하는 말이 많이 들어 있고 신선의 말을 본떠서 만든 것이다(基歌詞 多有頌禱之詞 蓋效仙語而爲)
> [나] 아박정재 동동사(牙拍呈才動動詞) 같은 남녀 음사에 가까운 말은 신도가(新都歌)로 대신하였으니, 이는 대개 음절(音節)이 그와 같기 때문입니다(如牙拍呈才語涉男女間淫詞代以新都歌蓋以音節同也)

[가]는 세종 31년(1449)~문종 원년(1451)에 제작된 『고려사』 악지의 기록이고, [나]는 중종 13년(1518) 조선왕조실록의 기록이다. 이렇듯 <동동>에 대해 조선 초 『고려사』 악지의 평가와 실록의 평가가 엇갈리고 있다. '頌禱의 詞'와 '仙語'라고 평가되던 <동동>이 얼마 지나지 않아 어느 순간에 男女間淫詞로 규정되고 있다. 어떻게 이렇듯 한 노래에 대한 평가가 다를 수 있을까. 조선조 유학자들의 엄격한 예악관이나 도학자적 태도만으로 그 차이를 설명하기는 어렵다고 본다. 향유자들의 가치관과 세계관이 달라졌다고 볼 수도 있지만 <동동>이라는 작품이 이 두 가지 측면을 모두 가지고 있는 것으로 가정할 수밖에 없다.

그런데 지금까지의 논의는 어느 한 측면에 주목한 경우가 많다. 특히 남녀상열의 노래, 즉 남녀간의 사랑과 이별의 노래로 보는 관점이 유세하였다. 그러자 일각에서 속요가 궁중 의례악의 가사임을 무시하거나 무신경하거나 가볍게 다룸으로써45) 남녀상열지사라는 평가어가 굳어져 가

고 있다고 걱정하면서 고려속요가 원래적 의미인 송도지사임을 입증하려는 시도들도 전개되었다.[46]

그러나 <동동>을 포함하여 고려속요는 남녀상열지사이기도 하고 송도지사이기도 하다. 송도의 사가 아니라 음사 혹은 남녀상열지사임을 논증하거나 남녀상열지사나 음사가 아니라 송도의 사임을 주장하는 것은 복합성과 중층성을 지니는 노래의 어느 한 면만을 취한 것이 된다. 사실 남녀상열지사라 제의에 적절하지 않다고 비난하면서도 악보나 악서에 실어 익히도록 하고 즐긴 점도 이러한 존재에 대한 인정으로 볼 수 있다. <동동>이 이 두 가지 평가를 모두 가능하게 하는, 다의적 해석이 가능한 은유 구조의 노래이기에, 궁중에서 연희되었다고 보아야 한다. 그리고 이 두 가지 평가를 포괄하는 <동동>의 미적 자질이나 장르적 지향에 대한 탐구가 본격화되어야 한다. 고려속요의 공감성에 대한 논의 또한 이 두 가지 특성을 아우르는 차원에서 논의되어야 하며, 이 두 가지 특성을 포괄하는 차원에서 설득력 있는 견해를 내놓아야 한다.

사실 상반된 평가는 동일한 현상에 대해 다른 가치관이나 기준을 들이댄 결과이거나 각자가 복합적인 속성을 가지고 있는 작품의 다른 한 부분만을 본 결과이다. 우리는 고려속요가 민요에서 기원했다 하더라도 궁중 속악으로 '선택되었다'는 사실, 그리고 연행되었다는 사실에 주목

---

45) 최진원(1997), 앞의 논문, 13면.
46) 최근 고려속요 전반 및 개별 작품의 송도성을 밝힌 논문은 다음과 같다. 개별 작품의 경우 <동동>이나 <만전춘별사>, <정석가> 등 송축의 말이 노래 안에 들어 있거나 송도와 관련된 언급이 있는 노래들이 논의의 대상이 되었다. 조만호(1996), 앞의 논문, 111~144면. 허남춘(1996), 앞의 논문. 강명혜(1998), 「고려속요의 송도성」, 『고전문학연구』 제15집, 한국고전문학회, 31~76면. 조규익(2007), 「頌禱 모티프의 연원과 전개양상」, 『고전문학연구』 제32집, 한국고전문학회, 35~57면. 황병익(2010), 「<동동> 송도지사 개효선어의 의미 고찰」, 『고전문학연구』 제37집, 한국고전문학회, 33~69면. 김영수(2012), 「만전춘별사의 악장적 성격 고찰」, 『동양학』 제51집, 동양학연구소, 87~112면.

할 필요가 있다.

고려속요의 공감에 대한 논의는 민요적 특성이나 구비적 특성을 찾는 일을 넘어서, 궁중무속악의 가사인 고려속요의 미학을 밝히는 논의가 되어야 한다. 따라서 이 글에서의 고려속요 공감에 대한 논의 역시 남녀상열지사 혹은 음사라는 평가와 송도지사로서의 쓰임을 모두 가능하게 하는, 고려속요의 특징에 대한 탐구가 되어야 한다.

Ⅲ. 공감 모형으로 본 고려속요의 보편적 특징

1. 상황극의 구조

1) 작품 속 타자 '나'

작품 속 타자에게 감정이입을 함으로써 타자의 감정을 상상적으로 체험하는 것을 공감이라고 했다. 구체적으로 타자의 역할과 관점을 취함으로써 타자처럼 느끼는, 가상 체험이 바로 공감 체험이라면, 작품에 대한 공감은 작품 속 타자의 존재를 인지하고 타자에게 동일시되는 것으로부터 시작된다고 할 수 있다. 감정이입의 대상이자 역할과 관점을 취할 그 누군가가 있어야 하는 것이다.

고려속요의 작품 속 타자는 단연 '나'라고 할 수 있다. 사연을 이야기하는 주체로서의 '나'의 존재가 명시적으로 드러나기 때문이다. '내 가는데 점그랄세라'(<정읍사>), '날라와'(<청산별곡>), '내 손목을 쥐여이다(<쌍화점>)' '나를 버리고(<가시리>)' 등등 <정읍사>, <청산별곡>, <동동>, <쌍화점>, <정과정>, <이상곡>, <가시리>, <만전춘별사>,

<한림별곡>에 현상적 화자 '나'가 등장한다. 그렇게 명시적으로 드러나지는 않지만 <서경별곡>, <정석가> 역시 이인칭 '님'의 존재가 부각되어 그와 상대가 되는 '나'의 존재를 쉽게 상정할 수 있다.

이처럼 고려속요 대부분의 작품이 현상적 화자 '나'가 등장하는 노래들이라는 공통점이 있다. '나' 외에 내포 청자로서 '님'이 등장하기도 하고 '비오리'나 '사공' 등 동물이나 사람이 등장하기도 하지만, 일정한 역할이나 관점을 가지고 있는 타자는 사연을 이야기하고 있는 화자 '나'가 유일하다. 사실 노래는 나의 사정과 감정을 이야기한다. 남의 사정을 이야기하지 않는다. 따라서 고려속요의 화자가 모두 '나'인 것은, 노래가 지닌 일반적 특징으로 볼 수도 있다.

고려속요 작품에 나타나는 유일한 타자가 '나'이고 이 타자로서의 '나'가 이야기를 이끌어가는 구조이기 때문에, 화자 '나'가 작품 세계 안에서 차지하는 위상과 영향력은 적지 않다. 여러 인물이 등장하는 서사 문학과는 달리 고려속요는 '나'에 의해 이끌리는 구조이기 때문에 '나'가 시가의 흐름을 결정하고 시가의 어조와 분위기 등을 좌우하게 된다. '나'에 이끌리는 서정시가라는 점에서 고려속요에 대한 경험은 작품 속 '나'에게 동일시되어 나가 겪는 심리적·감정적 과정을 함께 경험하는 양상을 띠게 될 것이다. 그런 점에서 화자가 어떤 상황에 처해 있는지 그 상황에서 어떤 감정을 경험하고 또 어떻게 그 감정을 질서화하고 있는지가 중요하게 부각된다.

그런데 '나'는 독자들로 하여금 내 사연을 들어주는 청중 '너'의 입장을 요구한다. 그런 점에서 고려속요 작품 읽기는 작품 속 '나'와, '너'로 호명된 작품 바깥의 독자가 대면한 상황에서 독자가 '나'의 심리 과정을 따라하는 과정이 될 것이다.

2) '나'의 사연 말하기

화자가 대개 '나'이기 때문에 고려속요의 내용은 '나의 사연'이 된다. 내 사연을 이야기하는 경우가 대부분이다. 여기서 이야기한다는 것은, 내 감정의 추이나 겪은 일의 진행, 시간적인 경과가 나타난다는 의미이다. 그런 점에서 일종의 이야기성을 띤다고 할 수 있다. 이야기성은 내 사연이나 감정, 겪은 사건들이 '서술됨으로써' 생겨나는 특성이다. 필자는 이야기성이 구술적 전통 속에서 기인한 것임을 밝히고 이야기성이 고려속요 공감을 가능하게 하는 미적 구조이자 내적 형식으로 기능하였음을 이미 밝힌 바[47] 있다.

특히 서술되는 것이 어떤 문체상의 특징을 말하는 것인지 어떤 효과를 낳는지에 대해서는 아래와 같이 이미 논의한 바 있다.

고려속요는 '직접적으로' '서술적으로' '일상적인 말로' 표현된 문학이다. 이미지 중심의 공간성보다는 소설과 같은 서술이나 논리적 구조를 가진 산문적인 퉁명스러운 發言에 가깝다. 서술문이 많이 등장하며 문장과 문장과의 연결이 논리적이다. 서술어는 문의 근간이 되는 필수 요소로, 文을 완결시켜 주는 요소로서, 문의 삼대본질인 서술성(진술작용), 통일성(구성적 통일), 완결성(완결성) 중 서술성과 완결성의 기능을 수행하는 것이 서술어이다.[48] 고려 속요에서의 묘사는 거의 대부분 서술어에 의한 서술적 문체에 의존해 있다.

이러한 서술적 문체의 특징은 지각 이미지에 주로 의거하기 때문에 시의 화자는 고백적이 되는 경향이 있으며 시적 상황이 분명하게 드러나기 쉽다는 것이다. 함축적 문체의 시는 은유나 상징이 뜻하는 정확한 의미 파악을 하지 않으면 오해를 낳기 쉽다. 반면에 서술적 문체는 표면

---

47) 졸고(1991) 참고.
48) 김대행(1976), 『韓國時歌構造研究』, 삼영사, 167~498면.

적 의미 자체에 의거하는 것으로, 고려속요의 문체는 대부분 이러한 서술적 문체로 이루어진다.

이러한 문체상의 특징을 보여주는 작품으로는 <동동>, <정과정>, <정석가>, <청산곡>, <서경별곡>, <사모곡>, <이상곡>, <가시리>, <만전춘별사> 등을 들 수 있다. 화자는 함축적 표현보다는 직설적인 표현으로 자신의 사연을 풀어 썼다. 이러한 서술적 문체는 산문에서 즐겨 사용하는 문체이기도 하다.[49]

이처럼 고려속요는 평이한 사건에서 비롯된 상황의 구체적 설정과 산문적 진술의 구체적 표현을 특징으로 한다. 이어령이 고려속요가 이미지 중심의 공간성보다는 소설과 같은 서술이나 논리적 구조를 가진 산문적인 통명스러운 發言[50]에 가깝다고 본 것도 이러한 문체상의 특징에 대해 인식한 결과이다. 이러한 서술적 특징으로 인해, 고려속요의 경우에는 독자가 작품을 읽을 때 해석의 미결정부분을 채우는 일이, 즉 작품세계의 빈칸을 메워야 하는 부담이 상대적으로 덜할 수 있다.

필자는 고려속요가 '시작에서 끝에 이르는 과정이 현상적으로 감지되는 화자 '나'에 의해 서술적 문체로 제시되는 이야기'라고 규정하였다. 이러한 이야기성은 인간의 삶이라는 것이 시작과 끝이 있는 과정들의 연속이라는 점에서, 인간 삶 혹은 그 삶의 주인공이 겪는 사건이나 그로부터 시작된 감정의 추이와 구조적 유사성을 지닌다. 고려속요가 저마다의 사연을 가지고 살아가는 인간 삶의 서사와 구조적 유사성을 지님으로써 공감적 관심이나 연관을 가능하게 하는 구조일 수 있다는 가정을 가능하게 한다.

---

49) 졸고(1991), 28~29면.
50) 이어령 외(1970), 『고전의 바다』, 현암, 90~97면.

2. 상황극의 주인공, 약자인 '나'

화자의 성격을 '이해하는 것'은 공감의 내용 그 자체이며, 상황극의 정신적인 구조와 인물의 정신적인 구조와의 구조적 유사성 덕분에 가능하다. 그리고 '성격을' 이해하는 것은 인물에 동일시되어 그의 정신 과정을 가상적으로 경험하는 것이다.[51] 따라서 동일시의 대상으로서의 인물, 그 인물의 성격이 공감의 핵심 요인이 된다.

고려속요의 '나'를 누구로 볼 것인가는 고려속요 공감의 미학을 논의하는 데 중요한 질문이 된다. '나'의 역할과 관점을 취함으로써 작품을 가상적으로 경험하는 것이, 곧 독자와 작품 속 타자와의 공감이기 때문이다. 서정시가이기 때문에 정황과 분위기 어조 등을 이끌어가는 서정적 주체인 '나'의 존재가 더욱 부각되는 측면도 없지 않다. 고려속요 공감의 미학을 밝히려는 연구들이 화자 '나'에 주목한 것도 이런 이유 때문이라고 볼 수 있다. 어쩌면 고려속요의 미학을 탐구한 연구의 대부분이 '나'라는 화자에 대한 논의로부터 출발하여 다시 그곳으로 수렴된다고 해도 지나친 말이 아닐 정도다.

그런데 앞서 잠깐 언급한 것처럼 고려속요에 나타나는 '나'를 여성 화자로 규정하는 것이 상식처럼 되어 버린 측면이 있다.[52] 그러나 필자는 고려속요 작품에 나타나는 '나'를 여성 화자로 규정하는 것이 고려속요에 대한 풍부하고도 깊은 이해나 경험을 가능하게 하는 것인지에 대해 의문을 가지고 있다.

---

51) Amy Coplan & Peter Goldie ed.(2012), 앞의 책, 150면.
52) 대다수 고려속요 작품을 여성 화자의 노래 혹은 여성의 노래로 보고 있다. 화자와 작자의 구분이 명확하지 않은 노래의 특성상, 작품 속 '나'는 여성 화자로서의 작자와 거의 동일시된다.

고려속요의 화자 '나'가 현상적으로 볼 때 여성 화자이거나 여성성을 지니는 것은 사실이다. <정읍사>의 경우처럼 행상인의 아내가 불렀다고 명시적으로 기록된 작품이나, '길쌈'(<서경별곡>), '젓가락'(<동동>) 등 여성에게 친근한 소재들이 등장하는 작품들의 경우 여성 화자의 노래로 볼 수 있다. 나아가 '님'으로 표현되는 절대적인 존재의 상대역으로서의 모습이나 여성적 어조 등이 사용된 작품의 경우도 여성 화자의 노래로 분류될 수 있다. 궁중악의 연행자들이 여자였기 때문에 배역에 부합하도록, 여성을 화자로 내세운 노래가 선택되었을 가능성 또한 높다. 작품 및 작품 생산과 향유의 실상이 이러하기에, 고려속요의 작자를 기녀나 궁녀, 과부, 유녀 등 구체적인 인물이나 집단의 인물로 추정하고 그 여인들의 사랑과 이별의 노래로 접근하는 연구가 열거할 수 없을 정도로 많다.

그러나 고려속요의 화자를 여성 화자로, 나아가 고려속요의 작자를 궁녀나 기녀, 과부, 유곽 여인 등으로 보는 것이 유용한 접근인가에 대해서는 의문이 생긴다. 절대적인 '님'의 상대역으로서의 소극적이고 수동적인 '나'를 꼭 여성으로 보아야 할까. 사랑과 이별의 주인공은 왜 늘 여성이어야 할까. 여성 화자로 봄으로써 놓치게 되는 것은 없을까. 여성과 남성의 이분법이 혹여 여성에 대한 편견에서 나온 것은 아닐까.[53] 이별과 사랑의 노래로 보는 것은 혹여 남녀상열지사라는 조선조의 평가에 영향을 받은 것은 아닐까. 여성 대 남성의 이분법을 넘어서 어떤 사람인지 살펴보는 것이 필요하지 않을까. 여성 화자로 규정하는 순간 상대자인 남성 화자 '님'이 확정되고 작품 세계 또한 한정되는 것은 아닐까.

---

53) 강명혜(1998) 앞의 논문 참고. 최미정(2002), 『고려 속요의 전승 연구』, 계명대학교 출판부.

'나'를 여성 화자로 보고 여성의 입장이나 관점을 취하게 되었을 때 상대적으로 여성 독자들이 더 공감했을 가능성이 높지 않을까. 그렇다면 궁중 속악으로 이 노래를 경험한 남성 청중들의 감정이입을 어떻게 설명할 수 있을까.[54] 상대적으로 여성 집단 내에서 향유되었던 내방가사 작품들에서 여성 화자가 수적으로 우세하다는 점에서 이러한 의문이 제기될 수 있다.

고려속요의 화자 '나'를 여성으로 보고 여성의 입장이나 관점을 취하는 것 자체를 문제 삼는 것은 아니다. 대부분의 연구가 '나'를 여성 화자로 규정함으로써, 때로 노래의 풍부한 질을 단순화하거나 고려속요에 대한 접근을 제한하는 것은 아닌지, 그로 인해 공감의 방향과 폭 또한 제한하는 것은 아닌지 생각해볼 필요가 있다. 그리고 여성 혹은 남성이라는 이분법을 넘어서 화자에 대한 성격 규정이 필요하다고 본다.

이 글에서는 고려속요의 화자가 대부분 '약자'라는 점에 주목하고자 한다. 그리고 약자라는 정체성에 기초하여 개별 작품에 대한 해석을 다시 시도해보려 한다. 대부분의 '나'는 누군가와의 관계 속에 놓여 있는 인물이다. '님'을 떠나보낸 인물이기도 하고 님과 함께 있기를 소망하는 나이기도 하고 남에서 어떤 사건을 당한 인물이기도 하다. 그러나 대부분의 화자는 그 관계 속에서 약자에 해당하는 경우가 많다. 그런 점에서 고려속요를 약자의 이야기로 보고자 한다.

약자는 강자의 상대 개념으로, 약함 또한 상대적으로 다양하게 정의되는 장점이 있다. 어떤 사회에서는 여성이기 때문에 약자일 수도 있고 경

---

54) 여성 화자와 님의 관계가 군신 관계로의 치환이 가능한 구조여서, 즉 여성 화자의 사랑 노래가 충신연주지사로 치환 가능하기 때문에 궁중 속악의 가사로 채택되었다고 보는 것 역시 결과론적 접근이며 따라서 고려속요의 중층성과 다성성을 이해하는 데 결정적인 논거가 되지는 않는다.

우에 따라서는 더 사랑해서 약자일 수도 있으며 소망이나 욕망이 너무 커서 약자일 수도 있다. 고려속요의 화자를 약자로 규정하게 되면, 화자의 소극성이나 수동성을, 패배적 특성이 아니라 약자이기 때문에 불가피하게 나타나는 행동이자 방어 및 자기 위로의 행위로 볼 수 있게 된다. 그리고 고려속요가 남녀간의 사랑이나 이별이라는 보편적 주제 혹은 진솔한 감정을 담고 있기에 사랑을 받았다는 순진한 추리를 넘어설 수 있게 된다.

3. 상황극의 중심 문제, 관계

고려속요에서 동일시의 대상이 되는 '나'가 약자라고 하였다. 그렇다면 이제 약자인 '나'가 어떤 상황(situation)에 처해 있는지 살펴볼 차례이다. 주인공 '나'가 어떤 상황에 처했는지 살펴보는 것은 이후 그 상황 속에서 일어나는 정신적·심리적 과정을 살피기 위한 출발로서의 의미를 지닌다. 화자에 동일시된 독자나 청중이 구조적 유사성에 힘입어 그 상황에 처한 화자의 심리적 과정을 가상적으로 경험하는 것이 바로 공감이기 때문이다.

고려속요의 화자가 처한 상황은 구체적이고 보편적이다. 화자가 겪은 사건이 제시되어 있는 경우나 전제되어 있는 경우, 암시되어 있는 경우 모두 화자가 당한 사건이나 처한 상황을 짐작하는 데는 어려움이 없다. 이렇게 상황이 구체적이고 짐작 가능한 보편성을 지닌다는 점은 고려속요가 공감의 노래일 수 있는 이유이자 공감의 노래이기 때문에 가지게 된 특성이라고 할 수 있다.[55]

이에 대해 고려속요 공감의 원인을 상황의 보편성뿐만 아니라 나아가 인간 욕망의 보편성, 인간 심리의 보편성에서 찾는 논의가 있었다. 김대행56)은 화자가 처한 심리적 상황의 보편성에서 공감의 원리를 찾고자 하였는데, 인간 욕망 및 심리와, 작품 내 화자의 욕망 및 심리 사이의 구조적 유사성을 전제함으로써 고려속요의 공감 기제를 추출하고자 하였다. 그 결과 화자가 처한 심리적 상황은 결손(缺損)이나 잉여(剩餘)로 인해 감정의 평정이 깨진 상태이며, 그러한 결손과 잉여가 인간 보편의 욕망에서 나온 것으로, 그로 인해 생겨난 심리적 갈등 또한 심리적 정황으로서의 보편성을 지닌다고 보았다.

고려속요의 공감 원리를 작품 세계와 인간 심리의 구조적 유사성에 근거하여 밝혔다는 점에서 고려속요에 나타난 보편적 정서의 실체를 밝혔다고 할 수 있다. 고려속요의 화자가 겪는 심리적 갈등과 그 갈등의 해소 구조가 인간 욕망 및 심리 전개의 보편적 구조와 유사함으로써 고려속요가 작품 바깥 독자를 끌어들이는 힘이 있다고 본 것이다.

그런데 결핍과 과잉은 갈등 유발의 원인 전체를 지칭하며, 따라서 그

---

55) 필자는 고려속요를 '시작에서 끝에 이르는 과정이 현상적으로 감지되는 화자 '나'에 의해 서술적 문체로 제시되는 이야기'로 규정하고, 이러한 '이야기성'이 개별 작품들에서 조금씩 다르게 나타난다고 보고 이를 사건 제시형과 사건 전제형, 사건 암시형으로 나눠 살핀 바 있다. <쌍화점>은 정보적 가치가 높은 사건 제시에 속하고, <가시리>, <이상곡>, <만전춘별사>, <이상곡>, <서경별곡>, <정읍사>, <정과정> 등은 사건을 과거의 사실로 전제한 채 사건에서 비롯된 상황이나 정황을 다루는 사건 전제형에 속하며, <청산별곡>이나 <동동>은 비유적 표현을 통해 사건이 암시되는 사건 암시형이라고 보았다. 나아가 사건 제시형 담론은 당대적 보편적 정보적 가치가 높은 사건을 장면화하여 보여줌으로써 흥미성을 확보했고, 사건 전제형 속요의 경우 단일 사건으로 원인을 분명히 제시하고 서술해감으로써 보편성에 근거한 공감성과 구체성을 확보했으며, 사건 암시형 속요는 비유적 표현을 통해 원인이 되는 사건을 암시함으로써 누구에게나 주관적으로 받아들여질 수 있는 다의성을 확보함으로써 공감을 얻었음을 추론했다. 졸고(1991), 앞의 논문, 1~109면.

56) 김대행(1986), 앞의 책. 김대행(1996), 앞의 논문 참고.

로 인해 평정 상태가 깨진 현상과 그것을 심리적으로 극복하는 과정은 인간 행동 및 심리 전반을 일컫는 것일 수 있다. 그런 점에서 결핍과 잉여로 인한 평정의 깨짐과 그로 인한 갈등 상황에서의 심리적 극복에서 고려속요의 공감의 원인을 찾는 논의는 추상의 수준이 높은 차원에서 구조적 유사성을 밝힌 것이라고 볼 수 있다. 여기서는 고려속요 개별 작품들에서 잉여나 결핍을 만들어내는 요인이나 조건, 상황은 무엇일지 탐구하고자 한다. 갈등의 원인을 결핍과 잉여라는 인간 보편의 심리로 추상함으로써 보편적 정서의 실체이자 공감의 원리를 밝히는 일과 더불어, 결핍과 잉여의 구체적인 양상을 살핌으로써 고려속요로서의 장르적 특수성이나 공감 경험의 구체적인 양상을 논의하는 일이 병행되어야 하기 때문이다.

그렇다면 이제 고려속요의 화자, 구체적으로 '약자'로서의 화자가 무엇 때문에 결핍과 잉여의 상황에 처하게 되었을지 논의할 차례이다. 그와 관련하여 고려속요 모든 작품이 '나-너'와 '나-남'의 관계에서 비롯된 갈등에서 출발하였으며, 그 갈등의 심리적 해결 과정을 매우 충실하게 보여준다는 것이 필자의 입장이다. 과연 그러한지 어떤 관계에 충실한지 충실하다는 것은 무엇을 말하는 것인지 살펴보기로 한다.

비오다가개야아눈하디신나래서린석석사리조본곱도신길혜다롱디우셔
마득사리마두너즈세너우지잠짜간내니믈너겨깃돈열명길혜자라오리잇가
종종벽력霹靂아싱함타무간生陷墮無間고대셔싀여딜내　모미종종벽력霹靂
아싱함타무간生陷墮無間고대셔싀여딜내모미내님두옵고년뫼롤거로리이
러쳐뎌러쳐이러쳐뎌러쳐期約이잇가아소님하훈딕녀졋긔약期約이이다

비오다가 개어, 아 눈도 많이 내린 날

서리 내린 좁고 굽어 돌아난 길에
디롱디우셔 마득사리 마두너즈세 너우지
잠을 따간 내 임을 그리워하는데
그 님이 무서운 길에 자러오겠습니까
때때로 벼락소리 나는데, 몸은 무간지옥에 떨어지고
곧 죽어질 이 몸이
때때로 벼락소리 나는데, 몸은 무간지옥에 떨어지고
곧 죽어질 이 몸이
내 님 두고 딴 살길을 걸으리
이렇게 저렇게 이렇게 저렇게 어떤 것이 기약입니까
아 임이시여, 한 데 살자는 것이 기약입니다[57]

　<이상곡>의 전문이다. 여기서는 일단 화자가 처한 상황, 구체적으로
어떤 상황에서 갈등이 비롯되었는지만 살펴보기로 한다.
　'내 님'이 두 번 반복되고 있고, '나'라는 화자의 존재는 '님'의 상대
가 되는 존재로 그려지고 있다. '나'는 '몸'으로, 그것도 무간지옥에 떨
어져 곧 죽을 몸으로 표현되고 있는 반면에, 님은 기약을 해줄 수 있는
주체이자 내 잠을 따간 사람으로 그려진다. 님을 두고 딴길을 걷겠느냐
는 반문이나 님이 나를 만나러 올까 의구심을 가지고 있다는 점에서 내
가 님과 함께 있지 않다는 사실을 어렵지 않게 알 수 있다.

---

57) 다음 장에서 고려속요 공감 구조와 유형을 살필 때 <이상곡> 역시 분석의 대상이 되
　지만, 범주에 속하는 대표 작품으로 분석되는 것은 아니라서, 이 장에서 <이상곡>의
　전문을 제시하였다. 아울러 고려속요 작품을 제시할 때는 『악학궤범』이나 『악장가사』
　에 수록되어 있는 모습을 먼저 보여준 후, 풀이한 노래를 뒤따라 제시하는 방법을 취했
　음을 미리 밝혀둔다. 현대어 풀이는, 『여요전주』 등의 해독과 『악장가사』를 주해한 김
　명준 등의 선행 연구를 참조하면서, 옛말의 맛을 살리면서도 뜻이 통하는 방향으로 필
　자가 수정 보완하였다. 양주동(1947), 앞의 책. 김명준(2004), 『악장가사주해』, 도서출판
　다운샘.

'나'는 님이 오기를 기다리고 있는데, 결핍으로 인해 감정의 평형상태가 깨진 상황이다. 그런데 님과 나 사이에는 엄청난 장애물까지 가로놓여 있다. 내가 있는 곳은 '비도 오고 눈도 내리고 서리까지 내리는 시련에 나무 숲길 그것도 좁은 길'을 건너야 올 수 있는 곳이다. 비, 눈, 서리, 나무 숲, 좁은 길이 빚어내는 이미지는 님이 오는 아름다운 길을 형상화하지만 동시에 장애물이 겹겹이 존재하는 '무서운 길'이기도 하다. '나'는 그 길로 '님'이 자러오겠느냐고 자탄하고 있다.

화자 '나'의 모든 관심은 오로지 '님'에게 집중되어 있다. 그리고 님으로 인해 결핍과 갈등이 생겨났다는 점에서 볼 때 나와 님의 관계 속에서 '나'가 철저하게 약자의 자리에 있음을 알 수 있다.

이러한 약자로서의 모습, 구체적으로 관계 안에서의 약자의 모습은 고려속요에 두루 확인되는 특징이다. 약자라는 말은 강자를 가정한 말인데, 고려속요에서 약자인 '나'에 대응되는 상대방은 <이상곡>의 경우처럼 '님'인 경우가 많다. '님'은 '나'의 상대 '너'에 해당되므로, 나와 님의 관계 구조란 '나-너의 관계 구조'라고 바꿔 부를 수 있다. '나-너' 관계 구조는 <이상곡>뿐 아니라 여러 작품들에서도 어렵지 않게 확인할 수 있다.[58] 우선, <정읍사>의 경우 '나 가는 데 점그랄셰라' 걱정하는 '나'가 현상적으로 나타난다. 그에 반해 상대가 되는 '님'은 현상적으로 나타나지 않지만, 달빛이 비추기를 바라는 '머리'가 곧 님의 머리라는 점에서 '나-님'의 관계를 확인할 수 있다. <가시리>의 경우는 날 버리고 가겠느냐고 반문하는 '나'와 설온 '님'과의 관계가 나타나며, 그밖에

---

58) 양은희는 고려속요 여성화자에 대해 연구하면서 고려속요의 소통 구조를 '나-님'의 관계 구조와 '나-남'의 관계 구조로 파악한 바 있다. 그러나 각각의 관계 구조에서 청자에 대한 호칭과 대우법이 어떻게 나타나는지 살핌으로써 메시지 표현 방식을 밝히는 데 주력하였다.

도 <정석가>와 <동동>, <서경별곡> 1연과 <만전춘별사> 1연 등에서 '나-너'의 관계가 확인된다. 관계 속에서 철저하게 약자로 자리하고 있는 화자를 만날 수 있다.

한편 나와 너의 관계가 아니라 나와 남과의 관계에서 출발한 작품들도 있다.

> 쌍화점에 쌍화 사러 가고신대
> 회회아비가 내 손목을 쥐여이다.
> 이 말씀이 이 점 밖에 나고 들면
> 다로러거디러
> 조그만 새끼광대 네 말이라 하리라
> 더러둥성 다리러디러 다리러디러 다로러거디러 다로러
> 그 자리에 나도 자러 가리라
> 위 위 다로러거디러
> 그 잔 데같이 거친 곳이 없도다

<쌍화점>의 한 부분이다. 쌍화점에 쌍화를 사러간 '나', 그 자리에 가서 자고 싶다고 말하는 또 한 명의 '나'가 있어 화자에 대한 논의가 쉽지 않다. 화자의 교체가 있는 노래라는 설도 있지만, 그에 대해서는 추후 논의하기로 하고 여기서는 쌍화 사러 간 '나'와 그 자리에 가고 싶어 하는 '나'의 모든 욕망이나 갈등이 '회회아비'가 손목을 잡는 사건에서 비롯되었다는 점에만 주목하고자 한다. 나의 상대역으로서의 너에 해당하는 님이 등장하지 않는 대신, 회회아비라는 제3자 즉 남이 등장함을 확인할 수 있다. <쌍화점>는 회회아비 외에 삼장사 사주, 우물 용, 술집 아비와 새끼광대 등 다른 제삼자, 즉 '남'이 등장한다.

<쌍화점>에서 '나'는 '남'에게 손목 잡힘을 당한 인물이다. 약자로서

당한 사건이 감정의 평형 상태를 깨고 그 갈등의 상황이 '나'가 처한 심리적 상황임을 알 수 있다. 그런 점에 <쌍화점>은 '나-남'의 관계 속에서 '나'가 약자인 노래로 볼 수 있다.

다른 여러 작품들에서도 '나-남'의 관계 구조와 그 관계 속에서 약자의 모습으로 자리한 '나'를 확인해볼 수 있다. <만전춘별사>의 오리나, <서경별곡>의 사공 등도 '남'의 예가 된다. <청산별곡>의 경우, 청산에 살고 싶어 하며 누구에게 던지려고 했는지도 모르는 돌에 맞아 우는 '나'가 나오고, 청산이나 바다, 새, 돌 등 '나'를 둘러싼 세계나 사물인 '남'이다. 이들 작품에서 '남'은 '나'의 갈등을 촉발하고 심화하는 등의 적극적인 존재로 기능한다.

이렇게 우리는 고려속요가 '나-너'의 관계 구조나 '나-남'의 관계 구조를 가지고 있다는 사실을 확인하였다. 그런데 '나-너'의 관계 구조나 '너-남'의 관계 구조가 한 작품에서 일관되게 나타나는 것은 아니다. 고려속요가 노래 전체나 일부의 들고남이 상대적으로 자유로운 구술적 전통 속에서 나왔고 연장체나 병렬과 반복의 형식을 취하고 있는 경우도 많아 작품 안에 한 가지 구조가 병렬되거나 두 가지 구조가 나란히 나타나는 경우도 있다.

> 구슬이 아즐가 구슬이 바위에 떨어진들
> 위 두어렁셩 두어렁셩 다링디리
> 끈이야 아즐가 끈이야 끊어지겠습니까
> 위 두어렁셩 두어렁셩 다링디리
> 천년을 아즐가 천년을 따로 살아간들
> 위 두어렁셩 두어렁셩 다링디리
> 믿음이야 아즐가 믿음이야 끊어지겠습니까

위 두어렁셩 두어렁셩 다링디리

대동강 아즐가 대동강이 넓은 줄 몰라서
위 두어렁셩 두어렁셩 다링디리
배 내어 아즐가 배 내어 놓았느냐 사공아
위 두어렁셩 두어렁셩 다링디리
네 각시 아즐가 네 각시 음탕한지 몰라서
위 두어렁셩 두어렁셩 다링디리
가는 배에 아즐가 가는 배에 내여 태우느냐 사공아
위 두어렁셩 두어렁셩 다링디리
대동강 아즐가 대동강 건너 편 꽃을
위 두어렁셩 두어렁셩 다링디리
배를 타면 아즐가 배를 타면 꺾으리이다
위 두어렁셩 두어렁셩 다링디리[59)]

<서경별곡>에서 일명 '구슬가'라고 불리는 2연과 '대동 노래'로 불리
는 3연을 가져온 것이다. 2연에는 '나'도 '님'도 현상적으로 등장하지 않
는다. 그러나 즈믄 해를 헤어져 있어도 끊어지지 않기를 바라는 관계의
두 주체로 화자 '나'와 상대인 '너'를 찾아내는 것은 어렵지 않다. 물론
'너'는 임이나 절대적 존재 등 그 무엇으로도 해석될 수 있다. '나−너'
의 관계 속에서 '나'는 철처하게 약자로서 오로지 '너'와의 신의가 끊어
지지 않기를 소망하고 있다. 둘의 관계에서 '나'의 갈등이 나오고 소망
이 생겨남을 확인할 수 있다.

그러나 3연에서는 '님'이 아니라 '사공'이라는 제삼의 인물이 등장한

---

59) <서경별곡> 전체 작품은 다음 장에서 분석할 때 제시하기로 하고 각 연의 관계에 대
   해 살피려는 여기서는 2연과 3연과 떼어내어 제시한다.

다. 논란의 여지가 있기는 하지만, '배타들면 것고리이다'의 주체는 '님'
으로 볼 수 있다. 이 끝 부분의 표현으로 인해 언뜻 보기에 3연이 '나-
너' 관계에서 비롯된 갈등의 문제를 다루고 있다고 볼 수 있다. 그러나
3연의 주된 내용은 '남'인 사공에 대한 원망의 말이다. '사공'의 아내까
지 언급하고 있을 정도로 '남'이 상대적으로 비중 있게 다뤄지고 있다.
'나-너' 관계에서 빠져나와 '나-남' 관계를 설정함으로써, 즉 이별의
원인을 다른 사람의 탓으로 돌림으로써 갈등 해소를 꾀하고 있다는 점
에서 3연을 '나-남'의 관계 구조가 드러난 연으로 볼 수 있다. 님의 떠
남은 이미 기정사실이 되었고, '나'에게는 그 사실을 받아들이고 스스로
를 위로하는 일이 남게 된다. 그런 정황 속에서 선택된 '남'이 바로 사공
이다. 이쪽과 저쪽을 오가고 님을 실어 다른 공간으로 옮겨줄 수 있는
능력 있는 자인 사공을, 님과 나를 갈라놓는 사람으로 인식한 것이다. 3
연에 이르러 화자는 '나-너의 관계'를 '나-남'의 관계로 바꾸고 갈등
의 원인을 '나-남'의 관계 속에서 상대적으로 강자인 '사공'인양 자신
의 감정을 투사하고 있다. 이러한 투사는 자기 자신을 보호하기 위한 심
리적 실재라는 점에서 3연은 '나-너' 관계 구조를 숨기고 있는, 표면적
으로 볼 때는 '나-남' 관계 구조만이 나타나는 연이라고 볼 수 있다.

　　<서경별곡> 2연과 3연을 분석함으로써, 한 작품 안에서도 서로 다른
관계 구조가 나타나는 양상을 확인해볼 수 있다. 나아가 우리는 '나-너
관계 구조'와 '나-남' 관계 구조가 나름의 단위성을 가지고 독립적으로
존재하는 양상을 상정해볼 수 있게 된다. 이러한 독립성과 단위성은 병
렬의 형식을 취한 여러 노래들에서도 어렵지 않게 확인할 수 있다. <쌍
화점>이나 <청산별곡> 등 연장체 노래의 경우 각 연이 '나-남'의 구
조가 반복되는 양상을 보여주지만, 각 연의 독립성이 강한 <만전춘별

사>의 경우에는 '나-너' 관계 구조(1연, 3연)와 '나-남' 관계 구조(2연, 4연, 5연)가 교차되는 양상을 보여준다.

이 사실로부터 우리는 고려속요의 특징에 대한 이해와 고려속요 공감 분석을 위한 유형 분류의 기준을 이끌어낼 수 있다.

먼저 고려속요가 짧지만 나와 너, 너와 남의 관계라는 원초적이고 보편적인 '관계'를 다루고 있는 노래라는 사실을 확인할 수 있다. 구체적으로 그 관계에서 비롯된 갈등에서 시작한다고 할 수 있다. 관계, 구체적으로 인간 관계에서 출발하지 않는 문학이 있겠느냐고 반문할 수도 있다. 그 관계에서 비롯된 갈등에서 모든 문학이 시작되는 것은 사실이지만, 모든 시가 작품들에서 '나-너'와 '나-남'의 관계가 구체적으로 드러나고 그 관계 속에 처한 약자 '나'의 갈등과 욕망이 중심이 되지는 않는다.

그런 점에서 고려속요가 '나-너' 관계와 '나-남' 관계라는 관계의 기본이자 전체에 매우 충실하다고 말할 수 있다. 여기서 기본이자 전체라는 말은 '나-너' 관계는 남과 여, 임금과 신하 등 상대적으로 짝이 되는 모든 관계로부터 추상된 구조이며 '나-남'의 관계는 짝이 되지는 않지만 나를 둘러싼 인물이나 사물과 세계 모두와의 관계로부터 추상된 구조라는 말이다. 따라서 우리가 맺을 수 있는 관계의 모든 양상을 '나-너' 관계와 '나-남' 관계로 추상하는 동시에 구체화하였다. 그리고 '충실하다'는 말은 우선 고려속요 한 작품이나 연에 여러 명의 '너'나 '남'이 등장하지 않는다는 점과 관련된다. 그리고 단형의 노래일 경우 한 노래에, 연장체의 노래일 때는 한 연에 하나의 관계 구조만이 나타난다는 점과도 관련된다. 두 관계를 한꺼번에 드러낸다거나 중층적으로 배치하지 않고, 약자인 '나'가 오로지 '너'나 '남'과의 관계 및 그로부터 생겨난 갈등에만 충실한 모습을 보여주는 것이 고려속요 대부분의 작품이다. 이는 공감적 연관 짓기를 가능하게 하는 유리한 상황이 된다.

Ⅳ. 고려속요의 공감 구조와 유형

　고려속요는 독자나 청중들에게 일종의 심리적 가상 경험을 가능하게 하는 언어적 실재 혹은 모형(simulator)이다. 그런데 문학 작품을 가상 경험을 가능하게 하는 언어적 실재 혹은 모형으로 접근하게 되면 작품이 어떤 구조인가가 중요한 문제가 된다. 경험의 단위성과 완결성을 결정짓는 요소가 되기 때문이다.

　경험의 단위성과 완결성에 비춰볼 때, 단형의 고려속요 작품과 연장체 혹은 병렬의 형식을 지닌 고려속요 작품을 구분할 필요가 생긴다. 단형의 노래는 하나의 연속적인 경험을 허용하는 구조이며, 연장체 혹은 병렬 형식의 노래는 나름의 단위성을 지닌 여러 경험을 반복하도록 하는 구조이기 때문이다. 물론, 하나의 연속적인 경험을 제공해주는 단형의 노래인지 나름의 단위성을 가지고 분절되는 노래인지의 문제는 단순한 형식의 문제가 아니라 형식을 넘어서는 미적 경험의 문제가 된다.

　물론 연장체의 노래라고 해서 하나의 연속적인 경험이 일어나지 않는다고 볼 수는 없다. 가령, <서경별곡>처럼 연장체 혹은 병렬의 형식을 지닌 노래 또한 한 편의 작품이기 때문이다. 따라서 각 연의 독립성조차

도 의도된 결과, 즉 편사의식이 개입한 결과로 보아야 하며, 궁극적으로
는 한 편의 궁중 노래로서의 단일한 경험을 제공한다고 보아야 한다. 그
러나 그렇다고 해서 <서경별곡>의 구조가 <가시리>의 구조와 같다고
말할 수는 없다. 동일시의 대상이 되는 화자의 교체나 성격 변화가 일어
난다는 점에서 <가시리>와는 경험의 양상이 다를 것으로 가정할 수밖
에 없다. 한편 여기서 음악적인 분절을 어떻게 할 것인가의 문제도 발생
할 수 있다. 음악적으로 4개절로 나뉘져 있는 <가시리>를 단형으로 볼
것인가 말 것인가의 문제가 발생할 수 있다.60) 4개절로 분절되는 노래로
양식화되어 연행된 것은 사실이지만, 화자의 감정 변화의 추이나 경과가
처음부터 끝까지 이어지고 있다는 점에서 이 글에서는 단형의 구조로
보고자 한다.

결론적으로 음악적 분절을 고려하되,61) 화자의 감정이나 심리의 과정
이 지속되고 종결되는 양상에 따라, 하나의 단일한 경험을 허용하는 구
조의 노래와, 하나의 경험으로 통합은 되되 중층적이거나 단속적인 여러
개의 경험들이 담겨 있는 구조의 노래로 나눠 볼 수 있다.

1) 하나의 단일한 경험을 가능하게 하는 노래로는 <정읍사>와 <가
시리>, <이상곡>, <정과정곡>을 들 수 있다. 이들 작품들은 단일한 사

---

60) 최미정은 음악에서 노래가 한 곡 내에서 반복 부분을 가지고 있는 형식을 유절 형식(有
節 樣式, strophic form)으로, 문학에서 시가의 형식이 반복되는 것을 연행식(聯行式) 혹
은 분련체(分聯體, stanzanic form)로 구분하고, 고려속요를 대상으로 유절 양식과 분련
체의 관련 양상에 대해 논의하기도 하였다. 최미정의 논의에 따르면 <가시리>는 단련
체 노랫말이지만 음악적으로 볼 때는 유절 양식이 된다. 최미정(2003), 「고려속요의 유
절양식과 분련체의 관련 양상 고찰」, 『한국문학이론과 비평』 제19호, 한국문학이론과
비평학회, 354~381면.

61) 필자는 음악적인 측면보다는 문학적인 측면에서 접근하였다. 다만, 음악적 분절의 단위
를 간혹 언급해야 하는 상황도 있어서 음악적 분절에 따라 표기되어 있는, 악서의 원문
모습을 아울러 제시하는 선에서 머물렀음을 미리 밝혀둔다.

건이나 계기에서 시작된 내적 갈등이 언어화되어 종결되는 작품군에 해당한다.

한편 연장체 혹은 분련체의 노래들은 모두 여러 경험들이 병렬되거나 심화되면서 결국에는 하나의 경험으로 통합되는 범주에 속한다. 그리고 각 연의 독립성 및 각 연이 전체 노래에서 하는 역할이나 기능 등을 고려하여 다시 세 개의 하위 범주로 나누는 것이 가능하다. 우선 2) 분련체 혹은 연장체로 되어 있지만 각 연과 연의 관계가 긴밀하게 연결되거나 연속되는 노래들을 들 수 있다. 청산 노래와 바다 노래가 하나의 계열체를 형성하면서 이어지는 <청산별곡>과, 월령체 형식으로 이어진 <동동>이 여기에 해당한다. 다음으로 3) 동일한 형식이 반복됨으로써 하나의 전체 노래를 구성하는 작품들이다. 장소와 등장인물만 달라질 뿐 동일한 내용이 반복되고 있는 <쌍화점>과, 사례를 바꿔가면서 불가능한 일이 현실로 일어나면 님과 이별하겠다고 하는 <정석가>, 한림제유들이 소망하는 바를 장면화하고 있는 <한림별곡>이 여기에 속한다. 마지막으로, 4) 합가설이 제기되었을 정도로 각 연의 독립성이 돋보이는 <만전춘별사>와 <서경별곡>을 하나의 범주로 묶을 수 있다.

이 장에서는 1)~4)에 속하는 작품들을 대상으로, 어떤 상황에 처한 화자가 나오는지 그 화자에 동일시되거나 화자의 입장을 취함으로써 경험할 수 있는 바가 무엇인지 살펴보고자 한다. 고려속요 11편을 대상으로 하였지만, 논의의 구체성을 확보하기 위하여 범주별로 2편의 노래를 뽑아 집중적으로 살펴본 후, 대상을 확장하여 그 범주의 노래들에 나타나는 공감의 기제를 밝히고 그 노래들을 대상으로 한 공감 경험의 성격과 유형에 대해 고찰해보고자 한다.

1. 자기 위안과 치유의 노래

1) 자기 위안과 인식의 양상

① 〈정읍사〉의 경우

〈정읍사〉는 백제의 노래로 고려 궁중에서 악장으로 쓰이다가 조선 초 기록으로 남은 작품이다. 〈정읍사〉는 『고려사(高麗史)』 악지(樂志)에 삼국 속악으로 실려 있다. 〈선운산〉, 〈무등산〉, 〈방등산〉, 〈지리산〉과 같은 백제 노래로, 정읍에 사는 행상인의 처가 행상 나간 남편을 걱정하며 불렀다는 사연과 그 처가 남편을 바라보던 곳의 돌이 남아 있다는 말까지 기록으로 전한다.[62] 다른 백제의 노래와 달리 『악학궤범(樂學軌範)』 '무악정재(舞樂呈才)'에 노래말이 실려 전한다. 중종 13년(1518) 〈오관산〉으로 대체되기 전까지는 '무고(舞鼓)'를 치며 연희하던 무악정재의 노래로 공식적으로 사용되었으며, 그 이후에도 상당 기간 노래로 연희되었다는 사실을 정조 19년(1795) 연희의 기록을 통해 확인할 수 있다.

〈정읍사〉는 창작 년대와 향유 시대, 기록된 시대가 각기 달라 어느 시대의 작품으로 볼 것인지 정하기가 쉽지 않다.[63] 백제의 노래라고는

---

62) 『고려사』 악지에 '井邑 全州屬縣 縣人爲行商久不之 其妻登山石以望之 恐其夫夜行犯害托泥水之汚以歌之 世傳有登岾望夫石云'라는 기록이 나온다.

63) 노랫말에서 시대 귀속의 실마리를 찾으려는 노력이 있었다. 그 논의의 핵심에 있던 구절이 바로 '後腔全져재' 대목이다. 일찍이 '후강'과 '전져재'로 끊어 읽고 '전져재'를 '전주져재'의 약자로 보고, 나아가 전주라는 지명이 경덕왕 이후 붙여진 것임에 주목하여 〈정읍사〉가 신라 경덕왕 이후 내지 고려대(代) 구(舊)백제지방의 민요일 것으로 추정하는 견해(양주동, 1947, 1962)가 제출되었다. 그러나 '전후전'과 '져재'로 끊으면 전주라는 지명과 작품의 시대 귀속 문제를 연결시킬 필요가 없어질 뿐 아니라, '후강'과 '전져재'를 끊더라도 '전져재'를 '온 장터'로 볼 수도 있어, 전주시장의 약자로 보는 것이 석연치 않다. 또한 설혹 '전주'라는 지명이 등장하더라도 구전가요의 특성상 그것만으로 백제의 노래가 아니라고 볼 근거는 없다. 사실 〈정읍사〉의 시대 귀속의 문제는

하나 창작 당시의 모습을 그대로 가지고 있으리라 상상할 수는 없으므
로, 이 글에서는 <정읍사>를 백제 노래에서 기원하였고 조선 궁중 무악
으로도 소용되었던, 고려 속악의 가사로 보고 분석 대상에 포함하였다.

ㄱ. 장소에 갇힌 화자

작품 속 화자에 동일시가 됨으로써 화자의 관점으로 느끼는 것을 공
감이라고 하면, 동일시의 대상으로서의 화자와 화자가 처한 상황이 감정
적 연관 짓기가 가능한 보편성을 지니고 있어야 한다. 백제 노래로 출발
하여 우여곡절을 겪으며 조선 후기에 이르기까지 향유되었던 <정읍사>
는 기록에 남은 이력만 보더라도 시대를 뛰어넘는 공감력을 인정 받은
노래라고 할 수 있다. 어떤 특징이나 구조가 그와 같은 이력을 가능하게
했을지 살펴볼 필요가 있다.

<정읍사>의 전문은 다음과 같다.

> 前腔돌하노피곰도드샤어긔야머리곰비취오시라어긔야어강됴리小葉아
> 으다롱디리後腔全져재녀러신고요어긔야즌ᄃᆡ롤드ᄃᆡ욜셰라어긔야어강됴
> 리過篇어느이다노코시라金善調어긔야내가논ᄃᆡ졈그롤셰라어긔야어강됴
> 리소엽小葉아으다롱디리

[가] 달아 높이곰 돋아샤
어긔야 머리곰 비추고시라
어긔야 어강됴리
아으 다롱디리
[나] 저재 지나신고요

무악정재로 연행되었다는 점이나 정재에 사용된 다른 작품과의 관련성 등을 종합적으
로 고려하면서 신중하게 접근할 필요가 있다.(양태순, 1991)

어긔야 즌 데를 디디올세라
어긔야 어강됴리
[다] 어디에나 놓고오시라
[라] 어긔야 내 가논데 저무를세라
어긔야 어강됴리 아으 다롱디리

<정읍사>의 화자는 '나'이다. '내 가논디'라는 구절에서 현상적 화자 '나'를 확인할 수 있다. '나'는 달에게 '비취오시라' 소망을 발하고 상대방이 '즌 데'를 디딜까 걱정하고 자신이 가는 길이 '졈그롤셰라' 걱정하는 화자이다. 반면에 명시적으로 드러나지는 않지만 나의 상대는 나에게 소망을 갖게 하고 불안감을 안겨주며, 내 인생 전반에까지 영향을 미치는 인물로 등장한다. 『고려사』악지의 기록을 끌어오지 않더라도, 놓고 돌아올 무엇인가를 가지고 저자거리를 다니는 행상인의 존재와 그 아내가 이 노래를 지은 정황을 어느 정도는 짐작할 수 있다. '나-너'의 관계 구조와, 그 관계 속에서 '나'는 '너'의 결정에 따라 좌우되는, 네가 돌아오기를 기다리는 것 외에 상황을 개선할 힘을 가지고 있지 않은 약자로 존재한다.

약자인 '나'는 남편의 부재가 길어짐으로써 마음의 불안이 생긴 상태이다. 물론 둘 사이의 관계에 실질적으로 어떤 문제가 발생한 것은 아니다. 남편은 나를 버리고 떠난 것이 아니라 짐을 짊어지고 생계를 위해 장삿길을 떠난 사람이다. 문제는 남편의 부재가 길어짐으로써, 아내의 불안한 상상력이 발동하고, 관계의 지속에 대한 믿음이 흔들리고 있다는 점이다. 사실상 '나'는 아직 일어나지도 않은 일들, 어쩌면 일어날지도 모를 일들에 불안을 느끼고 있다고 볼 수 있다. 실질적인 관계의 변화가 문제인 것이 아니라, 남편의 부재 상태가 오래 지속됨으로써 관계의 지

속성에 대한 믿음을 잃어버린 것이 불안의 실체이고 갈등의 원인이 된다.

화자의 불안과 그로 인한 심적 갈등은, 부재 기간이라는 시간성의 문제와 더불어 화자와 남편이 있는 '장소' 및 '장소성'에서 기인한 면도 있다. 아내에게 남편이 행상 나간 '저자'는 미지(未知)의 공간이다. 미지의 공간인 '저자'는, 행상 나간 남편이 물건을 팔 수 있는 생계의 공간이기도 하지만, 동시에 '즌 데'가 있을지도 모르는 위험한 공간이기도 하다. 인간에게 미지의 공간은 동경의 공간이자 야만의 공간 혹은 공포의 공간이다. 물론 남편이 행상을 떠날 당시에는 그 공간이 장차 생계에 도움을 줄 희망의 공간이었을 것이다. 그러나 돌아올 때가 되었음에도 불구하고 돌아오지 않고 소식마저 끊긴 상황이라면 그 공간은 더 이상 희망의 공간일 수 없다. 부정적인 생각이 생겨나고 불안한 상상력이 발동하기 시작하면, 그곳은 남편의 안위('犯害托泥水之汚')는 물론이고 나의 안위까지도 위협하는 공간이 될 수 있다. 그렇게 되면 불안해하면서 기다리는 것 외에 달리 할 수 있는 일이 없는 화자에게 '정읍'은 일종의 감옥과도 같은 장소가 된다.

'정읍'이라는 장소에 대한 화자의 인식은 자신의 처지에 대한 인식을 의미하며, 그런 점에서 <정읍사>는 장소에 갇힌 화자의 노래라고도 볼 수 있다. 자기가 사는 그 장소에 갇혀, 관계의 지속을 위해 할 수 있는 일이 없는 화자가 자신의 내적 갈등을 해소하고자 부를 노래가 바로 <정읍사>인 것이다.

ㄴ. 구체적 상상과 소망의 언표화

장소에 갇힌 화자가 어떻게 자신의 내면에 자리한 불안과 의구심을 노래를 통해 심리적으로 해소해갔을까.

화자는 자신의 소망이나 의지를 다른 대상에 기대어 드러내는 방법, 즉 의탁(依託)의 방법을 통해 자신의 한계로부터 벗어나는 상상을 한다. 그렇게 선택된 대상이 바로 '달'이다. '달'은 높은 곳에 떠서 어둠을 밝히는 대상일 뿐만 아니라 어디든 갈 수 있다는 점에서 장소의 한계를 벗어나게 해주는 대상이 될 수 있다.

[가]에서 보듯 화자는 달에게 명령하는 말로 노래를 시작하고 있다. "달아 높이곰 돋아서 어기야 머리곰 비추고시라." 달에게 높이 뜨라고 명(命)하고 남편의 머리 좀 비추라고 명한다. 세상 모든 곳을 비추며 따라서 세상 모든 곳에 갈 수 있는 달에 의탁함으로써 아내 역시 달의 시선을 따라 남편이 있는 곳을 더 구체적으로 상상할 수 있게 된다.

[가]에서 띄운 달은 [나]에서 보듯 화자의 시선을 저자거리에 있을 남편에게로 옮겨준다. 그러나 저자거리를 상상하다가 바로 '즌 데'를 떠올리게 된다. 달에 의탁하여 남편이 있을 곳을 구체적으로 상상하다가 불안의 원인이자 실체를 대면하게 된 것이다. 남편을 기다리는 동안 자라나기 시작한 불안의 실체를, '즌 데'라는 장소를 떠올림으로써 분명하게 확인하게 된 것이다. 이렇게 상상을 거듭하다 보면 기다림에서 비롯된 불안은 의구심이나 의심으로까지 발전하게 된다. 이는 기다림의 시간이 길어졌을 때 인간이 겪는 심리 변화의 추이 혹은 감정 변화의 패턴이라고 할 수 있다.

'즌 데'를 상상한 화자의 불안은 '어디에나 놓고오시라'는 말로 이어진다. 여기서 '어디에나'는 정읍과 대비되는 불확실한 공간[64]이 아니라 '아무데나', 즉 장소가 중요하지 않다는 뜻으로 보아야 한다. 장사는 신

---

64) 이사라(1986), 「정읍사의 정서 구조」, 앞의 책(김대행 외), 101면.

경 쓰지 말고 다 버리고라도 일단 돌아오라는 절실한 소망의 말로 보아야 한다. 짧은 이 구절을 독립시킨, 음악적 분절을 볼 때도 [다]의 중요성을 알 수 있다. [나]에 이르러 고조된 불안 심리를 해소하기 위한 말이기에, 즉 언어적 실재를 통해서라도 갈등을 해소할 수밖에 없는 상황이기에, [가]나 [나] 문장에 비해 [다]가 상대적으로 짧은 문장임에도 그 중요성을 감안하여 독립시킨 것으로 보아야 한다.

다 놓고 돌아오라는 말을 한 화자는 [라]에 이르러 '내 가는 데 졈그랄셰라'라고 자신의 미래에 대해 의구심을 표현하는 것으로 노래를 마무리한다.65) 달에 의탁한 시선이 위에서 아래로, 원경에서 근경으로 바뀌면서 남편에 대한 걱정이 나에 대한 걱정으로 바뀐 것이다. 달이 떠 있는 공중에서 저자거리에 있을 남편에게로, 그리고 남편을 기다리고 있는 자신에게로 시선을 옮겨오면서, 남편이 있는 불확실한 세계에 대한 위구심 혹은 걱정과 기다릴 수밖에 없는 자신의 처지에서 오는 막연한 불안감을 드러내고 있는 것이다.

결국 <정읍사>의 화자는 불안의 실체를 확인하고 불안을 해소하고자 소망의 말을 함으로써 더 이상 할 말이 없어졌고, 다시 기다리는 일만이 남게 되었다. 관계의 지속에 대한 불안이 실질적으로 사라진 것은 아니지만, 불안의 실체를 대면하고 소망의 말을 함으로써 일시적으로나마 불안했던 마음이 평정을 찾았고 다시 기다리는 것이 가능해졌다고 볼 수 있다. 상황이 달라지지 않더라도 자신을 괴롭히는 문제나 불안을 꺼내 말하고 자신이 원하는 바를 말함으로써 심리적 위안을 얻는 일은, 상황

---

65) 윤영옥은 이전까지 지아비를 생각하다가 '金善調'로 바뀌는 부분에서 노래말이 轉變되었다고 봄으로써 [라]에서의 시선 혹은 시점 변화에 주목하였다. 윤영옥(1997), 「望夫石說話와 <井邑詞>」, 『고려가요-악장 연구』(국어국문학회 편), 태학사, 234면.

을 바꿀 힘이 없는 인간이 스스로를 위로하는 방법이다.

② 〈가시리〉의 경우

〈가시리〉의 창작 연대와 창작 배경을 밝히고 있는 기록은 없다. 조선 초 악서인 『악장가사(樂章歌詞)』에 전문이, 『시용향악보(時用鄕樂譜)』에 '귀호곡(歸乎曲)'이라는 제목으로 곡조와 함께 1연이 수록되어 있고, 이형상(李衡祥)의 『악학편고(樂學便考)』에 '嘉時理(가시리)'라는 제목으로 실려 있다. 관련 기록을 통하여 〈가시리〉가 고려 궁중의 속악 가사였음을 확인할 수 있을 따름이다. 이 글에서도 민요에서 기원하여 조선조 악장으로 소용이 된 노래로 보았다.[66]

가시리가시리잇고나는ᄇ리고가시리잇고나는위증즐가대평셩ᄃ大平盛代○날러는엇디살라ᄒ고ᄇ리고가시리잇고나는위증즐가대평셩ᄃ大平盛代○잡ᄉ와두어리마는선ᄒ면아니올셰라위증즐가대평셩ᄃ大平盛代○셜온님보내ᅀ노니나는가시는듯도셔오쇼셔나는위증즐가대평셩ᄃ大平盛代

[가] 가시리 가시리잇고 나난
버리고 가시리잇고 나난
위 증즐가 태평성대
[나] 날러는 어찌 살라고 나난
버리고 가시리잇고
위 증즐가 태평성대
[다] 잡아와 두어리마라난
선하면[67] 아니 올세라

---

66) 〈가시리〉는 원래 민요였다가 고려 궁중에 유입되면서 편사 혹은 개편되어 기록에서와 같은 모습이 되었을 것으로 추정된다. 작품의 전반적인 흐름으로 볼 때 돌출한 감이 있는, 뜻이 있는 여음구인 '위 증즐가 太平聖代'의 존재가 그러한 추정을 뒷받침한다.

위 증즐가 태평성대
[라] 설운 임 보내옵나니 나난
가시는 듯 다시 오소서
위 증즐가 태평성대

ㄱ. 보낼 수도 잡을 수도 없는 '나'

<가시리>는 짧은 노래임에도 불구하고 동사가 많이 나온다. 구체적인 행동을 지칭하는 동사들이 사용되어 화자가 이별의 상황에 처했음을, 그리고 그 상황 속에서 상대적으로 약자임을 알 수 있다. 님은 가고 오는 행위의 주체이며 버리고 간 사람이다. 반면에 '나'는 님이 없는 삶을 어찌 살까 걱정하고 님을 잡아 두고 싶어하지만 선하면 안 올까봐 적극적으로 잡지도 못하는 화자로 등장한다. '나—너'의 관계 구조가, 그리고 그 관계 속에서 '나'인 화자가 약자임이 어렵지 않게 확인된다. 수용 이론에서 말하는 해석의 미결정 부분이 많지 않아 상황에 대한 이해나 화자를 파악하는 것이 수월하다.

<가시리>는 '갈거냐'는 물음을 던지며 시작된다. 이런 반문의 상황은 우리가 일상적으로 경험하는 장면을 바로 환기한다. 집에 가겠다는 친구나 동료에게도, 어딜 가겠다고 나서는 가족에게도 우리는 '갈거냐, 정말 갈거냐, 나를 두고 혹은 나만 두고 갈거냐'고 흔히 물을 수 있다. 반복 확장되는 말들로 장면이 구체화되는데, 그 장면 또한 누굴 떠나보내는 보편적인 상황이라, 화자가 어떤 상황에 처해 있으며 어떤 심리적 갈등을 경험하고 있는지 바로 알아챌 수 있다.

---

67) 선뜻(양주동), 서운하면(김형규), 심하면(지헌영), 그악스러우면 혹은 까딱 잘못하면(박병채, 남광우), 얼굴을 마주보기만 하면(서재극) 등 여러 가지로 해석되는데 여기서는 '서운하면'으로 보았다.

자신의 의사와는 상관없이 님이 떠나게 되었고 그로 인해 화자의 감정의 평형이 깨진 상태임을 알 수 있다. 결손에 의한 심리적 평형 상태의 깨짐, 그로부터 생겨난 감정과 갈등을 질서화하는 것, 그것이 바로 <가시리>의 전체 내용이 됨을 짐작할 수 있다. 화자에게 동일시된 청중이나 독자는, 결손에 의해 평형이 깨진 화자의 심리 및 정서의 변화 과정을 상상적으로 체험하게 된다는 점에서, 화자의 심리 변화를 자세히 살펴볼 필요가 있다.

ㄴ. 호소를 통한 감정의 질서화

[가]를 보면 '가시겠습니까'가 반복되고 있다. 이 말은 만류(挽留)의 말[68]이기도 하지만, 사실 확인을 요구하는 말이며, 그러한 요구 이면에는 상황을 부정하고 싶은 방어기제가 자리하고 있다. 짧지만 동일 구분의 확장적 반복을 통해 리듬감을 획득하면서, 이별에 처한 화자가 할 수 있는 말을 중첩하여 담고 있다. 사실 이별을 통고받은 사람이 기다렸다는 듯이 잘 가라고 인사를 하거나 바로 울음을 터뜨리는 경우는 드물다. 상황을 인지하고 받아들이는 데 일정한 시간이 필요하기 때문이다. 상황에 대해 어떤 반응을 하려면, 그 상황에 대한 인지, 즉 상황 파악이 어느 정도 되어야 하므로, 대개의 경우는 떠나겠다는 말이 사실인지, 바뀔 가능성은 얼마나 되는지, 왜 떠나려고 하는지 묻게 된다. 따라서 [가]는 이별에 처한 화자의 정직한 반응으로 볼 수 있다.

[나]는 [가]의 연장선상에 있는 구절이다. [가]의 '가겠느냐', '나를 버리고 가겠느냐'는 말을 이어 받아 [나]에서는 '나는 어찌 살라고 나를

---

68) '리'를 미래시제보조어간으로 보든, 의존명사로 보든 간에 사실을 확인하는 발언이라는 사실은 변하지 않는다. 최용수(1991), 『고려가요의 유형적 연구』, 영남대 박사, 98~100면.

버리고 가겠느냐'고 재차 묻고 있다. '나는 어찌 살라고'가 추가되었다. 이를 통해 이별이 자신에게는 살 수 없을 정도로, 사는 게 힘겨워질 정도로 심각한 문제임을 밝히면서 그럼에도 불구하고 떠나겠느냐고 확인하고 있다. 거듭되는 사실 확인과 반문은 함께 하고자 하는 소망의 간절함을 드러냄과 동시에 이별에 처한 화자의 비극적인 심정을 드러낸다.

동일어구가 확장 반복되는 [가]와 [나]에는 떠남으로 인한 슬픔과 놀람의 감정, 받아들일 수 없는 심정을 거듭 확인하는 상황이 연출되고 있다. '가시리잇고' → '버리고 가시리잇고' → '날러는 어찌 살라고 버리고 가시리잇고'로 문장이 확대되면서 의미의 폭이 함께 변화되어 비극의 정도도 심화된다.69)

그러나 사실 확인을 하고 보내고 싶지 않은 마음까지 전달한 다음에는 자신의 마음을 추스르고 정리하는 국면으로 들어갈 수밖에 없다. 이별의 상황을 기정사실로 받아들이고 인정할 수밖에 없게 된다. [다]가 그 시작이다. [다]에서는 잡아 두고 싶다는 자신의 소망을 말하면서, 그러나 잡지 않겠다고 말한다. 잡고 싶은 마음이 간절하지만, 잡았을 때의 역효과를 걱정하여 잡을 수 없다고 말함으로써, 오히려 잡고 싶은 마음의 절실함을 부각시키고 있다. [다]에는 자신의 모든 감정 표현이나 행동까지도 조심하고 있는, 관계에 있어서의 약자로서의 모습, 그러나 할 말은 하는 화자의 모습이 나타난다.

[라]에 이르러 '설온70) 님을 보내니 가시는 듯 다시 오라'는 당부 혹

---

69) 동일한 서술어에 수식어구를 단계적으로 보완하는 식의 반복 형식을 취함으로써 비극성의 심화뿐만 아니라 음악적 효과까지도 획득하고 있음은 물론이다.

70) 윤영옥은 '설온'의 주체를 님으로 보고, 나를 두고 가는 님도 서러운 상황이라고 한다. 떠나지 않으면 안 되는 상황이라면 그것이 바로 대평성대의 패러독스라고 하였다. 이어 '가시는 듯 다시 오소서' 역시 가지 않으면 안 되는 것처럼 기필코 돌아오라는 청원보

은 호소의 말로 노래가 끝이 난다. 앞 장에서 인용한 평설에서 양주동[71]은 이 당부의 말에 <가시리>의 묘가 숨어 있다고 극찬한 바 있다. 서두와 수미일관의 구조를 취하고 있는 것도 그러하려니와, 원(怨)하고 소(訴)하고 반발(反撥)하고 다시 눙쳐 보는, 본사의 모든 말들이 결국에는 결사의 이 말을 하기 위함이라고 주장한다.

'듯'이라는 절묘한 표현을 찾아냄으로써 <가시리>의 묘미가 살아난 것은 사실이다. '듯'을 사전에서 찾으면 '그런 것 같기도 하고 그러지 아니한 것 같기도 함을 나타내는 말'이라고 규정되어 있다. 경계에 있는 어떤 상태나 양상을 표현하는 말인데, 모양뿐만 아니라 시간까지 형상한 말이다. 그렇게 보면 '가시는 듯 다시 오라'는 표현은 가는 듯한 모양만 취하다가 돌아오라는, 즉 떠나는 시늉만 하라는 말도 되고, 가는 것처럼 하다가 바로, 빨리 돌아오라는 말도 된다. 버리고 떠나는 님의 처지나 상황, 마음을 헤아려주는 듯한 포즈를 먼저 취한 후, 자신의 소망을 언표화한 묘미가 있다. <가시리>를 오성의 형식이라고 부른 것이나, 이 노래가 전연을 통해 원인 파악과 그에 대한 주관적인 처방이 나타난 다[72]고 본 것도 바로 화자가 이처럼 뛰어난 수사적 기교와 조리 있는 화법을 구사하고 있기에 나온 평가라고 하겠다.

결국 화자는 떠날 수밖에 없는 상대방의 입장을 이해하고 이별을 받아들이는 듯이 말하면서 자신의 소망을 말하는 것으로 노래를 끝내고 있다. '듯'이라는 우리말 표현의 절묘함 혹은 애매함에 기대, 노골적으로 만류하지 않고 애교 있게 호소하는 말로 자신의 바람을 언어화하고 있

다는 더 한층 강한 기원을 담고 있다고 보았다. 윤영옥(1991), 『高麗詩歌의 硏究』, 영남
대학교 출판부, 216면.
71) 양주동(1947), 앞의 책.
72) 최미정(1991), 『고려속요의 수용사적 연구』, 서울대 박사, 55~58면.

다고 하겠다. 이렇게 자신의 소망을 언어로 실재하도록 함으로써, 화자
는 님의 떠남에서 비롯된 슬픔의 감정을 정리하고 있다. 이를 현실적인
문제의 해결이라고 할 수는 없지만 심리적 해소에는 이르렀다고 할 수
있다. 소망을 둠으로써 적어도 화자가 심리적 평정에 도달했다는 점에서
그러하다.

2) 감정이입적 공감

작품에 대한 공감이 작품 속 타자에게 동일시되어 그 타자의 심리 과
정이나 정신 작용을 함께 경험하는 것이라는 전제에 따라, <정읍사>와
<가시리>의 작품 속 타자인 '화자'에 대해 살펴보았다. 화자가 처한 상
황에 대해 분석함으로써 화자의 심적 갈등이나 충동이 무엇인지 밝히고
그러한 갈등이 해결에 이르는 일련의 과정을 살펴보았다.

이제 <정읍사>와 <가시리>는 물론이고 <이상곡>과 <정과정>에
이르기까지 논의의 대상을 단형의 시가로 확장하여, 이들 단형의 시가들
에 나타나는 화자의 특성과 화자에게 동일시되어 경험하게 될 심리 과
정의 특징에 대해 살펴보고, 이들 유형의 노래가 어떤 공감의 요인이나
기제들을 가지고 있는지, 그로 인해 어떤 공감 경험을 가능하게 하는지
살펴보고자 한다.

① 감정적 연관 짓기의 수월성

<정읍사>나 <가시리>, <이상곡>과 <정과정>은 모두 '나-너'의
관계 구조 속에서, '너'에 해당하는 인물로 '님'이 등장한다. 화자는 님
과 함께 있기를 바라지만, '님'이 부재한 상황이다. <정읍사>의 '나'는

기다림에 지쳐 관계의 지속 자체에 대한 불안을 느끼고 있고 <가시리>
의 화자는 이별의 상황에 처해 슬픔에 빠져 있으며, <이상곡>의 화자는
오지 않는 님을 기다리고 있고, <정과정>의 화자는 자신을 잊은 님을
원망하고 있다. '나―너'의 관계 속에서 발생할 수 있는 문제적 상황과
그 상황 속에서 인간이 경험할 수 있는 보편적 감정 ― 불안과 슬픔, 기
다림, 원망 ― 이 모두 나타나고 있다. 단형의 시가인 경우, '나―너'의
관계 속에서 발생한 갈등을 문학적으로 해소하는 과정을 경험할 수 있
으리라고 가정을 할 수 있다.

그런데 그런 경험을 하려면 화자가 처한 상황이 중요하다. 상황이 보
편성을 지님으로써 독자의 감정이입을 가능하게 해야 하기 때문이다. 화
자가 처한 상황이 구체적으로 제시되어, 화자의 입장이나 관점을 취하는
것이 가능해야 하기 때문이다. 특히 노래의 시작 부분에서 화자가 처한
문제 상황과 그 상황 속에서의 감정이 구체적으로 드러나 독자가 감정
적으로 연관을 지을 수 있어야 한다. 영화의 초반 5분이 관객들의 몰입
을 결정하는 것과 같은 이치이다.

그런 점에서 <정읍사>와 <가시리>, <이상곡>과 <정과정>의 시작
부분은 매우 중요한 의미를 지닌다. 결론적으로 말하자면 네 노래 모두
화자들이 처한 상황을 형상적인(figurative) 언어로 잘 보여주고 있다. 달에
게 높이 떠서 님을 비춰달라고 요청하는 말을 통해 화자가 님과 함께 있
지 않다는 사실을 보여줌과 동시에 달의 시선을 따라 님의 머리까지 이
르는, 이미지를 그리게 되고(<정읍사>), '가시리 가시리잇고 나를 버리고
가시리잇고'라는 단도직입적인 말을 통해 이별의 통보받은 사람의 놀람
과 당혹스러움을 고스란히 느낄 수 있다(<가시리>). 그런가 하면 '내 님
을 그리워해 우니나니 산접동새와 비슷하요이다'라는 말을 통해 울고 있

는 산접동새를 떠올릴 수 있으며(<정과정>), '비 오다가 개고 눈 서리까지 내린 좁은 길로 님이 오겠느냐'고 말을 통해 여러 겹의 장애가 있는 곳에서 님을 기다리는 누군가의 이미지를 떠올릴 수 있다(<이상곡>).

네 노래 모두 화자가 처한 상황을 상상하는 데 어려움이 없으며, 화자의 심리 상태나 감정 또한 형상적인 언어로 구체화되어 있어 감정적으로 연관 짓기를 하는 데 별다른 어려움이 없다. 상상한다는 것은 화자의 관점과 역할을 취하는 것으로서 공감을 가능하게 하는 시뮬레이팅(simulating)에 다름 아니다. 여러 공감 연구자들이 밝힌 것처럼 이렇게 상상력이 발동하면 작품 바깥 독자가 작품 속 화자와 동일시되어 화자의 심리 과정을 함께 경험하게 된다.

② 심리적 과정의 보편성

이제 <정읍사>와 <가시리>, <이상곡>, <정과정>의 화자가 어떤 심리적 과정을 경험하는지를 살펴볼 차례이다. 앞서 우리는 <정읍사>의 화자나 <가시리>의 화자가 자신의 심리적 갈등을 해소하는 과정을 살펴보았다.

네 노래에 나타나는 화자의 감정 변화나 심리적 갈등 해소의 과정은 유기적이고 논리적이라는 특징이 있다. <정읍사>의 화자는 달에 의탁함으로써 님이 있는 곳을 구체적으로 상상하다가 '즌 데'라는 불안의 실체와 대면하게 되었고 그 불안을 잠재우기 위하여 모든 것을 두고 돌아오라는 소망의 말을 한다. <가시리>의 화자 또한 비슷하다. 가겠느냐고 거듭 반문한 후 이별을 기정사실화하여 받아들이지만 가시는 듯 다시 오라는 소망의 말로 마무리하고 있다. <이상곡>의 화자 역시 온갖 어려움을 뚫고 님이 올지 의구심을 가지면서도 자신에겐 님 외에 다른 사람이 없음을 피력하고 님에게 한 데 있자는 기약의 말을 하는 것으로 마무리하고 있다. <정과정>에서 화자는 자신의 처지를 접동새에 빗대고 자신의 결백을 주장하는 한편 함께 있자는 약속을 잊었느냐고 반문하면서 다시 사랑해줄 것을 호소하고 있다.

서정시가임에도 불구하고 네 노래의 화자 모두 님의 부재에서 비롯된 갈등을 해소하는 데 집중하고 있음을 알 수 있다. 또한 소망을 언어화함으로써 심리적 해소에 도달하고 있는 공통점을 찾을 수 있다. 참고 무조건 인내하는 화자의 모습을 보여주기보다는 원망의 말을 하고 따지기도 하는 등 그 상황 속에서 가능한 말을 다 한 후, 자신의 바람이나 소망을 언어화하는 것으로 끝맺음을 하는 공통점을 보여준다.

네 작품의 화자 모두 '나―너'의 관계 속에서 약자로서 심리적 갈등을 겪고 있지만, 나름대로 언어적 해소를 시도하고 있다. 따라서 독자 역시 <가시리>, <정읍사>, <이상곡>, <정과정>의 화자에 동일시됨으로써, 즉 감정 이입을 함으로써 님의 부재나 너의 부재를 건강하게 극복하는 경험을 할 수 있을 것으로 기대할 수 있다.

2. 삶의 본질에 대한 성찰의 노래

이 장에서는 연장체의 노래 중에서 각 연과 연이 유기적으로 연결되어 있는 <청산별곡>와 <동동>을 살펴보고자 한다. 이 두 노래는 원인이 되는 사건이 이야기 속에 구체적으로 드러나지 않은 채로, 거기서 유래한 감정이나 상황이 전개되는 작품들을 사건 암시형 속요라고 부를 수 있다.73) 노래로서 표현된 이야기가 어떤 사건에 의해 유발된 것은 분명하지만 그 사건이 어떤 성격의 것인지에 대한 단서는 일체 내보이지 않는다는 점에서 사건이 다만 암시되었다고 본 것이다. <가시리> 등 사건이 명시적으로 드러나는 유형과 구별된다. 사건 암시형인 <청산별곡>과 <동동>의 경우 사건에 대한 단서를 내포하지 않기 때문에 청자가 사건에 대해 추리하거나 유추할 수밖에 없다. 그로 인해 다양한 추리나 해석이 가능할 수 있다. <청산별곡>과 <동동>에 대한 해석이 다양한 것은 모두 이 때문이다.

여기서는 작품 외적 정보를 동원하여 작품에 대한 해석을 시도하기보다는 작품 내적 특징에 주목하여 노래를 분석하고자 한다.

1) 인간과 삶의 본질에 대한 인식 양상

① 〈청산별곡〉의 경우

<청산별곡>은 『시용향악보(時用鄕樂譜)』에 일부가, 『악장가사(樂章歌詞)』에 전문이 실려 있다. 창작 맥락이나 향유 방식 등에 대한 다른 기록은 없어서, 작품 분석을 통해 창작 및 향유 맥락에 대한 실마리를 찾아볼 수밖에 없다.

세련된 짜임과 유려한 음악성을 이유로 지식인이 창작했을 것이라는 추정[74]이 나오기도 했지만, 창작설을 뒷받침해줄 근거는 찾아보기 어렵다. '피안지향성'이라는 보편적인 주제를 다루고 있는 점과, 분장체나 후렴구 등의 형식을 취하고 있다는 점을 고려하면, <청산별곡>은 대부분의 고려가요 작품들처럼 민요에서 기원했거나 민요와 밀접하게 관련된

---

73) 졸고(1991) 참고.
74) 정병욱(1975), 앞의 책 참고.

궁중의 노래였을 것으로 짐작된다.

ㄱ. 피안 지향 : 떠나고 싶은 '화자'

살어리살어리랏다청산靑山애살어리랏다멀위랑ᄃ래랑먹고청산靑山애
살어리랏다얄리얄리얄랑셩얄라리얄라◯우러라우러라새여자고니러우러
라새여널라와시름한나도자고니러우니로라얄리얄리얄라셩얄라리얄라◯
가던새가던새본다믈아래가던새본다잉무든장글란가지고믈아래가던새본
다얄리얄리얄라셩얄라리얄라◯이링공뎌링공ᄒ야나즈란디내와손뎌오리
도가리도업슨바므란쏘엇디호리라얄리얄리얄라셩얄라리얄라◯어듸라더
디던돌코누리라마치던돌코믜리도괴리도업시마자셔우니노라얄리얄리얄
라셩얄라리얄라◯살어리살어리랏다바ᄅ래살어리랏다ᄂᄆ자기구조개랑
먹고바ᄅ래살어리랏다얄리얄리얄라셩얄라리얄라◯가다가가다가드로라
에졍지가다가드로라사ᄉ미지ᄠ대예올아셔힌금金솔琴을혀거를드로라얄리
얄리얄라셩얄라리얄라◯가다니비브른도긔설진강수를비조라조롱곳누로
기미와잡ᄉ와니내엇디ᄒ리잇고얄리얄리얄라셩얄라리얄라

[가] 살어리 살어리랏다 청산에 살어리랏다
머루랑 다래랑 먹고 청산에 살어리랏다
얄리얄리 얄랑셩 얄라리 얄라

[나] 울어라 울어라 새여 자고 일어 울어라 새여
너보다 시름 많은 나도 자고 일어 우니노라
얄리얄리 얄라리 얄라리 얄라

[다] 갈던 새 갈던 새 본다 물 아래 갈던 새 본다.
이끼 묻은 쟁기를 가지고 물 아래 갈던 새 본다.
얄리얄리 얄라리 얄라리 얄라

[라] 이렁공 저렁공 하여 낮에는 지내왔건만
올 이도 갈 이도 없는 밤에는 또 어찌하리
얄리얄리 얄라리 얄라리 얄라

[마] 어디다 던지던 돌인가 누굴 맞추던 돌인가
미워할 이도 사랑할 이도 없이 맞아서 우니노라
얄리얄리 얄라리 얄라리 얄라

[바] 살어리 살어리랏다 바다에 살어리랏다
나무자기 구조개랑 먹고 바다에 살어리랏다
얄리얄리 얄라리 얄라리 얄라

[사] 가다가 가다가 듣네 외딴 부엌 가다가 듣네
사슴이 짐대에 올라 해금 켜는 것을 듣네
얄리얄리 얄라리 얄라리 얄라

[아] 가는데 배부른 독에 설익은 강술을 빚어라
조롱꽃 누룩이 매워 잡으니 내 어찌 하리잇고
얄리얄리 얄라리 얄라리 얄라

    <청산별곡>은 '살어리 살어리랏다 청산에 살어리랏다'라는 화자의
말로 시작된다. 청산에 살고 싶다는 소망을 드러낸 것으로 보아, 화자가
청산에 살고 있지 않으며 현실에서 벗어나고 싶어 한다는 사실을 알 수
있다. 그러나 [바]를 보면 화자가 청산만을 고집하는 것은 아님을 알 수
있다. 화자는 현실을 벗어나 청산이나 바다, 그 어떤 곳으로든 떠나고
싶어 하는 사람임을 알 수 있다.
    그렇다면 화자가 떠나고 싶어 하는 청산과 바다는 어디일까.75) '청산'

과 '바다'는 화자에게 또 하나의 현실 공간일 수 있다. 가령, <청산별
곡>을 매우 심각한 유랑의 노래로 본 박노준은 산과 바다가 대몽항쟁기
'사민산성해도(徙民山城海島)' 정책에 따라 옮겨간 또다른 삶의 터전, 즉
생활 공간이라고 말한다.[76] 역사주의적 관점으로 볼 때 얼마든지 가능한
해석이다. 그러나 이런 역사적 사실을 끌어오지 않고서도 <청산별곡>
의 청산과 바다는 얼마든지 이해가능한 공간이다.

김대행은 '산과 바다'는 '온 세상'을 뜻하며 이 노래는 온 세상 어디
든 가서 살고 싶다는 말이고, 거기에 함축된 하나의 조건은 지금 자신이
발을 디디고 있는 곳만 빼고라는 뜻이라고 말한다. 나아가 지금 자신이
몸 담고 있지 않은 그 어딘가에 늘 그려오던 세상이 있으리라는 생각,
즉 '피안지향성'이 드러난다고 보았다.[77] <청산별곡>이 오랜 기간 동안
사랑을 받은 점이나 역사적 사실을 모르는 청중이나 독자들 또한 <청산

---

75) <청산별곡>에 대한 해석은 제목과 첫 연에 등장하는 '청산'을 어떻게 보느냐와 밀접하
게 관련된다. 청산을 낭만적인 피안(彼岸)의 공간으로 막연하게 규정하면 <청산별곡>
은 현실도피사상에 근거한 낭만적인 노래로 해석된다. 자연의 품에 안겨 현실의 비애를
잊고자 하는 노래로 노장의 출세간적 사상과도 연결된다는 주장(서수생, 1963)이나, 현
실의 혼탁에 물들지 않으려는 현실도피사상을 상상화한 노래(전규태, 1976)라는 해석,
짝사랑의 비애를 노래하고 있다는 해석(양주동, 1947), 궁중 여인의 한과 고독이 담겨
있다는 해석(성현경, 1972) 등이 여기에 해당한다. 그러나 '청산'을 산 아래 마을과는
구별되는 또다른 현실 공간으로 설정하게 되면 다소 다른 해석이 가능해진다. 어떤 실
패나 좌절로 인해 찾아 나선 또다른 현실 공간으로 설정하면(김형규, 1967), <청산별
곡>의 비애는 보다 절실한 것으로 부각된다. 그런가 하면 유랑하는 백성들이 발을 붙
이고자 살아보고자 했던 현실 공간으로 설정하게 되면 <청산별곡>은 유랑하는 백성들
의 생활고를 담은 노래(신동욱, 1982)로, 구체적으로 대몽항쟁기 '사민산성해도(徙民山
城海島)' 정책에 따라 산과 바다로 삶의 터전을 옮겨야 했던 '매우 심각한 유랑의 노
래'(박노준, 1990)가 된다. 신화적 접근 방법에 따라 청산을 신화적 공간과 대비되는 자
연 공간 혹은 현실 공간으로 설정한 연구(김복희, 1986)도 있다. 그렇게 되면 <청산별
곡>은 자연공간에서 증폭되는 부정적인 감정을 신화적으로 해결한 노래가 된다. 자세
한 서지사항은 참고문헌으로 대신한다.

76) 박노준(1990), 『고려가요의 연구』, 새문사.

77) 김대행(1998), 앞의 논문, 24~27면.

별곡>을 감상하는 것을 보면78) <청산별곡>이 피안지향성이라는 인간 보편의 욕망을 담고 있는 노래임은 분명하다.

이렇게 보면 <청산별곡>의 화자는 피안지향성이라는 인간 보편의 욕망을 가진 사람으로, 늘 혹은 때로 현실에서 벗어나고 싶어 하며, 피안을 꿈꾸는 모든 사람들이 동일시할 수 있는 그런 타자라고 볼 수 있다.

ㄴ. 길 위의 삶

<청산별곡>은 공간 이동이 분명하게 드러나는 노래이다. 다른 고려속요 작품들에 비해 동사의 사용 빈도가 상대적으로 높은 편이다. 특히 공간 이동과 관련되는 '살다'와 '가다'라는 동사의 출현 빈도가 높다. '살다'는 공간 이동을 지시하는 동사는 아니지만 이동이 정착이나 머무름을 전제로 하는 개념이기 때문에 공간 이동과 관련된 동사로 볼 수 있다.

우선 '살다'라는 단어가 청산과 바다에 살고 싶다고 말하는 [가]와 [바]에는 각각 8번씩 총 16회나 나오고, 사는 것과 관련된 단어로써 [가], [나]에 '먹다'라는 단어가, [라]에는 낮과 밤을 '지내'는 문제가 나온다. 한편 '가다'라는 단어는 사슴이 해금을 켜는 것을 목격한 [사]에 3번('가다가') 나오고 마지막 연 [아]에도 '가다가'라는 말이 등장한다. 청산을 향해 떠났지만 적응하지 못하고 바다를 향해 다시 떠나야 했고 지금도 길 위에 있는, 화자의 인생 여정이 감지된다. 살다와 가다는 정착(定着)과 이동(移動)을 나타낸다는 면에서 대조적이며, 이들 동사들의 출현만 보더라도 화자가 처한 상황이, 그 상황이 바로 정착과 이동의 문제와 관련됨을 알 수 있다.79)

---

78) 고려속요하면 <가시리>와 <청산별곡>을 떠올리고 <청산별곡>하면 청산의 이미지와 '얄리얄리얄라셩얄라리얄라'를 기억하는 사람들이 가장 많다.

이제 떠날 수밖에 없고 떠남을 꿈꾸는 화자가 전 여정을 통해 어떻게 그 욕망 혹은 갈등을 질서화하고 있는지, 그러한 질서화를 통해 인간의 어떤 삶의 본질을 구조화하여 보여주고 있는지 살펴볼 차례이다.

[가]에서 화자는 청산에 살고 싶다는 소망을 표현하고 있다. 피안(彼岸)을 청산이라는 선명한 이미지로, 그곳에서의 소박한 삶을 멀위랑 다래를 먹는 삶으로 구체화화고 있다. 그런데 청산을 꿈꾸던 화자가 [나], [다], [라], [마]에서는 실제적이고 심리적인 어려움에 처한 사람으로 등장한다. [나]에서는 매일 일어나 우는 새보다도 더 많이 우는 사람으로, [다]에서는 이끼 낀 쟁기를 가지고 갈던 이랑을 멀리서 바라보는 사람으로, [라]에서는 이렇게 저렇게 낮을 견디지만 올 사람도 없고 갈 사람도 없는 밤을 두려워하는 사람으로, 급기야 [마]에서는 누가 던진 돌인지도 모를 돌에 맞아 우는 사람으로 나온다. 이끼 낀 쟁기를 가지고 전에 갈던 이랑을 본다는 표현 속에서, 시간적 경과와 현재 화자가 있는 장소를 짐작할 수 있다. 청산을 꿈꾸던 화자가 산 속 어딘가로 이동해 왔음을 짐작할 수 있다. 그리고 그렇게 와서 정착한 곳이 또다른 피안을 꿈꾸게 하는 고통의 장소가 되었음을 감지할 수 있다.

이제 화자는 [바]에서 보듯 다시 피안을 꿈꾼다. '나무자기', '구조개'를 먹으며 바다에서 살고 싶다고 말한다. 청산에 살고 싶다고 했던 [가]의 형식 및 구조가 [바]에 이르러 반복됨으로써 <청산별곡>의 모든 연이 하나의 이야기 구조 속으로 통합된다. 사실 초행적 반복은 대립 속의 동일성, 유사성 속이 차이점을 드러내면서 텍스트의 각 마디를 독립적으로 검토했을 때 드러나는 의미 이상의 의미를 생성하는, 의미론적 계열

---

79) 최미정(1991), 앞의 논문, 76면.

체를 형성한다.80) [나]~[마]를 거쳐 [바]연의 초행적 반복 형식은 의미
의 확장을 가져온다. 청산에 살고 싶다는, 화자의 피안지향성이 단순한
현실 도피를 넘어서 인간 실존에 중요한 충동임을 분명하게 드러낸다.
화자를 '계속' 떠나게 하고 정착하게 하고 다시 떠나게 하는 충동임을
알 수 있다.

그런데 화자가 바닷가 어느 마을에 갔었는지 아닌지는 문맥상 확인할
길을 없다. '바다'로 구체화된 장소에 도달하지 못했을 수도 있고 그곳
에 도착하여 정착하려고 하였으나 적응하지 못했을 수도 있다. 혹은 지
금 바다라는 피안을 찾아 가는 길일 수도 있다. 분명한 것은 [가]에서 청
산을 꿈꾸고 [바]에서 바다를 꿈꿨던 화자가 [바]에서 이르러 다시 길
위에 있다는 점이다.

[사]에는 '가다가'가 세 번씩이나 나온다. 가다가 에정지에 도착했고
그곳에서 사슴이 해금을 켜는 장면을 목격하게 된다. 이 장면은 신화적
으로 해석할 수도 있고 산대희가 연행되는 장면으로 해석할 수도 있고
다른 해석도 얼마든지 가능하다. 그 장면을 목격하지만 그럼에도 불구하
고 화자는 다시 길을 떠난다. 사슴이 짐대에 올라 해금을 켜는 장면이
길 위에서의 만남 장면으로 잠시 흥미를 끌지만 그럼에도 불구하고 화
자는 다시 길을 떠난다. '가다가' 이번에는 술 빚는 장소까지 오게 된다.
그리고 [아]에서 화자는 누룩의 유혹을 피하지 못하고 '내 엇디 흐리잇
고'라고 체념하며 눌러 앉는 모습을 보여준다. 최미정은 이를 여기에 머
물겠다는 체념의 뜻이 아니라 더 이상 갈 곳 없음을 확인한 데서 오는
悲鳴으로 보았다.81)

---

80) 로트만(1991), 유재천 역, 『예술 텍스트의 구조』, 고려원, 226면.
81) 최미정은 여기에 머물겠다는 체념의 뜻이 아니라 더 이상 갈 곳 없음을 확인한 데서 오

　그러나 정착한 장소에서의 삶이 나오는 2연과 3연, 4연, 5연([나]~[마])
에 견주어 볼 때, 길 위의 공간은 사슴이 짐대에 올라 해금을 켜는 것을
볼 수도 있고 누룩의 유혹도 있는, 상대적으로 긍정적인 장소로 그려진
다는 점에서 '내 엇디 ㅎ리잇고'를 비명으로 보기 어렵다. 늘 피안을 향
해 떠나는 화자가 일시적으로 위안을 받고 다시 떠날 힘을 얻고자 하는
것으로 보아야 한다. 인생의 비극적 본질을 간파한 화자가 잠시나마 자
신의 존재마저 망각하게 해주는 '술'로 그 비극을 극복하려는 심리적 기
제로 이해하는 것이 적절하다. 그런 점에서 <청산별곡>은 단순한 현실
도피의 노래[82]나 술 노래로 볼 수도 없으며, 화자의 여정은 아직 끝이
나지 않은 것으로 해석해야 한다. 에정지에서 목격한 신기한 장면도, 누
룩 향이 소매를 잡는 것도 모두 길 위의 장소에서 벌어진 일이기 때문이다.
　인간의 생애를 유목민[nomad, 遊牧民]의 삶에 비유하기도 한다. 어느 한
지점에 정착하지 못하고 끊임없이 방황하는 것이 곧 인간의 생이라고
보는 것이다. <청산별곡>의 화자 역시 끊임없이 새로운 공간을 향해 떠
나고 있다는 점에서 유목민과 같다. 그리고 유목민들이 경험하곤 하는
삶의 비애와 방황을, 술로 위로 받고자 하고 있다. 인간의 생애가 구조
적으로 유목민의 그것과 닮아 있는 까닭에, <청산별곡>에 드러나는 삶
과 정서는 우리에게 익숙한 것으로 다가온다.

는 悲鳴으로 본다. 이러한 관점도 상황에 수동적인 화자의 소극적인 태도라는 점에서는
　동일하다. 최미정(1991), 앞의 논문, 76면.
82) 서수생(1963), 「靑山別曲小考」, 『경북사대연구지』, 경북대, 118면. 권기호(1975), 「靑山
　別曲과 禪詩」, 『동양문화연구』, 경북대, 72면. 전균태(1976), 『高麗俗謠 研究』, 정음사,
　98면.

② 〈동동〉의 경우

〈동동〉은 고려 궁중에서 행해지던 놀이[動動之戱]이자 그 놀이에서 불려졌던 노래[動動詞]의 이름이다. 『고려사(高麗史)』 악지(樂志) 속악조에는 '동동지희'에 대해 설명하면서 '가사 중에 송도의 사가 많고 선어를 본받고 있지만 이속하여 싣지 않는다[其歌詞多有頌禱之詞 蓋效仙語以爲之 然詞俚不載]'는 기록이 있고, 『악학궤범(樂學軌範)』에는 놀이하는 절차에 대한 자세한 설명과 노래말이 수록되어 있다.

〈동동〉은 춤을 추며 기녀 둘이 〈동동사〉 기구(起句)를 선창하면 다른 기녀 여럿이서 나머지 대목을 받아 부르는 식으로 연행된, 고려 궁중 속악의 가사이다.

ㄱ. 세상 가운데 혼자 있는 화자

德으란곰비예받줍고福으란림비예받줍고德이여福이라호놀나슥라 오소
이다아으動動다리正月ㅅ나릿므른아으어져녹져ᄒ논더누릿가온더나곤몸
하ᄒ올로녈셔아으動動다리二月ㅅ보로매아으노피현燈ㅅ불다호라萬人비
취실즈싀샷다아으動動다리三月나며開ᄒ온아으滿春돌욋고지여ᄂ미브롤즈
슬디녀나샷다아으動動다리四月아니니저아으오실셔곳고리새여므슴다錄
事니믄녯나롤닛고신뎌아으動動다리五月五日애아으수릿날아춤藥은즈믄
힐長存ᄒ샬藥이라 받줍노이다아으動動다리六月ㅅ보로매아으별해ᄇ룐빗
다호라도라보실니믈젹곰좃니노이다아으動動다리七月ㅅ보로매아으百種
排ᄒ야두고 니믈혼더녀가져願을비습노이다아으動動다리八月ㅅ보로몬아
으嘉俳나리마론니믈뫼셔녀곤오눌낤嘉俳샷다아으動動다리九月九日애아
으藥이라먹논黃花고지안해드니새셔가만ᄒ얘라아으動動다리十月애아으
져미연ᄇ롯다호라것거ᄇ리신後에디니실혼부니업스샷다아으動動다리十
一月ㅅ봉당자리예아으汗衫두퍼누워슬홀스라온뎌고우닐스싀욤녈셔아으
動動나리

德으란 곰배에 받잡고 福으란 림배에 받잡고
德이여 福이라 하날 바치옵니다[83]
아으 動動다리

正月 나릿 물은 아으 어져 녹져 하는데
누릿 가운데 나곤 몸하 호올로 지내네
아으 動動다리

二月 보름에 아으 높이 켠 燈불 다워라
萬人 비추실 얼굴이샷다
아으 動動다리

三月 나며 開한 아으 滿春 진달래꽃이여
남이 부러워할 얼굴 지니셨다
아으 動動다리

四月 아니 잊어 아으 오실새 곳고리새여
무심타 錄事 님은 옛 나를 잊었는가
아으 動動다리

五月 五日에 아으 수릿날 아침 藥은
천년 長存하실 藥이라 받잡노이다
아으 動動다리

六月入보로매 아으 별해 버린 빗 다호라
돌아보실 님을 조금 좃니노이다
아으 動動다리

---

83) 나

七月 보름에 아으 百種 排하여 두고
님을 한 데 지내고자 願을 비옵노이다
아으 動動다리

八月 보름에 아으 嘉俳 날이지만
님을 뫼셔 놓곤 오늘이 嘉俳로다
아으 動動다리

九月 九日에 아으 藥이라 먹는 黃花
꽃이 안에 들어오니 歲序가 晩하여라
아으 動動다리

十月애 아으 저미연 바랏 다호라.
꺾어 버리신 後에 지니실 한 분이 없으샷다
아으 動動다리

十一月 봉당 자리에 아으 汗衫 덮어 누워
슬픈 일이로다 고운 일 갈라져 살아감이라
아으 動動다리

十二月 분디나무로 꺾어 아으 낯에 盤의 저 다호라
님의 앞에 들어 얼이노니 손이 가져다 무르옵노이다
아으 動動다리

 <동동>의 1월령은84) 혼자 있는 자신에 대한 자탄으로 시작된다. 화

---

84) '德으란~'으로 시작되는 서사가 있다. 이 서사는 <동동>이 정재로 연행될 때 치어나
   구호의 역할을 한 부분으로 보아, 노래의 내용을 분석할 때는 제외하였다. 그러나 이
   서사는 송도지사로서의 <동동>의 성격을 규정하는 중요한 부분으로, 이후 <동동>의
   작품 세계를 논할 때 다시 거론될 것이다.

자는 세상과 무관하게, 정확하게 말하면 세상에서 고립되어 혼자 있다. 혼자 있다는 평가는 자신의 처지에 대한 절대적인 평가이자 상대적인 평가의 결과이기도 하다. '누리 가운데'에 오로지 '나만' 혼자 있다는 것이다.

나를 둘러싼 세계를 '남'이라고 할 때 '나―남'의 관계에 문제가 있음을, 그래서 나만 홀로 있는 상황임을 알 수 있다. 이러한 상황 인식 안에는 세상 사람들은 혼자 있지 않다는 사실과 사람은 혼자 있지 않아야 한다는 전제가 깔려 있다. 나아가 누군가와 함께 있고 싶은 화자의 소망이 자리하고 있다. 이렇게 볼 때 화자의 갈등은 세상 가운데 있는 다른 사람이나 자연물들처럼 '혼자 있고 싶지 않은데', '혼자 있음'으로써 비롯된 것임을 알 수 있다. 인간의 실존적인 고독의 상황과 그 상황에서의 보편적이고 소박한 갈망이 노래의 출발이 되고 있음을 확인할 수 있다.

화자의 고독은 '얼었다 녹았다' 하는 나릿물로 인해 더욱 부각된다. 물을 덮고 있었던 차가운 얼음이 변화를 보이기 시작하자 고독 속에 가둬두고 있었던 화자의 언 마음 또한 동요하기 시작한다. 그렇게 녹았다 얼었다를 반복하면서 변화가 오고 결국에는 봄이 온다는 것을 알고 있는 인간에게 변화의 조짐이 없는 고독한 자신의 상황은 내적 갈등을 유발하고 비극적인 인식을 불러올 수밖에 없다. 자연의 일부인 까닭에 자연의 변화가 인간에게 감정을 발하고 내적 동요를 일으키는 사례는 일일이 열거할 필요가 없을 정도이다.

결국 <동동>의 화자는 세계로 표상되는 '남'과의 관계 속에서 철저히 소외되어 혼자 있는 상황이며 '남'과의 화합이나 조화를 꿈꾸고 있다. 자신을 둘러싼 '누리'가 일종의 '남'으로, '남'은 나름의 질서에 의해 생성과 소멸을 반복하는 자연이나 인간 세계를 총칭하며, 그 세계에 있는 구체적인 '님'까지 포괄하는 개념이다.[85] <동동>이 표면적으로는 '님'과의 합일을 꿈꾸는, 버림 받은 여성의 이야기처럼 보이지만, 제의의 노래나 송도의 노래로 분석되기도 하는 까닭이 바로 '나-님'의 관계가 지닌 포괄성과 그로 인한 해석의 다양성에서 기인한 것이라고 볼 수 있다.

ㄴ. 제 자리로 돌아오는 이야기

표면적으로 볼 때 <동동>은 사랑의 달력이다. 달력은 생래적이고 집단적인 체험의 시간이며, <동동>은 계절감각이나 세시풍속에 느끼는 연정의 칼렌다라 할 수 있다.[86] 각 연[月]이 분절되어 있지만 열두 개의 연[年]이 합쳐져야 노래가 완성된다는 점에서 각 연이 서로 연결되어 있으며 유기적으로 짜여 있는 것으로 가정하고 접근해야 한다.

1월령에서 화자는 자연이 변화의 조짐을 보이는 일년의 시작 시점임

---

85) <동동>의 성격에 대한 논의는 『고려사(高麗史)』 악지(樂志)의 기록으로 인해 촉발되었다. '송도지사가 많다'고 한 언급에 주목하여, 같은 책에 덕(德)을 칭송하고 왕을 송도하는 내용의 다른 노래가 여럿 존재한다는 사실과 그리고 <동동>의 기구가 송도의 내용을 담고 있다는 사실을 아울러 고려하여, 송도의 노래 혹은 송도와 연정을 담은 노래로 규정되었다(양주동, 1954 ; 박병채, 1968 ; 김학성, 1983 ; 박노준, 1990 ; 허남춘, 1996). 그런가 하면 '선어(仙語)'를 팔관회의 선풍과 연관지어 제의적인 노래로 해석한 논의를 시작으로(최진원, 1971, 1975, 1978), 고려 시대의 종교적 상황과 연결하여 신의 강림 및 신과의 합일을 희구한 노래로 보는 관점이 제기되었고(박혜숙, 1987), 이를 발전시켜 죽은 넋을 위로하기 위한 굿의 무가에서 이러한 월령체를 쉽게 찾아볼 수 있다는 사실을 덧붙여 <동동>을 죽은 사람에 대한 굿판에서 불리웠을 어느 '거리'로 추정하는 논의(최미정, 1992)가 제출되기도 하였다. 이러한 모든 논의는 결국 '님'을 어떻게 보느냐와 관련된다. '님'을 연정의 대상으로 보게 되면 송축의 말이 덧붙여져 있는 단순한 연정의 노래가 되고, 임금 등 절대적인 존재로 보면 송도의 노래가 되며, '무신(巫神)'으로 보게 되면 무속적인 영신가로 해석되고, '죽은 자'로 보게 되면 죽은 님을 위한 무속적인 노래로 해석된다. 어떻게 해석되든 간에 우리가 주목할 것은, <동동>이 '님'에 대한 화자의 희구와 갈망을 노래하고 있다는 점이며, 특이하게도 1월에서 12월에 이르는 시간을 월별로 구획하여 노래하고 있다는 점이다.

86) 이어령 외(1970), 앞의 책, 77면.

에도 불구하고 얼어 있는 자신의 처지, 즉 누리 가운데 있는 자신의 처지를 자각한다. 누군가와 함께 있고 싶은 심정, 자연의 변화에 조응하여 자신에게도 변화가 일어나기를 바라는 심정이 드러나 있다.

1월령에서의 얼어 있는 자신의 처지에 대한 자각은, 일종의 심리적 반동으로 아름다운 혹은 아름다웠던 님에 대한 감탄으로 이어진다. 2월령과 3월령이 바로 그런 내용이다. 2월 보름에 켠 등불 같이 만인(萬人)을 비추고 3월 개화한 진달래꽃처럼 남이 부러워할 얼굴을 지닌 '님'에 대한 영탄이 이어진다. '님'은 나에게 어떤 다짐을 준 사람이거나 나와 구체적인 관련이 있는 인물로 그려지지 않고 '만인'을 비출 만하고 남이 부러워할 만한 얼굴을 지니고 있는 인물로 그려진다. '님'을 2월 보름의 달과 같고 3월 진달래꽃과 같다고 한 것을 보면 '님'은 누릿 가운데 있으면서 계절의 변화에 조응하는 인물이며 화자와는 다른 세계에 있는 인물임이 은연중에 드러난다. 님과의 합일은 자연의 순리나 이법과 함께 하는 일이기에 화자의 합일에 대한 소망은 절실하지만, 혼자 있는 자신의 처지는 비극적이기만 하다.

이러한 비극적인 인식은 4월령에서 곳고리새는 때를 잊지 않고 찾아오는데 녹사 님은 왜 아니 오시는지, 나를 잊은 것은 아닌지 하는 자탄으로 이어진다. 자탄을 하지만 님과의 합일은 자연 및 계절의 질서에 순응하는 것이고 순리를 따르는 것이기에, 수릿날 아침에는 장존할 약을 바치고[5월령] 자신의 처지를 버려진 빗과 같은 신세로 인식하면서도[6월령] 7월 백종엔 님과 함께 하기를 기원한다. 그러나 8월 추석도, 구중일도 님이 없어 내겐 의미가 없는 날이 되고 그렇게 1년이 지나간다.[87] 가

---

87) 가배이지만 님이 함께 하는 오늘이 가배라는 말은 님과 함께 하지 않기 때문에 가배가 의미가 없다는 말로 해석된다.

을이 깊어지고 겨울이 시작되는 10월과 11월, 12월에 이르러 자신을 버려진 존재, 추운 겨울에 한삼을 덮고 있는 불쌍한 처지의 사람으로 인식하고 자신의 소망과는 다르게 '손'이라는 남에게 자신이 선택받았다고 토로하는 것으로 끝을 맺는다.[88] 결국 님과의 합일은 성사되지 않고 화자는 마음이 얼어붙은 상태로 다시 1월 맞이하게 된다. 그러나 1월이 되면 화자는 얼었다 녹았다 하는 세상을 보면서 '님'에 대한 절대적인 사랑과 화합에 대한 소망과 희구를 다시 시작하게 된다는 점에서 <동동> 역시 <청산별곡>처럼 결코 끝이 나지 않는 노래가 된다.

<동동>의 12월 노래가 1월 노래와 이어지는 것은, 12월 다음에 1월이 오는 것과 같이 자연스런 일이고 또 겨울에 이어 다시 봄이 오는 것과도 같은 이치이다. 월령체 형식은 일종의 순환 구조라는 점에서, <동동>은 합일에 대한 소망과 결별의 아픔이 순환되는 하나의 서사로 해석할 수 있다.

이처럼 화자의 처지와 그 처지에 대한 인식이 자연의 변화와 그에 맞춘 인간의 의식과 병행하여 제시되는 것이 <동동>의 특징이다. 계절의 변화와 그 변화에 발맞추어 진행되는 의식 등이 화자에게 자신의 처지를 돌아보게 하고 비극성을 인지하도록 하는 자극 요소가 되고 있다. 자연의 어김없는 순환은 그 자체로서 완벽한 질서이지만 인간의 삶은 그 주기적 질서와 병행하지 못하는 데서 갈등이 유발된다. 사실 누릿 가운데 혼자 있는 인간이라면 더더욱 시간의 흐름에 따른 자연의 변화에 무

---

88) 임재욱은 12월령을 '손님이 얼이옵니다'로 해석하여 화자가 다른 사람을 선택하는 것으로 <동동>을 해석하였다. 그러나 '님'이 '손'으로 표현되었다는 점에서 그것은 화자에게 찾아온 새로운 사랑이 아니라 화자의 님에 대한 소망이 좌절되는 것으로 보아야 한다. 임재욱(2009), 「11·12월 노래에 나타난 <동동> 화자의 정서적 변화」, 『고전문학연구』 36집, 5~27면.

심하거나 무관할 수 없다. 세상이 얼었다 녹았다 하는 봄이 되면 인간의 마음 역시 꿈틀거리게 되고, 봄이 되어 꽃이 피면 겨울에 느끼지 못했던 감정이 일어나며, 늦가을이 되어 스산해지면 원초적 고독에 괴로워지는 것이 인간이다. 이처럼 자연물처럼 시간의 흐름에 민감하게 반응하는 것이 인간이다. <동동>은 이러한 자연으로서의 인간에 대한 인식, 자연과 교감하여 함께 가는 인간의 정서에 대한 이해가 전제되어 있는 노래이다. 결국 평범한 사랑의 노래로 보이는 <동동>은, 계절의 변화와 계절의 변화에 대응하는 인간 심리의 변화, 인간의 시간 인식 및 구획 방식 등에 대한 깊은 통찰을 밑에 깔고 있는 노래라고 볼 수 있다. 인간 실존의 '고독'을 노래함으로써 보편적 공감을 획득했다고 할 수 있다.

2) 보편적 실존 상황에 대한 공감

① 보편적 욕망과 존재의 본질

<청산별곡>과 <동동> 역시 첫 연에서 모든 것을 말해주고 있다. '살어리 살어리랏다 청산에 살어리랏다 멀위랑 다래랑 먹고 청산에 살어리랏다'라는 표현은 멀위랑 다래가 있는 푸른 산을 꿈꾸는 화자를 떠올려준다. 그리고 '정월 나릿 물이 얼었다 녹았다 하는데 누릿 가운데 몸하 호올로 지내니'라는 표현은 자연의 변화에 조응하지 못하고 거대한 세상 가운데 홀로 있는 화자의 모습을 떠올려준다.

두 노래는 첫 연을 통해 피안지향성과 인간의 절대 고독을 형상적으로 보여주고 있는데, 피안지향성과 절대 고독은 인간 실존의 중심에 있는 욕망이나 본질이라고 할 수 있다. 이 두 노래 모두 청산에 살고 싶다

는 말과 나릿 물이 얼었다 녹았다 하는데 누릿 가운데 혼자 있다는 짧은 말을 통해, 각각 인간 보편의 욕망과 개별자로서의 본질적인 고독의 문제를 제기하고 있다.

<청산별곡>이 피안지향성이라는 보편적 욕망에서 출발한 노래임은 일찍이 논구된 바가 있다. 김대행[89]은 <청산별곡>이 많은 사람들에게 유달리 호소하는 바가 큰 까닭이 우리 마음 속에 있는 꿈을 건드려주기 때문이며, 그 꿈이 바로 피안지향성이라고 하였다. <엄마야 누나야>나 <이니스프리의 호도>에서도 드러나는 피안지향성은 우리 인간이 원형질처럼 가지고 있는 것이면서 인간 존재의 본질에 입각해 있는 욕망이라고 하였다. 고려속요하면 <가시리>와 <청산별곡>을 떠올리고 <청산별곡>하면 피안지향성이 드러나는 부분만을 기억하는 것을 보면, 피안지향성이 공감의 한 원인이 되는 것은 분명해 보인다.

한편 세상 가운데 혼자 있다는 생각을 해보지 않은 사람은 거의 없을 것이다. 그런 인식의 상태에 있을 때는 봄이 오는 것도 꽃이 피는 것도 나와는 무관한 일이거나 오히려 나의 비극적인 상황을 부각시키는 일일 뿐이다. <동동>의 화자는 그러한 상황 속에서도 자연과의 합일이나 화합을 꿈꾸는 인간의 모습을 보여준다. 절대 고독은 해소될 수 없는 인간 정체성 그 자체라는 점에서 비극이 예고되어 있지만 그럼에도 불구하고 합일을 꿈꾸는 것 또한 인간의 숙명임을 보여준다.

이렇게 <청산별곡>은 보편적 욕망을, <동동>은 보편적인 실존의식을 다루고 있는 언어 모형(simulator)으로서, 독자들을 작품 세계 속으로 끌어들이는 힘이 있다.

---

89) 김대행(1996), 앞의 논문.

② 인생에 대한 은유적 구조

<청산별곡>과 <동동>은 결코 끝이 날 수 없는 인생을 은유적 구조
로 보여준다. 인생 자체와 구조적 유사성을 지님으로써 독자가 작품 속
타자에게 동일시되어 작품 안 세계를 경험했을 때 인생의 중요한 본질
에 대해 성찰하게 하는 작품이라고 할 수 있다.

<청산별곡>의 화자는 청산(피안)을 찾아 살던 곳을 떠났고 새로 정착
한 곳에서 살고자 하였으나 다시 바다(피안)를 찾아 떠난다. 청산이나 바
다에는 결국 도달하지 못했으며 '가다가 가다가' 에정지에 잠깐 머물고
다시 '가다가' 술의 유혹에 가던 길을 잠시 멈춘 상태이다. 지친 화자가
신기한 현상을 보고 잠시 여정을 멈추고 또다시 술의 유혹에 가던 길을
멈추고 눌러 앉았다. 그러나 술집이 정착할 곳이 되기는 어렵다고 보아
야 한다. 그런 점에서 <청산별곡>의 구조는 끝이 날 수 없는 인생 행
로, 늘 피안을 지향하는 인간 삶을 은유적으로 담고 있다고 볼 수 있다.

<동동> 역시 인간의 실존적 고독의 문제를 담고 있다. 표면적으로는
'님'과의 화합을 바라는 여성 화자의 노래90)라는 점에서 중종조 '語涉男
女間淫詞'라고 규정되기도 하였지만, '頌禱之詞'라는 평가어 또한 존재

---

90) <동동>의 형식이 기록상 최초의 월령체 시형이라고 하면서 민요 형식에서 왔을 것으
로 추정하고 <동동>을 고독한 여인의 탄식의 노래로 본 연구자(임동권)도 있고, <동
동>이 보여주는 순환 구조는 일 년 열두 달의 되풀이와 그것을 통해 드러나는 사랑의
드라마적인 순환을 보여주며 세시풍속이나 자연의 변화를 개인의 감정을 객관화시켜
주는 것으로 보는 견해(서승옥)나 <동동>이 이별의 상황에서 개선의 의지를 보이지만
완전한 좌절로 이어지고 마지막 부분에서 가상적인 세계 속에서의 사랑의 기쁨을 노래
한 것으로 보는 견해도 있다(고혜경). 그러나 <동동>을 여성의 노래로 보는 관점은 1
월령의 내용과, 매달 나오는 세시풍속이나 자연의 변화가 작품 안에서 하는 역할에 대
해 설득력 있는 견해를 내놓지 못하고 있다. 남녀간의 사랑이 일 년 열두달 동안 되풀
이되는 순환 구조라는 것에 대해서도 설득력 있는 근거를 내놓아야 한다. 임동권(1982),
「<동동>의 해석」, 『高麗時代의 가요문학』, 새문사, 1-42~57면.

하며, 자연의 변화나 계절 제의와 연관시킴으로써, 님과 나 사이의 문제를 넘어서 '누릿' 가운데 있는 '나'라는 존재에 대한 성찰을 포함하고 있다.

그로 인해 <동동>은 조만호가 말한 "풀어도 불리지 않는 豫感"이자 "심연으로부터 비롯된 실존적 문제"인 고독의 문제를 다루고 있다. 조만호는 '고독의 풀이'는 그 시름을 풀었다고 하여 고독감이 완전히 해소된다거나 충만감으로 옮겨갈 수 있는 것이 아니며 노래를 하여도 그대로 상존할 수밖에 없지만 그럼에도 불구하고 노래하지 않을 수 없다고 하였다. 고려시가 전반이 고독의 정서로 양식화될 가능성이 있음을 주장하였는데, 고려속요 전반으로 양식화할 가능성이 있을지에 대해서는 치밀한 논의가 보완되어야겠지만, 그러한 설명이 적어도 <동동>의 경우에는 적절하다고 하겠다. 화자가 처한 물리적·심리적 상황을 그려내야 하는 첫 연에서 화자 자신이 '누릿' 가운데 혼자 있다고 말한 점이나, 12월에 이르러서도 갈등이 해소되지 않은 점, 그리고 1월이 되면 화자가 계절 제의나 님과의 합일을 다시 꿈꾼다는 점이 그 근거가 된다.

3. 신념과 규범 지향의 노래

1) 신념과 규범 드러냄의 양상

① 〈정석가〉의 경우

<정석가>는 『시용향악보(時用鄕樂譜)』에 악곡과 함께 첫 장이, 『악장가사(樂章歌詞)』에 전문이 실려 있을 뿐, 창작 맥락이나 향유 방식 등에 대한 기록이 없다. 의미상 여섯 연으로 구분되지만, 원문에서는 장과 장

사이에 ○표를 넣어 모두 11장으로 구분하고 있다. 『시용향악보(時用鄕樂
譜)』에 수록된 악곡(樂曲)에 맞춰 11장(章)으로 불려졌을 것으로 추정된다.

ㄱ. 절대적인 사랑의 '나'

딩아돌하당금當今에계샹이다딩아돌하당금當今에계샹이다션왕셩ᄃᆡ先
王聖代예노니ᅌᅥ와지이다○삭삭기셰몰애별헤나ᄂᆞᆫ삭삭기셰몰애별헤나ᄂᆞᆫ
구은밤닷되를심고이다바삭거리는가ᄂᆞᆫ모래벼랑에바삭거리는가ᄂᆞᆫ모래벼
랑에구운밤닷되를심습니다○그바미 우미도다삭나거시아그바미우미도다
삭나거시아유덕有德ᄒᆞ신님믈여ᄒᆡᅌᅥ와지이다○옥玉으로련蓮ㅅ고즐사교
이다옥(玉)으로련蓮ㅅ고즐사교이다바회우희졉듀接柱ᄒᆞ요이다○그고지삼
동三同이 퓌거시아그고지삼동三同이퓌거시아유덕有德ᄒᆞ신님여ᄒᆡᅌᅥ와지
이다○므쇠로텰릭을몰아ᄂᆞᆫ므쇠로텰릭을몰아ᄂᆞᆫ털ㅅ鐵絲로주롬바고
이다○그오시다헐어시아그오시다헐어시아유덕有德ᄒᆞ신님여ᄒᆡ와지이다
○므쇠로한쇼를디여다가므쇠로한쇼를디여다가텰슈산鐵樹山에노호이다
○그ㅅ, 털초鐵草를머거아그ㅅ, 털초鐵草를머거아유덕有德ᄒᆞ신님여ᄒᆡᅌᅥ와
지이다○구스리바회예디신ᄃᆞᆯ구스리바회예디신ᄃᆞᆯ긴힛ᄃᆞᆫ그츠리잇가○즈
믄ᄒᆡ롤외오곰녀신ᄃᆞᆯ즈믄ᄒᆡ롤외오곰녀신ᄃᆞᆯ신信잇ᄃᆞᆫ그츠리잇가

[가] 딩하 돌하 지금에 계시니이다
딩하 돌하 지금에 계시니이다
선왕성대(先王聖代)에 노닐고 싶습니다

[나] 사각사각 소리는 고운 모래 밭에 나난
사각사각 소리는 고운 모래 밭에 나난
구은 밤 닷 되를 심고이다
바삭거리는 가는 모래 벼랑에
바삭거리는 가는 모래 벼랑에
구운 밤 닷 되를 심습니다

그 밤이 움이 돋아 싹이 나야
그 밤이 움이 돋아 싹이 나야
유덕하신 임을 이별하고 싶습니다

[다] 옥으로 연꽃을 새깁니다
옥으로 연꽃을 새깁니다
바위 위에 접붙이고자 합니다
그 꽃이 삼백 송이91)가 피어야
그 꽃이 삼백 송이가 피어야
유덕하신 임을 이별하고 싶습니다

[라] 무쇠로 철 옷을 마름질하여
무쇠로 철 옷을 마름질하여
쇠 실로 주름을 박습니다
그 옷이 모두 헐어야
그 옷이 모두 헐어야
유덕하신 임을 이별하고 싶습니다

[마] 무쇠로 큰 소(황소)를 만들어서
무쇠로 큰 소(황소)를 만들어서
쇠나무 산에 놓습니다
그 소가 쇠풀을 먹어야
그 소가 쇠풀을 먹어야
유덕하신 임을 이별하고 싶습니다

[바] 구슬이 바위에 떨어진들

---

91) 삼동(三冬)(김태준), 세 묶음(김형규, 김완진), 상중하(上中下)(남광우), 세 돌림(허문섭, 김
상훈), 평생 동안(송종흠), 세 동강(장지영) 등 다른 해석이 있지만, 여기서는 양주동 등
의 해석에 따라 '삼백 송이'로 보았다.

구슬이 바위에 떨어진들
끈이야 끊어지겠습니까
천년을 따로 살아간들
천년을 따로 살아간들
믿음이야 끊어지겠습니까

<정석가>의 제목은 '딩하 돌하 당금(當今)에 계상이다'로 시작하는 [가]에서 따온 것이다. 그러나 관련 기록이 없는 까닭에 '정석', 즉 '딩', '돌'이 무엇을 뜻하는지 여러 가지 해석이 제기되어 있지만,92) 현재로서는 무엇을 뜻하는지 확정하기 어렵다. 다만 선왕선대에 노닌다는 언급으로 볼 때 송도의 의미를 지니며, 연희의 장에서 이 서사 부분이 임금에게 바치던 구호나 치어와 같은 역할을 했을 것으로 추정된다. 이에 이 글에서는 [나] 이후의 내용을 중심으로 논의를 펴고자 한다. 그러나 [가]는 [나] 이후 전체 노래의 내용을 통어하는 서사에 해당한다는 점에서 노래를 해석하고 성격을 규정하는 데 중요한 기능을 한다.

<정석가>의 화자는 <가시리>나 <이상곡>의 화자처럼 님에게 말을

---

92) '정석'이 '딩'과 '돌'의 차자(借字)이고 '딩'과 '돌'은 징[鉦]과 경(磬)이라는 악기를 말하며 '딩-동'이 그 악기들의 의성음(擬聲音)이라는 견해(양주동, 1947)가 있는가 하면, '딩'이 '정(鄭)'의 한자음을 오기(誤記)한 것으로 '정석'이 곧 사람의 이름이라고 본 견해(이형규, 2003)도 있고, '딩'이 '디아[枝兒]'라는 상고 시대의 제의에서 유래한 말(지헌영, 1947)이고 '돌'이 신성 내지 임금으로 규정될 수 있다는 주장(이명구, 1981)을 받아들여 '딩'과 '돌'을 제의와 관련된 어휘로 해석하는 견해(윤철중, 1996)도 있다. 그런가 하면 북한(정홍교 외, 1986)에서는 '딩'을 정(釘)으로 보아 <정석가>를 석공(石工)이나 석공의 아내들이 지은 노동 관련 노래로 보기도 한다. 이처럼 딩과 돌의 뜻을 살피는 일은 단순한 어구 해독의 차원을 넘어선다. 해독의 과정에서 '정석가'라는 제목이나 '딩하 돌하'로 시작되는 기구(起句) 모두 궁중 노래로서의 특징이라는 점, <동동> 등에 비슷한 성격을 지니는 기구가 삽입되어 있다는 점까지 고려하면 더욱 그러하다. 해독을 어떻게 하느냐에 따라 노래의 성격에 대한 평가까지도 달라진다. 즉, 딩과 돌을 무엇으로 보느냐에 따라 <정석가>는 평범한 궁중 연악(宴樂)의 가사로 해석될 수도 있고, 예악사상이나 제의와 관련된 노래로 해석될 수도 있는 것이다.

하는 형식을 취하지 않고, 청중들을 향해 자신이 한 일과 다짐을 반복해서 말하는 형식을 취하고 있다. 유덕하신 님과 자신의 관계가 주요 관심사라는 점에서 <정석가>는 여전히 '나-너'의 관계 구조에서 벗어난 노래가 아니지만, <가시리>처럼 '나'가 '님'에게 호소하는 구조가 아니라, '나'가 청중을 향해 '내가 이런 일을 합니다.'라고 자신의 행위를 설명한 후 그 행위를 하는 까닭에 대해서는 밝히는 식의 구조이다.

구체적으로 불가능한 일이 현실에서 일어난다면 님과 이별하겠다는 요지의 말을 반복하고 있다. 거듭되는 신념의 말을 보면 화자가 어떤 감정적인 동요나 불안, 갈등으로부터 초월한 사람처럼 보인다. 그러나 거듭 님에 대한 절대적인 사랑이나 자신의 신념을 말하는 것 자체가 갈등을 드러내는 현상으로 볼 수 있다. 유덕하신 님과 헤어질 가능성이 없다면, 현재 헤어져 있는 게 아니라면 이런 말을 거듭 할 필요조차 없다는 점에서, <정석가>의 화자 역시 님의 부재를 염려하고 있는 인물이며, 헤어질 수 없다는 것을 거듭 피력해야 할 정도로 화자 내면의 갈등이나 소망이 강렬함을 짐작할 수 있다.

ㄴ. 상상적 해소

화자는 이른바 '정석가식 발상'으로 불리는 흥미로운 가정을 통해 이별할 수 없음을 말하고 있다. <정석가>식 표현은 여유 있게, 그러나 강하게 자신의 의지를 전달하는 표현법이라고 할 수 있다. 조건부를 내세움으로써 우회적이면서 논리적으로 접근하는 듯한 느낌을 주고, 조건부에 드러나는 발상의 기발함이 시적 표현의 묘미를 느끼게 한다. '조건부'에서 어떤 재미있는 상상을 하느냐와 '호응부'에서 어떤 어조를 선택하느냐에 따라 다양한 방식으로 자신의 의지를 표현할 수 있다.

[나]에서는 사각사각 소리가 나는 고운 모래밭에 구운 밤 닷되를 심는
다고 하였다. 그리고 그 밤이 움이 돋아 싹이 나면 님과 이별하겠다고
말한다. [다]에서는 옥으로 연꽃을 만들어 바위에 붙인다고 하였다. 그리
고 연꽃이 삼백 송이 피어나면 님과 이별하겠다고 말한다. [라]에서는
철실로 옷을 만든다고 말한다. 그리고 그 옷이 다 헐어지면 님과 이별하
겠다고 말한다. [마]에서는 무쇠로 큰 소를 만들어 철로 만든 산에 풀어
놓겠다고 말한다. 그리고 그 소가 철 풀을 다 먹으면 님과 이별하겠다고
말한다.

[나]~[마]에서 화자는 동일한 형식에 내용을 바꿔가며 님과 이별할
수 없다는, 같은 메시지를 거듭 전하고 있다. 그 내용을 정리하면 다음
과 같다.

	이런 일이 일어나면[A]	이렇게 하겠다[B]
[나]	모래밭에 심은 구운 밤이 싹트면	
[다]	옥으로 만들어 바위에 붙인 꽃이 피면	님과 이별하겠다.
[라]	무쇠 실로 지은 옷이 다 헐어진다면	
[마]	무쇠로 만든 소가 철 풀을 다 먹으면	

조건을 제시하고 그 조건이 충족되면[A] 어떤 행동을 하겠다[B]는
식의 논리적 구조를 취하고 있다. 표에서 보는 것처럼 [A]는 현실 세계
에서 일어날 수 없는 일이다. 약자인 화자는 물론이고 그 어떤 사람도
생명이 생겨날 수 없는 조건에서 생명이 생겨나게 하고, 소멸할 수 없는
것을 소멸하게 할 수 없다. 그런 점에서 '조건'의 실현 가능성에 대해 생
각해 보면, 이러한 논리적 구조가 일종의 수사임을 알 수 있다. 절대 이
별할 수 없다는 자신의 신념을 표현하기 위한 수사적 논리적 형식일 뿐

이다. 조건에 제시된 일이 일어날 가능성이 아예 없기 때문에 님과 헤어
질 가능성 또한 아예 없게 된다.

이처럼 화자는 매우 논리정연하게 님과 헤어질 수 없음을 기정사실화
하고 있다. 이에 대해 강명혜[93]는 '(움)돋다', '(싹)나다', '(꽃) 피다' 등
의 생성·성장·확장의 징표와 '(옷)헐다', '(풀을) 다 뜯어 먹다' 등의
소멸·파괴·축소의 지표가 대칭을 이루면서 결코 변하지 않겠다는 의
지를 피력하는바, 상당히 의도적으로 수준 높은 시적 기교와 장치를 구
사하고 있다고 하였다. 그리고 대악서(大樂署)의 관리들이 과거에 급제한
인재들로 구성되었다는 사실에 비추어 당연한 결과라 하였다.

처음 구운 밤 닷 되를 심는다고 했을 때는, 그리고 그 밤이 움이 돋아
싹이 나면 님과 이별하겠다는 말을 했을 때는, 그저 발상이 흥미롭다고
느낄 수 있다. 그러나 옥으로 만든 연꽃, 철 실로 만든 옷, 철 산에 놓아
둔 철 소까지 말했을 때는 그저 흥미로운 발상 이상의 의미를 지니게 된
다. 거듭 이야기하는 가운데, 흥미로운 발상은 사실이 되고 심리적 실재
가 된다. 이별할 수 없다는 확고한 신념이 구체적인 언어적 실재로 구축
되는 것이다. 그로 인해 <정석가>의 화자는 님과 헤어질 것을 더 이상
염려하지 않게, 즉 유덕하신 님과의 이별은 일어나지 않을 것이라는 믿
음을 가지게 된다.

이렇게 신념을 구체화하였기 때문에 [바]에 이르러서는 자연스럽게
천년을 헤어져 지낸다고 하더라도 믿음이야 끊어지겠느냐고 물을 수 있
게 된다. 앞 부분과 연결하여 볼 때 이 질문은 변형된 형식을 통해, 절대
끊어질 수 없음을 다시 한번 확인하는 부분이라고 볼 수 있다.

---

93) 강명혜(1998), 앞의 논문, 40면.

② 〈雙花店〉의 경우

〈쌍화점〉의 전문은 『악장가사(樂章歌詞)』에 실려 있다. 그러나 〈쌍화점〉의 일부나 일부를 변형한 노래가 여러 기록에 남아 있고, 창작 및 향유 맥락에 대한 기록도 존재한다. 『고려사(高麗史)』 악지(樂志) '속악조(俗樂條)'에는 여음을 뺀 2연의 내용과 같은 〈삼장(三藏)〉과 3연의 내용과 흡사한 〈사룡(蛇龍)〉이 등장하고 이 두 노래의 창작 및 향유 배경에 대한 설명이 등장한다. 『고려사(高麗史)』 열전(列傳) '오잠조(吳潛條)'에도 〈삼장〉과 〈사룡〉이 삽입되어 있고 창작 및 향유 배경에 대한 기록이 다시 나온다. 『고려사』의 기록에 따르면 〈삼장〉과 〈사룡〉은 충렬왕대 지어진 것이고, 오잠, 김원상, 석천보, 석천경 등이 연악(宴樂)을 좋아하는 왕을 기쁘게 하기 위하여 색(色)과 예(藝)를 갖춘 여자들을 궁중으로 뽑아들여 별장대로 분하게 한 후 이 노래를 부르도록 했다고 한다.

한편 고려말 소악부(小樂府)에도 〈삼장〉과 동일한 시가 실려 있고, 노래말의 일부, 즉 〈쌍화점〉의 1연과 〈삼장〉, 3연의 사건 보고 부분이 『대악후보(大樂後譜)』에도 실려 있다. 『성종실록』에서 음사(淫辭)로 규정하는 등 조선초 남녀상열지사로 규정되기는 하였지만, 이상의 여러 기록들을 참고해 볼 때 〈쌍화점〉이 연악으로 널리 불려졌음은 분명해 보인다.[94]

〈쌍화점〉이 민요에서 기원했든 창작되었든, 개편되었든 간에 반복 형식이라는 민요의 특징을 보여주며 궁중 속악의 가사로 사용되었다는

---

94) 한편, 『시용향악보(時用鄕樂譜)』에도 〈쌍화곡(雙花曲)〉이라는 비슷한 이름의 노래가 실려 있다. 〈쌍화점〉의 연장선상에 있는 변형된 노래로 보는 관점(정운채, 1996)이 있기는 하지만, 이때의 '쌍화'는 '음식'이 아니라 '꽃'을 일컫는 것이고 노래의 내용과 형식이 여러 면에서 달라 이 둘을 연결하기 위해서는 더 많은 논의가 보강되어야 한다.

사실만 전제하고 분석을 시작하고자 한다.

쌍화뎜雙花店에쌍화雙花사라가고신딘휘휘回回아비내손모글주여이다
이말숨이뎜店밧긔나명들명다로러거디러죠고맛감삿기광대네마리라호리
라더러둥셩다리러디러다리러디러다로러긔디러다로러긔자리예나도자라
가리라위위다로러거디러다로러긔잔디ᄀ티덦거츠니업다○삼장ᄉ三藏寺
애브를혀라가고신딘그뎔샤쥬社主ㅣ내손모글주여이다이말숨이이뎔밧긔
나명들명다로러거디러죠고맛간삿기샹좌上座ㅣ네마리라호리라더러둥셩
다리러디러다리러디러다로러긔디러다로러긔자리예나도자라가리라위위
다로러거디러다로러긔잔디ᄀ티덦거츠니업다○드레우므레므를길라가고
신딘우믓룡龍이내손모글주여이다이말숨이우믈밧끠 나명들명다로러거디
러죠고맛간드레바가네마리라호리라더러둥셩다리러디러다리러디러다로
러거디러다로러긔자리예나도자라가리라위위다로러거디러다로러긔잔디
ᄀ티덦거츠니업○술풀지븨수를사라가고신딘그짓아비내손모글주여이다
이말ᄉ미이집밧끠나명들명다로러거디러죠고맛간쇠구바가네마리라호리
라더러둥셩다리러디러다리러디러다로러거디러다로러긔자리예나도자라
가리라위위다로러거디러다로러긔잔디ᄀ티 덦거츠니업다

쌍화점(雙花店)에 쌍화(雙花) 사러 가고신대
회회(回回)아비가 내 손목을 쥐여이다
이 말씀이 이 점(店) 밖에 나면들면
다로러거디러 조그마한 새끼광대 네 말이라 하리라
더러둥셩 다리러디러 다리러디러 다로러거디러 다로러
그 자리에 나도 자러 가리라
위 위 다로러거디러 그 잔 데같이 덤거츤 데 없도다

삼장사(三藏寺)에 불을 켜러 가고신대
그 절 사주(社主) 내 손목을 쥐었네
이 말이 이 절 밖에 나고 들면

다로러거디러 조그마한 새끼상좌 네 말이라 하리라
더러둥셩 다리러디러 다리러디러 다로러거디러 다로러
그 자리에 나도 자러 가리라
위 위 다로러거디러 그 잔 데같이 덤거츤 데 없도다

두레 우물에 물을 길러 가고신대
우물 용(龍)이 내 손목을 쥐여이다
이 말이 이 우물 밖에 나고 들면
다로러거디러 조그만 두레박아 네 말이라 하리라
더러둥셩 다리러디러 다리러디러 다로러거디러 다로러
그 자리에 나도 자러 가리라
위 위 다로러거디러 그 잔 데같이 덤거츤 데 없도다

술 파는 집에 술을 사러 가고신대
그 집 아비 내 손목을 쥐여이다
이 말이 이 집 밖에 나고 들면
다로러거디러 조그마한 술 바가지 네 말이라 하리라
더러둥셩 다리러디러 다리러디러 다로러거디러 다로러
그 자리에 나도 자러 가리라
위 위 다로러거디러 그 잔 데같이 덤거츤 데 없도다

ㄱ. 사건 당사자인 화자

<쌍화점>의 화자는 사건을 당한 사람이다. 쌍화점의 회회아비, 삼장
사의 사주, 우물의 용, 술집 아비에게 손목을 잡힌 사람이다. 사건의 당
사자가, 그 사건에 대해 보고하는 말로 노래가 시작된다. '나-남'의 관
계 속에서 '남'에게 당한 사건으로 인해 화자인 '나'의 내적 갈등이 시작
된다. 약자인 자신이 당한 사건이지만 그 사건이 금기시되는 욕망 혹은
그 욕망에서 비롯된 일탈적 사건이라는 점에서 자신이 피해자라는 의식

보다는 자신이 도덕 규범에서 벗어난 행위를 했다는 사실 자체를 더욱 의식하고 있다. 소문을 두려워하고 있는 것이 그 증거가 된다. 또한 그 자리 같이 '덤거츤 데 없다'[95]라고 부정적으로 평가하는 것 또한 그 증거가 된다.

그럼에도 불구하고 화자는 자신이 당한 사건을 '보고'하고 있다. <쌍화점>의 말하기 방식이 그 자체로 대중적인 흥미를 끌 수 있는 특징을 지니고 있음은 이미 논증한 바 있다.[96] 손목을 쥔 행위가 정상적인 性의 관행도 아니고 기대 밖의 사건이면서 동시에 정상적이라고 보기 어려운 금기의 파괴라 일종의 부정한 행위라고 할 수 있다. 따라서 이런 사건이 남의 이야기라면 일종의 가십(gossip)적 흥미를 제공하는 것이 보통이므로 관습적으로 제3자에게 있었던 사건처럼 돌려 말하기 마련인데, <쌍화점>은 부정한 사건의 주체를 자기 자신으로 설정하고 있음이 특이하며, 이 특이성이 색다른 흥미의 요인이 될 수 있다고 보았다. 사건이 가상의 사건이든 실제사건이든 간에 극적화자 '나'를 설정함으로써 현장성을 확보할 수 있었다고 보았다. 또한 인간의 사회적 가면이 요구하는 은폐성을 벗어 던지고 은밀성과 금기성에 역행하는 이야기를 할 때 그 이야기가 청자와의 간격을 해소함으로써 친밀성을 환기시킨다는 점을 들어, <쌍화점>은 누구나 공유할 수 있는 사건[97]이자 동시에 금기시되고 은밀함이 요구되는 사건을 적절한 문체와 적절한 화자를 설정하여 이야기

---

95) '덤거츤 데 없다'는 '거친 것', '지저분한 것', 혹은 '우울한 것' 등 여러 가지로 해석된다. 그러나 그 모든 해석이 부정적인 의미를 지닌다는 점에서, 여기서는 화자의 윤리적 평가가 개입된 말로 보고 '지저분한 곳'으로 해석하고자 한다.

96) 졸고(1991), 36~42면 참고.

97) <쌍화점>에 제시된 사건이 보편적·당대적 관심거리로 공유될 수 있었음은 이미 밝힌 바 있다.

함으로써, 흥밋거리를 찾던 연희의 장에서 효과적인 기능을 수행할 수 있었다고 보았다.

사실 '보고(報告)'의 사전적 정의는 '일에 관한 내용이나 결과를 말이나 글로 알림'이다. 화자가 객관적인 서술자의 입장에서 청자나 독자에게 일에 관한 내용이나 결과를 알리는 행위가 바로 보고이다. 그런데 일 혹는 사건의 주체가 보고자 자신일 때는 고백적 보고가 되고, 또 그 일이나 사건이 정보로서의 가치가 클 때, 즉 일탈적인 사건 등을 이야기할 때 충격적인 폭로의 고백이 되기도 한다. <쌍화점>이 바로 그와 같은 충격적인 폭로의 고백인 셈이다. 그로 인해 <쌍화점>은 충렬왕 때의 궁중 분위기나 타락상을 증거라는 작품으로 받아들여져 왔다.

그러나 <쌍화점>은 궁중 속악의 가사로서 기능했고 따라서 질펀한 유흥의 자리에서 있었던 일탈적 사건의 폭로로만 볼 수 없다. 남장 별장대로 뽑혀온 사람들에 의해 유입이 되었다 하더라도 오잠 등 일을 담당했던 사람들에 의해 궁중 속악의 형식에 맞게 편사 개편되었을 것이고, 그 방향은 궁중 속악에 맞는 정서와 형식을 지향했을 것으로 보아야 한다.

『고려사』 악지에 수록된 <삼장>과 <사룡>을 보면 궁중 속악으로서의 개편 혹은 편사의 방향을 짐작할 수 있다.

三藏寺裸點燈去	삼장사에 불을 켜러 갔는데
有社主兮執吾手	그 절 사주 내 손목을 잡았네
倘此言兮出寺外	이 말이 이 절 밖에 나면
謂上座兮是汝語	상재 네 말이라 하리라—'삼장'

有蛇含龍尾	뱀이 용의 꼬리를 물고
聞過泰山岑	태산 봉우리를 넘어갔다고 들었노라

萬人各一語　　만인이 각각 한 마디씩 하더라도
斟酌在兩心　　짐작은 두 마음에 달려 있도다－'사룡'

　<삼장>에는 사주가 내 손목을 잡는 사건이 나오고 그 소문이 절 바깥에 나지 않기를 바라고 있는 마음이 표현되어 있고, <사룡>에는 뱀이 용의 꼬리를 물고 태산 봉우리로 넘어간 사건과 그 사건을 듣고 여러 사람이 말을 하더라도 믿고 안 믿고는 마음에 달려 있다는 말이 나온다. <삼장>과 <사룡>은 삼장사 사주가 손목을 잡는 사건이나 뱀이 용의 꼬리를 물고 가는 사건 등 현실에서는 좀처럼 믿기 힘든 일이 나오고 그 일에 대한 소문이나 말의 문제를 다루고 있다는 공통점이 있다.98) 특히 <삼장>은 <쌍화점>의 [가]와 [나]에 내용이 거의 같다.

　그렇다면 현재로서는 <삼장> 등의 형식에 [다], [라]가 덧붙여진 구조라는 점에서 [다]와 [라]를 궁중 속악의 가사로서의 지향을 보여주는 부분으로 볼 수 있다. 여음과 더불어 궁중 속악의 가사가 지향하는 정서나 형식을 보여주는 부분으로 해석할 수 있다. 그렇게 되면 화자가 겪는 심리적 갈등이나 그 갈등의 질서화 역시 [다], [라]를 어떻게 해석하느냐와 밀접한 관련을 맺게 된다. 이 부분은 쌍화점, 삼장사, 우물가, 술집

---

98) 정운채는 <쌍화점>의 사건이 어법의 모호성으로 말미암아 욕망에 근거하여 여성인 시적 자아와 남성인 사주 사이에 일어난 情事 및 이것이 소문으로 누설될까 염려하는 내용으로 해석될 수도 있고 동시에 도덕에 근거하여 시적 자아와 사주 사이에 교감이 이루어진 종교적 法悅 및 이것이 情事로 곡해되어 소문날까 염려하는 마음으로 해석될 수 있는데, <삼장>과 <사룡>을 보면 후자임을 알 수 있다고 하였다. 삼장과 사룡의 경우 도덕과 욕망의 갈등 중 도덕의 방향을 향해 있다고 보고 <쌍화점>이 그 대립에서 욕망의 방향을 향하고 있다고 보았다. 이에 대해 필자는 <쌍화점>이 도덕과 욕망의 대립 구도에 입각해 있으며, 이 노래 역시 욕망의 방향이 아니라 도덕의 방향을 지향하고 있다고 생각한다. 그 형식이 다를 뿐이다. 정운채(1996), 「<雙花店>과 <雙花曲>의 偏向과 江湖歌道의 論議 再考」, 『고려가요 연구의 현황과 전망』, 417~444면.

등에 갔다가 당한 일탈적 사건으로부터 촉발된 내적 갈등을 언어화하여 해소하는 데 중요한 관여를 하는 구절로 보아야 한다.

ㄴ. 욕망의 드러냄과 정리

<쌍화점>은 쌍화점에 갔다가 그 점 주인에게 손목을 잡힌 사건을 보고하는 말로 시작된다. 그리고 삼장사에 갔다가 사주에게 손목을 잡힌 사건이 나오고, 우물가에 갔다가 우물 용에게 손목을 잡힌 사건이 나온 후, 술집에 갔다가 술집 아비에게 손목을 잡힌 사건을 끝으로 노래가 끝이 난다.

동일한 형식이 4차례나 반복되는 매우 형식화된 노래이다. 각 연의 구조와 내용을 정리하면 다음과 같다.

		A	B	C	D
〔가〕A에 B하러 가고신대 　C가 내 손목을 쥐여이다 〔나〕이 말씀이 A'밖에 나명들명 　〈다로러거디러〉 　죠고맛간 D 네 말이라 하리라 　〈더러둥셩다리러디리러다리러디 　러다로러거디러다리러〉 〔다〕그 자리예 나도 자러 가리라 　〈위위다로러거디러다리러〉 〔라〕그 자리같이 덤거츤 데 없다.	1연	쌍화점 (雙花店)	쌍화 매매 (賣買)	회회아비	삿기광대
	2연	삼장사 (三藏寺)	현등 (懸燈)	사주 (社主)	삿기 상좌 (上座)
	3연	드레우물	물긷기	우물용	드레박
	4연	술집	술매매	짓아비	싀구박

A에 B를 하러 갔는데, A에 있는 C가 내 손목을 쥐었다는 사건(〔가〕)과 그 소문이 나면 D의 말이라고 전가 혹은 합리화하는 말(〔나〕), 그리고 그 사건에 대한 다른 목소리(〔다〕)와 그에 대한 화자의 응대(〔라〕)가 문면에 드러난다. B하러 갔다가 당한 성적인 사건이 핵심에 있는바, 사건의 당

사자가 청중에게 직접 보고하듯이 말하고 한술 더 떠서 부러움을 표하
는 이질적인 목소리가 등장하는 등 말이 대담하고 노래의 형식이 단순
하지 않다.

구체적인 장소와 사람이 언급되어 있다는 점에서 A가 어디이며 C가
누구인지, A에 있는 C의 일탈적 행위가 뜻하는 바가 무엇인지 한동안
연구의 관심사가 되었다. 그로 인해 A(쌍화점, 삼장사, 우물, 술집)라는 장소
와 A에 있는 C(회회아비, 사주, 용, 술집 아비)라는 인물에 대해 여러 가지
추리가 있었다. 그러나 여기서는 A를 당시 여성들이 가던 장소로, 그리
고 C를 손목을 쥐는 행위를 할 수 있을 정도의 힘을 지닌 인물로 보고
자 한다.[99] 그렇게 보면 '나'가 일상적으로 가는 장소에서 비일상적인
사건, 일탈적인 사건을 당한 것이 된다.

자신이 당한 사건을 보고한 화자가 우선 걱정하는 것은 그 일이 알려
질까 하는 두려움이다. '이 말이 이 점 밖에 나명 들명' 어떻게 하나 걱
정한다. 쌍화점 주인에 대한 원망이나 그 사건에 대한 자신의 입장이나
감정을 표하는 것이 아니라 자신이 당한 일이 일어난 장소 바깥으로 퍼
져 나가지 않기를 바라는 마음이 더 크게 표현되고 있다. 넘어졌을 때
다친 상처 부위를 걱정하기보다는 누군가가 볼까 두려워 얼른 그 현장
을 뜨는 심리와 다르지 않다.

'나'는 소문이 날까 두려워하는 마음을 다른 사물이나 사람에게 전가

---

99) 회회아비와 사주, 임금, 일반 사람 등으로 보고 왕에서부터 일반 서민에 이르기까지 성
적으로 타락했거나 문란했던 상황을 보여준다는 주장이나 그런 타락상을 비판하는 노
래라고 보는 견해가 있지만, 김대행이 논증한 것처럼 그렇게 보기 어려운 점이 적지 않
게 발견된다. 다른 이유는 차치하고서라도 특히 당시 궁중이 아무리 타락했다 하더라
도 신하들이 왕을 풍자하는 노래를 남장별대로 하여금 연회하도록 했을 리 없고 왕 자
신도 자신의 이야기를 즐겼을 가능성은 거의 없다고 보아야 한다. 김대행(1997), 「<雙花
店>의 反轉과 意味」, 『고려가요 악장 연구(국어국문학회 편)』, 태학사, 239~256면.

하고 있다. '새끼 광대'와 '새끼 상좌', '두레박'과 '술바가지'가 전가의 대상이 된다. 이들이 일탈적 사건을 목격했는지의 여부는 확인할 수도 없고 중요하지도 않다. 소문이 날까 걱정하는 심리적 불안 때문에, 그 장소에 있는 사물이나 사람이 선택된 것이기 때문이다. 그 누구라도 혹은 그 어떤 사물이라도 일탈적 사건을 목격했을지 모른다는 불안 심리가 반영된 대상이자 그 불안 심리를 해소하기 위해 끌어들여진 대상일 뿐이다. 이렇게 두레박이 봤을지 모른다는 생각까지 하는 것은, 도덕적 평가의 시선을 의식하고 있는 것으로 해석할 수밖에 없다. 도덕적 기준으로 판단할 타자를 의식한 표현이라고 볼 수 있다. 여기서 욕망 지향과 규범 지향 사이의 갈등을 포착할 수 있다.

<쌍화점>에는 <삼장> 및 <사룡>과는 달리 [다]와 [라]가 덧붙여져 있다. 따라서 [다]와 [라]는 앞서 잠깐 언급한 것처럼 궁중 속악 가사로서의 성격이나 지향을 밝히는 데 중요한 단서가 되는 부분이다.

그런데 [다]에 돌연 '나도 그 자리예 가서 자고 싶다'는 말이 나온다. 그 자리에 있지 않는 사람의 목소리라는 점에서 화자의 말이 아니라 제3자의 말이라는 추리가 나올 수 있다. 소문이 날까 불안해하던 화자와 일관성을 찾기 어렵다는 점에서 이 목소리의 주체가 누구인지가 논란이 될 수밖에 없다. 그리고 목소리의 주체가 누구인지의 문제는 <쌍화점>의 성격을 이해하는 데도 중요한 대목이 된다. 화자가 바뀌었다고 보게 되면 극적 효과 혹은 극적 특성에 대한 논의로 이어지고,[100] 화자 교체

---

100) <쌍화점>을 화자의 교체가 일어나는 극적인 구조를 지닌 노래로 해석하는 근거가 되기도 하였고 별장대(別裝隊)를 구성했다는 외적 정보까지 더해져 <쌍화점>이 배역을 정해 극의 형식으로 연희되었을 것이라는 추리로까지 나아가게 하였다. <쌍화점>에서 시작된 상상력은 <만전춘별사>나 <서경별곡> 등 화자의 목소리가 달라지는 작품으로까지 확장되었다. 대표적인 논자가 여증동인데, 여증동은 <쌍화점>이 "피학대

되지 않았다고 보게 되면 목소리가 달라진 현상 자체를 해명해야 함과 동시에 그러한 이질적인 목소리의 작품 내적 역할이나 기능에 대한 논의가 뒤따라야 하기 때문이다.

이 글에서는 소문이 날까 걱정했던 화자의 목소리로 보고자 한다. <쌍화점>을, 자리에 모인 여러 사람들의 말이나 목소리(소망, 기원, 불안, 갈등의 목소리)는 물론이고 당대 여러 담론들이 어떤 방식으로든 침윤되어 있는 노래로 보는 관점에 따른 것이다. 말은 소통의 상황에 참여한 모든 사람들의 공공의 영역이다. '나' 안의 또 다른 '나', 그리고 '나'와 의사를 교환하는 '타자'와의 대화를 통해 말이 형성된다.[101] 이러한 대화적 상상의 과정에서 선택과 배제가 이루어지는데, 이때 특히 사회적 가치를 지닌 것만이 타자의 말이 되어 내 말 속에 들어오게 된다. 이러한 관점을 기반으로 한다면, 소통의 맥락 속에서 나의 말은 온전히 나 자신의 심리나 생각을 실어 나르는 도구가 아니라 나 자신의 말이지만 청자를 예견하는, 따라서 하나 이상의 기의를 담고 있는 복잡한 실체라고 볼 수 있다.

이렇게 보면, '그 자리에 나도 자러 가리라'라는 말은 사건을 당한 당사자인 화자의 내면 깊숙이 자리한 욕망의 목소리이자, 자신이 당한 사건에 대한 당시 청중들의 반영을 예견한 말이라고 할 수 있다. 사회적 가치가 있는 타자의 말로 들어온 것이라고 볼 수 있는바, 욕망 지향의

음란 여성과 색정광 여인이 부딪치는 장면이 네 번"이나 반복되는 극이라고 보고, 왕의 비롯하여 감각적 쾌감을 추구하던 당시 관련자들에 대해 논구하는 한편, 무대 장치와 대본까지 복원하는 상상력을 발휘하였다. 논증이 치밀하기는 하지만 제한된 기록을 바탕으로 거기까지 추리할 수 있는 것인지에 대해서는 의문이 있다. 여증동(1985), 「雙花店考究」, 『鄉歌麗謠研究(황패강·박노준·임기중 공편)』, 반도출판사, 552~629면.
101) Michael Holquist(1990), 『Dialogism : Bakhtin and his World』, Routledge, 41~66면.

목소리를 반영한 것이다.

그러나 그 말은 바로 그 다음에 이어지는 '그 자리 같이 덤거츤 데 없다'는 도덕적 평가의 말로 부정된다. 욕망의 목소리를 드러냄으로써 욕망을 인정하지만 동시에 그러한 욕망이 지양되어야 함을 또한 분명하게 하는 것으로 노래가 끝이 난다. <쌍화점>을 본능 지향과 규범 지향 사이의 반전(反轉)을 거듭하는 노래로 보고, 결국에는 <쌍화점>이 원초적인 성정과 순화된 성정 사이에서 순화된 성정 쪽으로 질서화해가는 과정을 보여준다고 한 것102)과 일맥상통하다. <쌍화점>이 욕망에 따른 일탈적 사건을 사건 당사자의 고백적 보고를 통해 말함으로써 음사나 남녀상열지사로 비춰질 가능성이 있지만, 그러나 욕망 지향과 규범 지향 사이의 갈등 속에서 규범 지향의 순화된 성정으로 나아갔기 때문에 궁중 속악의 가사일 수 있었다고 본다.

2) 동감 차원의 공감

① 이해에 기반한 공감

<정석가>와 <한림별곡>, <쌍화점>의 화자는 자신이 상상한 일이나 당한 사건에 대해 말하는 공통점이 보인다. <정석가>의 화자는 사각사각 소리가 나는 고운 모래밭에 구운 밤 닷되를 심는다고 말하고 <한림별곡>의 화자는 당대 문인들을 모두 모아 치르는 시장(試場) 경(景)을 상상한다. <쌍화점>의 화자는 쌍화점에 쌍화 사러 갔다가 회회아비에게 손목을 잡혔다고 말한다. 님에게 가지 말라고 호소하거나 자신의 처

---

102) 김대행(1997), 앞의 논문.

지에 대해 말하거나 어디에 살고 싶다고 말하는 등, 어떤 상황에 처한
화자의 감정이나 심리 상태가 표출되기보다는 내가 이런 일을 한다거나
당했다는 말이 나온다. 슬픔 등 감정에 공감할 수는 있지만 그 감정에
대해 설명하는 말에는 공감할 수 없다는 점에서 감정이입에 바탕을 둔
공감 경험이 일어나기는 어려운 구조이다. 화자에게 동일시되어 화자의
관점이나 역할을 취하는 것 자체가 어려운 구조이기 때문이다.

그러나 화자가 한 행동이나 당한 사건, 그에 대한 화자의 반응이나 갈
등 양상에 대해 이해하는 것은 가능하다. 화자처럼 경험하는 것은 어렵
지만, 독자나 청중의 입장에서 그런 행동을 하는 화자의 심정이나 감정
을 이해하는 것은 가능하다. 문학 작품 속 타자와 함께 느끼는 것은 아
니지만 문학 작품 속 타자의 감정이나 상황에 대해 이해하는 것은 가능
하다는 말이다. 이는 동감(sympathy)에 다름 아니다. 화자의 행위나 화자
가 당한 사건이 특이하다 하더라도 그러한 행위를 하고 사건을 당한 화
자의 감정을 이해하는 것은 가능하다.

<정석가>의 화자가 모래밭에 구운 밤 닷되를 심는다는 것도, 구운
밤에서 움이 돋아 싹이 난다는 것도 모두 상상적 표현이다. 이별이 불가
함을 주장하기 위한 절차일 뿐이다. 불가능한 조건을 내세워 그 일이 일
어나면 뭔가를 해주겠다는 발상은 비단 이 노래나 <오관산> 등에서만
찾아볼 수 있는 게 아니라 우리가 흔히 사용하는 방법이기도 한다. 그런
점에서 모래밭에 구운 밤을 심는다는 화자의 발상은 이해 가능한 것이
된다.

<한림별곡>의 각 연에 나오는 경(景)[103]은 뒤집어 한림제유들에게 현

---

103) 여덟 개의 경이 사대부들의 욕망을 반영하고 있는 까닭에 조선조에 매우 인기 있는
    레퍼토리였던 것으로 확인된다. 조선조의 여러 문헌, 즉 『태종실록(太宗實錄)』 권26,

실적인 어려움이 무엇이며 그들이 욕망하는 것이 무엇인지 잘 보여준다. 용어의 논란이 있기는 했지만 '앞당긴 체험'이라고 명명한 것도 한림제 유들이 말로 구성한 경(景)들이 현실이 아니라는 점, 이들이 욕망을 언어로 구축한 경임을 지적한 것이다. 먹고 싶은 음식들로 차려진 상을 상상하며 먹고 싶은 욕망을 표현하는 것과 다르지 않은 발상이라는 점에서, 한림제유가 구성한 경을 자신의 경험에 비추어 이해하는 것은 어렵지 않다.

<쌍화점>의 화자가 겪은 사건과 그로부터 생겨난 갈등과 그 갈등을 해소해가는 과정 역시 앞서 밝힌 것처럼 욕망 지향과 도덕 지향 사이의 갈등으로 이해가 가능하다. 화자에게 공감할 수는 없지만 화자의 상황과 감정 등에 동감할 수는 있다. 그런 점에서 이들 세 작품은 앞에서 살핀 노래들과 달리 감정이입적 공감보다는 동감적 공감 체험을 가능하게 하는 구조라고 볼 수 있다.

『성종실록(成宗實錄)』 권58, 권111과 성현의 『용재총화(慵齋叢話)』 권4, 『세조실록(世祖實錄)』 권27과 권46, 이수광의 『지봉유설(芝峯類說)』 권14와 허봉의 『조천기(朝天記)』 도강록 등에 언급되어 있고, 정극인의 『불우헌집(不憂軒集)』 행장에도 <한림별곡>의 음절에 의지하여 <불우헌곡>을 지었다는 말이 나올 정도이다. 그러나 경의 배치에서 드러나듯이 시문(詩文)에 대한 관심에서 출발하여 흥취의 세계로 나아감으로써 성정의 순화보다는 감정의 고조를 향해 치닫는 노래라는 점에서 이황의 비판을 받게 된다. 기록에 따르면 사대부 중심의 사연에서 활발하게 연희되었다고 하는데, 이러한 향유 상황이 <한림별곡>이 다른 노래들과 달리 성정의 순화로 나아가지 않은 것과 관련이 되는 것으로 짐작된다..

1연	문인	시험 보는 경
2연	서적	주(註)까지 외운 경
3연	글씨	명필 한 점을 찍는 경
4연	술	좋은 술을 권하여 올리는 경
5연	꽃	어우러져 핀 경
6연	음악	온갖 악기와 함께 밤을 보내는 경
7연	절경	높은 대에 올라 오호(五湖)를 바라보는 경
8연	그네	옥 같은 손을 마주잡고 노니는 경

② 반복을 통한 강화

<정석가>와 <한림별곡>, <쌍화점>은 동일한 형식이 병렬되는 구조의 노래이다. <정석가>의 경우 서사가 있고 이른바 '구슬가'가 포함되어 있지만, 이른바 '정석가식 발상'이 나오는 부분을 본사로 볼 수 있다. 그렇게 봤을 때 <쌍화점>과 마찬가지로 동일한 형식으로, 동일한 메시지를 반복하여 전달하는 노래로 볼 수 있다.

완결성과 단위성을 지니는 연(聯) 혹은 장(章)이 <정석가>의 경우 4번 반복되고 <한림별곡>은 무려 8번이나 반복되며 <쌍화점>의 경우에도 4번 반복된다. 민요에서 기원한 특징일 수 있겠지만 궁중 속악의 가사로서도 반복 혹은 병렬의 형식이 요긴했다고 보아야 한다.

반복은 리듬감의 형성과 더불어 의미를 강화하는 효과가 있다. 또한 어떤 사실을 실재하는 것처럼 믿게 하는 힘도 있다. 사실이 아님에도 불구하고 자꾸 듣다 보면 사실인 것처럼 여기게 되는 것이 그 예가 된다. 처음 정석가식 발상이 드러나는 표현을 접했을 때는 흥미로운 표현이라고 여기고 말 수도 있지만 그러한 발상의 표현을 몇 번 더 접하게 되면 그것이 심리적 실재가 되고, 그렇게 되면 님과의 이별은 불가한 일이라는 생각까지 자리잡게 된다.

<한림별곡>이 뒤로 갈수록 탈정형성을 보이고 고조된 감정의 표출로 나아간 이유도 반복을 통한 정서의 강화로 설명될 수 있다. 한림제유들이 욕망하는 경이 반복적으로 제시됨으로써 마치 그 장면이 일어난 것 같은 생각에 이르게 되었고 그러한 생각에 감정이 더욱 고조되었을 것으로 짐작할 수 있다.

<쌍화점> 역시 같은 논리로 설명이 가능하다. <쌍화점>에도 본능

지향과 규범 지향의 갈등 속에서 순화되고 질서화된 성정에 도달한 내용들이 4번 반복되고 있다. <쌍화점>이 본능 지향의 일탈적 사건을 담고 있는 노래임에도 불구하고 거친 욕망을 결국에는 순화된 성정으로 지양하는 노래인 까닭에 궁중 속악의 가사로 사용될 수 있었던 것으로 볼 수 있다.

4. 다양성과 다성성(多聲性)의 노래

1) 다성적 대화의 양상

① 〈서경별곡〉의 경우

<서경별곡>은 『시용향악보(時用鄉樂譜)』에 악곡과 함께 첫 연이, 『악장가사(樂章歌詞)』에 가사 전체가 실려 있다. 또한 가운데 연이 이제현(李齊賢)의 『익제난고(益齊亂藁)』의 '소악부(小樂府)' 여덟 번째 작품과 <정석가>의 둘째 연, 일명 '구슬가'와 겹친다.

『고려사(高麗史)』악지(樂志) '속악조(俗樂條)'에 <서경>과 <대동강> 노래가 나란히 소개되어 있어, 두 노래와 <서경별곡>과의 관련성이 일찍부터 제기되었다. <서경별곡> 역시 '서경'과 '대동강'이라는 공간적 배경이 등장한다는 점에서 두 노래의 합가 가능성이 제기되었다. 두 노래의 합가 가능성은 '서경과 대동강에 관한 4구체 민요의 원사가 있었고 여기에 당시의 유행구였던 제2연 부분이 합해져, 새로 들여온 가락에 맞추어 연마다 후렴을 붙여 세 노래로 합가 조절한 것'이라는 견해[104]로

---

104) 지금으로서는 <서경별곡>을, '이별'과 관련하여 항간에 유행하던 노래들을 궁중 속악

발전하였다. 그러나 현재로서는 어떤 노래가 합쳐진 것인지 정확하게 알수 없다.

이처럼 합가일 가능성이 있지만, <서경별곡>은 단일한 주제로 묶인 일관성을 지닌 노래로 해석되어야 한다. 편사자가 묶을 수 있었던 근거 내지 공통점이 분명하게 존재하고, 민요의 각 연이 유동성을 지니더라도 그 민요를 한 작품으로 보는 것처럼, <서경별곡> 역시 한 편의 노래로 보아야 한다.

> 셔경西京이아즐가셔경西京이셔울히마르는위두어렁셩두어렁셩다링디리○닷곤디아즐가닷곤디쇼셩경고외마른위두어렁셩두어렁셩다링디리○여희므론아즐가여희므론질삼뵈ㅂ리시고위두어렁셩두어렁셩다링디리○괴시란디아즐가괴시란디우러곰좃니노이다위두어렁셩두어렁셩다링디리○구스리아즐가구스리바회예디신돌위두어렁셩두어렁셩다링디리○긴힛쫀아즐가긴힛쫀그츠리잇가나는위두어렁셩두어렁셩다링디리○즈믄히를아즐가즈믄히를외오곰녀신돌위두어렁셩두어렁셩다링디리○신信잇돈아즐가신信잇돈그츠리잇가나는위두어렁셩두어렁셩다링디리○대동강大同江아즐가대동강大同江너븐디몰라셔위두어렁셩두어렁셩다링디리○비내여아즐가비내여노혼다샤공아위두어렁셩두어렁셩다링디리○네가시럼난디몰라셔위두어렁셩두어렁셩다링디리○녈비예아즐가녈비예연즌다샤공아위두어렁셩두어렁셩다링디리○대동강大同江아즐가대동강大同江건넌편고즐여위두어렁셩두어렁셩다링디리○비타들면아즐가비타들면것고리이다나는위두어렁셩두어렁셩다링디리

　[가] 서경이 아즐가 서경이 서울이지마는
　　위 두어렁셩 두어렁셩 다링디리

닦은 데 아즐가 닦은 데 작은 서울 사랑하지만
위 두어렁셩 두어렁셩 다링디리
이별하게 되면 아즐가 이별하게 되면 길삼 베 버려두고
위 두어렁셩 두어렁셩 다링디리
사랑하시면 아즐가 사랑하시면 우러곰 따르겠습니다
위 두어렁셩 두어렁셩 다링디리

[나] 구슬이 아즐가 구슬이 바위에 떨어진들
위 두어렁셩 두어렁셩 다링디리
끈이야 아즐가 끈이야 끊어지겠습니까
위 두어렁셩 두어렁셩 다링디리
천년을 아즐가 천년을 따로 살아간들
위 두어렁셩 두어렁셩 다링디리
믿음이야 아즐가 믿음이야 끊어지겠습니까
위 두어렁셩 두어렁셩 다링디리

[다] 대동강 아즐가 대동강이 넓은 줄 몰라서
위 두어렁셩 두어렁셩 다링디리
배 내어 아즐가 배 내어 놓았느냐 사공아
위 두어렁셩 두어렁셩 다링디리
네 각시 아즐가 네 각시 음탕한지 몰라서
위 두어렁셩 두어렁셩 다링디리
가는 배에 아즐가 가는 배에 내여 태우느냐 사공아
위 두어렁셩 두어렁셩 다링디리
대동강 아즐가 대동강 건너 편 꽃을
위 두어렁셩 두어렁셩 다링디리
배를 타면 아즐가 배를 타면 꺾으리이다
위 두어렁셩 두어렁셩 다링디리

ㄱ. 서경(西京) 사는 여자

<서경별곡>의 화자는 '서경이 서울이지만'으로 노래를 시작하고 있다. 서경에 살고 있고 '닦은 곳'인 서경에 대한 자긍심을 지니고 있는 사람으로 등장한다. 이렇듯 자신이 사는 곳의 가치를 부각하는 말로 시작한 것은, 님이 떠나면 이렇게 좋은 장소도 의미가 없어진다는 것을 말하기 위함이다.

화자는 또 서경에서 길쌈을 하는 여인으로 나온다. '서경', '질쌈베'를 통해 좋은 도시에서 특정한 직업을 가지고 안정적으로 살아가는 여인임을 표상하고 있다. 이렇게 안정된 여건에 있지만 님이 떠난다면 이 모든 것이 의미가 없으니 다 버리고 님을 따라 나서겠다고 말하고 있다.

이별이 일어날 가능성이 없다면 이런 말을 할 필요조차 없다는 점에서 화자가 님이 떠날까 두려워하고 있음을 알 수 있다. 화자가 '나-너'의 관계 속에서 철저히 약자이며, 이유는 알 수 없지만 님의 떠남이나 부재 혹은 그것을 예감함으로써 마음의 평정이 깨지고 내적 갈등이 시작되었음을 알 수 있다. 역설적이게도 '서경'의 대동강이 님과의 이별을 어쩔 수 없는 것으로 만들고 있다.

ㄴ. 떠남에 대한 복잡한 심사

<서경별곡>은 크게 이른바 '서경 노래[가]'와 '구슬가[나]', '대동노래[다]', 전체 세 부분으로 구성된다.

[가]에서 화자는 님에게 님이 떠난다면 자신도 모든 것을 버리고 따라 나서겠다고 말한다. 가정법을 사용하고 있다는 점에서 님이 아직은 떠나지 않은 상태이지만 이별의 가능성을 상상하거나 이별의 조짐을 감지함으로써 내면의 불안이 자리한 상태로 볼 수 있다. 화자는 '나-너의 관

계'에 충실한 모습을 보임으로써, 자신은 모든 것을 버리고 사랑만을 위해 따라나설 수 있음을 보임으로써, 그 불안을 극복하고자 한다.

[나]에서는 [가]에서 모든 것을 버리고 님을 따라나서겠다고 했던 화자가 이별한들 믿음이야 끊어지겠느냐고 말하고 있다. [가]에서 시작된 불안이 심화되었거나 님이 떠남으로써 불안이 현실이 되었음을 짐작할 수 있다. 구슬은 깨진다고 해도 실은 끊어지지 않는 것처럼 이별을 한다고 해도 믿음은 끊어지지 않는다는 다짐을 둠으로써 불안감을 극복하고자 하고 있다.

그런데 [다]에 이르러 돌연 사공을 비난하는 말을 한다. 사공의 아내까지 들먹이며 주제 넘게 대동강에 배를 띄워 님을 실어다 줬다고 화를 낸다. '나-너' 관계에서 촉발된 갈등이 제3의 인물인 사공에게 영향을 미치고 있는 것이다.

화자의 성격이 아예 달라졌는데, 이는 감정이나 정서 상태 또한 달라졌음을 의미한다. [다]는 '나-너' 관계에서 빠져나와 '나-남' 관계를 설정함으로써, 즉 이별의 원인을 다른 사람의 탓으로 돌림으로써 갈등 해소를 꾀하고 있다. 님이 떠난 상황을 돌이킬 수 없는 화자가, 책임을 전가할 대상으로 선택한 '남'이 바로 사공이다. [다]에 이르러 화자는 '나-너'의 관계를 '나-남'의 관계로 바꾸고 '나-남'의 관계 속에서 상대적으로 강자인 '사공'에게 괜한 비난을 퍼붓고 있다. 이러한 책임 전가의 비난은 일종의 방어기제이며, 그런 점에서 [다]는 '나-너' 관계 구조를 숨기고 있는, 표면적으로 볼 때는 '나-남' 관계 구조만이 나타나는 연이라고 볼 수 있다.

넓은 대동강105)을 앞에 두고 화자의 의식 공간이 확대되고, 그 공간의 폭 만큼이나 절망감에 빠진 화자가 참았던 감정을 표출한 것으로 볼 수 있다. 이렇게 사공에게 화를 냄으로써 감정을 분출한 화자는, 대동강을 건너 서경에서 떠나면 '님'이 자신을 잊게 될 것이라고 자탄한다. 님이 떠난 현실을 받아들이게 된 것이다. '건너 편 꽃을 꺾을 것'이라는 불안한 추측106)으로 끝맺음을 하지만, 님이 떠난 사실을 인정하기 시작했다는 점에서 떠남의 상처를 극복하는 첫 단계에 진입했다고 볼 수 있다.

② 〈만전춘별사〉의 경우

〈만전춘별사〉는 『악장가사(樂章歌詞)』에 가사 전체가 실려 전한다. 성종 때 이세좌(李世佐)가 기녀와 악공들에게 음탕한 음악을 익히지 말기를 청하면서 〈만전춘〉을 비루하고 저속한 가사[鄙俚之詞]로 언급하기도 하였지만 궁중 속악의 가사임은 분명하다.

어름우희댓닙자리보와님과나와어러주글만뎡어름우희댓닙자리보와님 과나와어러주글만뎡정情둔오놊밤더듸새오시라더듸새오시라○경경耿耿 고침샹孤枕上애어느즈미오리오서창西窓을여러ᄒ니도화桃花ㅣ발發ᄒ두 다도화桃花ᄂ시름업서쇼춘풍笑春風ᄒᄂ다쇼춘풍笑春風ᄒᄂ다○넉시라 도님을ᄒ디녀닛경景너기다니넉시라도님을ᄒ디녀닛경景너기다니벼기더 시니뉘러시니잇가뉘러시니잇가○올하올하아련 비올하여흘란어듸두고소 해자라온다소콧얼면여흘도됴ᄒ니여흘도됴ᄒ니○남산南山애자리보와옥 산玉山을벼여누어금수산錦繡山니블안해사향麝香각시를아나누어약藥든

---

105) 이별의 노래에서 장소나 장소성이 어떤 역할을 하는지는 그 자체로 연구 주제가 될 수 있다. 서경과 대동강의 장소성을 살피는 것도 흥미로운 주제가 될 것이다. 장소나 장소성이 시대와 역사에 따라 달라진다는 점에서 통시적으로 살펴보는 것은 흥미로운 일이라 생각한다.

106) 주체를 님으로 보느냐, 화자로 일인칭으로 보느냐에 따라 '님이 꽃을 꺾을 것입니다' 와 '내가 꽃을 꺾겠습니다.'의 상반된 해석이 가능해진다. 후자로 해석할 경우, 비약적 인 어조의 변화로 작품의 유기성이 의심받기도 하는 데, 여기서는 작품의 모든 부분이 유기적 구조 안에 놓여있다는 관점 아래 후자로 해석하려 한다.

가슴을맛초ᅀᆞ사이다맛초ᅀᆞ사이다○아소님하遠代平生애여힐술모르ᅀᆞᆸ새
아소임이시여평생토록이별할줄모르며지내소서

[가] 얼음 위에 댓잎자리 보와 님과 나와 얼어 죽을만정
얼음 위에 댓잎자리 보와 님과 나와 얼어 죽을만정
정(情) 둔 오늘밤 더디 새고시라 더디 새고시라

[나] 뒤척뒤척 외로운 침상에 어찌 잠이 오리오
서쪽 창문을 열어 보니 도화(桃花)가 피었구나
도화는 시름없어 봄바람에 웃는다 봄바람에 웃는다

[다] 넋이라도 님과 함께 가자고 말하더니
넋이라도 님과 함께 가자고 말하더니
우기던 사람이 누구였습니까 누구였습니까

[라] 오리야 오리야 어린 비오리야
여울은 어디 두고 소에 자러 오느냐
소가 얼면 여울도 좋으니 좋으니

[마] 남산에 자리를 펴서 옥산을 베고 누워
금수산 이불 안에 사향 각시를 안아 누워
약 든 가슴을 맞추옵니다 맞추옵니다

[바] 아소 님하 원대평생(遠代平生)에 이별할 줄 모르옵새

ㄱ. 님과의 합일을 꿈꾸는 화자

  <만전춘별사>에는 어름 위에 댓잎 자리를 깔고 누워 있더라도 님과
함께 하는 오늘 밤이 더디 갔으면 한다는, 감정에 매우 솔직한 화자가

등장한다. 얼어 죽을 수도 있는 극단적인 상황을 가정하면서까지 정 둔 밤이 지속되기를 바라고 있다는 점에서 욕망에 충실한 적극적인 화자로 해석할 수 있다. 이러한 화자의 존재는 <만전춘별사>를 음사나 남녀상열지사로 보게 하는 근거가 되기도 하였다.

그러나 윤영옥의 말처럼 "'정둔 오늘 밤'이라고 하니 이것이 마치 찰나적인 邪戀인 것처럼 생각하나 그렇게 생각할 만한 근거가 어디에도 없"으며, "이별을 앞둔 밤의 지샘이 淫女나 遊女의 것만일 수도 없다." 사랑하는 사람과 함께 한다면 그 어떤 상황도 문제가 되지 않거나 문제가 되지 않을 수 있음을, 사랑하는 사람과 함께 하고픈 간정할 소망을 감각적인 비유로 절묘하게 표현한 것일 뿐이다. 그리고 '오늘밤'에 방점을 두어, 이별을 잉태한 찰나적 발악에 가까운 정사를 표현한 것으로 보기도 하고,[107] 곧 이별할 상황에 처한 여자로 보아 비극적인 정서를 읽어내기도 한다.[108] 그러나 [가]에서는 이별을 앞둔 절박한 처지의 여자인지, 이별한 여자인지, 사랑의 한 가운데에 있는 여자인지 판단할 근거가 없다.

문면에 드러난 내용만을 가지고 판단한다면 [가]는 상상의 말, 즉 화자의 소망이 구체화된 가상의 상황으로 보는 것도 가능하다. 두 번씩이나 반복되고 있는 '얼음 위에 댓잎자리 보와 님과 나와 얼어 죽을만정'이라는 표현은 일종의 가정이다. 따라서 얼음 위에 댓잎 자리를 보아 얼어 죽을 상황이 된다 하더라도 님과 함께 하는 밤이라면 그 상황을 견딜 수 있다는, 아니 지속되었으면 한다는 소망을 언표화한 것으로 보아야

---

107) 전규태(1986), 『한국시가연구』, 고려원, 354면.
108) 김성문(2007), 「<만전춘별사>의 시적 문맥과 정서 표출양상 연구」, 『우리문학연구』 21집, 우리문학회, 39면.

한다. '오늘'은 님과 함께 하는 현재를 의미할 수도 있지만, 정 둔 밤을 특정하기 위해 들어간 표현으로 볼 수도 있다. <동동> 8월령의 '팔월 보름에 아으 가배 날이지만 님을 뫼셔 놓곤 오늘이 가배로다'가 '팔월 보름이 가배 날이지만, 님을 모시지 않아서 화자에게는 가배 날이 아니라고, 화자에게는 님을 모신 그 때가 가배 날'이라는 말로 해석하는 것과 같은 이치이다.

[가]는 화자의 소망과 바람을 극단적으로 표현한 부분으로, 우리는 [나]에 이르러 '孤枕上'에서 님을 그리워하며 뒤척이는 화자를 대면할 수 있다.

ㄴ. 가득한 봄을 기원하는 노래

[나]에서 화자는 외로운 침상에서 잠이 들지 못한 채 뒤척이고 있다. 뒤척이다가 서창을 열게 되고 시름 많은[109] '나'와는 달리 봄 바람에 환하게 웃고 있는 도화를 보게 된다. 시름 가득하고 외로운 방안과는 달리, 서창 바깥의 세계는 봄 바람이 불고 그에 상응하여 도화가 활짝 웃는 그런 세계로 그려진다.

이러한 대비적인 상황은 화자로 하여금 님에 대한 원망으로 나아가게 한다. [다]에 이르러 화자는 '넋이라도 함께 하자고 말하던 이가 누구였냐'고 반문함으로써 마음 속에 생겨난 원망의 말을 하게 된다.

원망의 말을 쏟아낸 화자는 [라]에서 돌연 오리에게 말을 건네며 등장한다. '나-너'의 관계 구조에서 '나-남'의 관계 구조로 전환이 일어나는바, '님'에게 향했던 시선을 자신의 주변으로 돌린 것으로 해석할 수

---

[109] 도화가 시름없다고 말한 것은 자신과 견주어 한 말이라는 점에서 화자 자신은 시름이 많다는 것을 표현한 것이다.

있다. 오리와 여흘, 소의 상징적 의미를 따짐으로써 바람둥이 남자를 조롱하는 내용으로 해석하기도 하고 오리를 궁녀로, 비오리를 새로 들어온 나이 어린 궁녀로 보아 <만전춘별사>의 작자를 궁녀로 추정하는 연구도 있었다.110) 이들 연구에서 근거로 내세운, 제목의 '전(殿)'이라는 말과 옥산, 사향각시 등 사치스런 소재들은, 궁중 속악의 가사이기에 붙여진 말이거나 궁중에서 사용한 소재로 볼 수는 있지만, 그렇다고 해서 그 말이나 소재들이 궁녀가 지었다는 증거가 되지는 못한다. 배경을 궁궐로 본다 하더라도 오리와 비오리를 궁녀로 해석할 결정적인 근거가 없다.

차라리 노래의 전반적인 흐름으로 볼 때 화자가 님에게 향했던 관심을 바깥 세계로 돌렸다가 우연히 발견한 대상이 '오리'라고 보는 것이 자연스럽다. 사실 서정시가의 경우 작품 안에 등장하는 말은 그 주체가 바뀐 경우조차도 화자가 한 말이라고 보아야 한다. 자신의 말 안에서 타자의 말을 인용한 것으로 보아야 한다. 그렇게 보면 [라]는 오리에게 묻는 형식으로 자신의 말을 하고, 그 말에 대해 오리가 답하는 형식으로 자신의 생각을 다시 한번 말하는 것으로 볼 수 있다. '여흘'과 '소'는 분명 오리가 자러 가는 물, 여성을 상징할 수 있지만 화자가 '소'인지 '여흘'인지는 분명하지 않다. 어떻게 보든지 간에, 여성 화자는 여흘과 소를 오가는 까닭을 물었고 오리는 소가 얼면 여흘이 좋지만 얼지 않으면 소에서 잔다는 말을 한다. 상황을 보아가며 소나 여흘을 선택한다는 말이

---

110) 노래 제목에 들어간 '殿'에 주목하고 옥산, 사향각시 등 화려한 궁중 용어에 주목하여 이임수가 <만전춘별사>를 궁녀의 노래로 본 이래, 꾸준히 궁녀로 보는 견해에 대한 부연이 있었고 최근에는 김영수가 1연을 임금과의 사랑이라는 천재일우의 기회를 잡은 궁녀의 노래로 보고 그 기조에 따라 다른 연들도 해석해냄으로써 궁녀들의 임금을 향한 구애와 실연의 애정가요로 읽어내기도 하였다. 이임수(1988), 「만전춘의 문학적 복원」, 『여요연구』, 형설출판사, 210~211면. 김영수(2012), 「만전춘별사의 악장적 성격 고찰」, 『동양학』 제51집, 동양학연구소, 87~112면.

다. 이러한 오리의 답변은 화자가 그럴 것이라고 상상해낸 님의 말이라고 할 수 있다. 오리의 답변을 통해 화자가 님이 소와 여흘의 존재를 모두 인정해주기를 바라고 있음을 알 수 있다. 화자가 소이든 여흘이든 간에 그렇게 역할을 분담하게 되면 님이 아주 떠나는 일은 없게 되고, 화자의 걱정이나 불안 또한 사라지게 되기 때문이다.

[다]에서 원망의 말을 쏟아내고 [라]에서 그 이유를 짐작해본 화자는 [마]에 이르러 님과 '나'가 하나가 된 장면을 상상하게 된다. 얼음 위에서 얼어 죽더라도 함께 하고 싶다고 말했던 화자는 이제 남산, 옥산, 금수산 등으로 표상되는 아름다운 장소에서 약든 가슴을 맞추는 상상을 하게 된다.[111] 소망하는 바를 언어를 통해 구축하고 보니 덧붙일 말이 없어 [사]처럼 '아소 님하 원대평생(遠代平生)에 이별할 줄 모르옵새'라는 기원을 덧붙이는 것으로 노래를 마무리하고 있다.

2) 감정과 정서의 복합 경험

① 다양성의 경험

지금까지 살펴온 노래들과 마찬가지로 <서경별곡>와 <만전춘별사>의 첫 연은 무척 신선하게 시작된다. 첫 연이 독자와 청중의 몰입을 결정하는 연이라는 점에서 살펴볼 필요가 있다.

<서경별곡>의 화자는 서경 여자로 서경에 대한 자긍심이 대단하지만 님이 떠나면 하던 일도 다 버리고 따라가겠다고 말한다. 첫 연만으로도 우리는 <서경별곡>의 여자가 어디에 살고 무엇을 하고 있으며 사랑하

---

111) 전규태, 「<만전춘별사> 고」, 『고려시대의 가요 문학』, 새문사, 1992, 104~115면.

는 사람이 있는지 없는지 어느 정도 사랑하는지 충분히 알 수 있다. <만전춘별사>의 첫 연 또한 강렬하게 시작된다. 얼음 위에 시원한 댓잎 자리를 깔고 그 안에 누워 있다 하더라도, 얼어 죽을 지경이 되더라도 정 둔 오늘 밤은 더디 샜으면 좋겠다고 말하는 화자가 등장한다. 구체적인 단어로 처한 상황과 감정 상태를 형상화하고 있다. <서경별곡>과 <만전춘별사>의 첫 연은 다 버리고 따라가고 싶은 사람이 있었거나 그리고 너무 좋아서 시간이 더디 가기를 바란 적이 한번이라도 있었던 청중이라면 어렵지 않게 공감할 수 있는 상황이다. 그런 점에서 1연에서 청중이나 독자의 감정이입이나 감정적 연관 짓기가 보다 수월하게 일어날 가능성이 높다.

그러나 감정이입한 상태를 유지하기가 쉽지 않다. <서경별곡>의 경우 2연에 이르러 서경 여자로서의 정체성이 전혀 감지되지 않는 여성 화자로 바뀌기 때문이다. <만전춘별사> 역시 사정이 비슷하다. 극단적인 상황을 상상하며 욕망에 충실했던 화자가 아니라 식자층이 한시를 읊조리듯 서창 밖 도화를 보며 대비되는 자신의 신세에 대해 탄식하는 화자로 달라진다. 가히 반전에 가까운 변화라고 하겠다.

이런 상황은 이후에도 계속된다. <서경별곡>의 경우 대동강 장면으로 바뀌면서 사공에게 괜한 트집을 잡는 여성 화자가 등장하고, <만전춘별사>의 경우 함께 하자고 약속하던 이가 누구였냐는 원망을 쏟아내는 연(3연), 오리에 빗대어 소와 여흘에 대해 이야기하는 연(4연), 님과의 합일을 상상하는 연(5연), 송축의 말로 마무리하는 연(6연)이 이어진다. 형식은 물론이고 화자의 성격이나 존재 자체가 달라져 이전 연에서의 몰입을 다음 연에서 유지하기가 어렵다. 그러나 각 연 안에서는 화자의 성격이 명확하고 상황도 구체적이라 독자가 화자에게 동일시되는 것이 가능하다.

이렇게 볼 때 <서경별곡>과 <만전춘별사>는 이별이나 사랑에 대한 노래들을 모아놓은 듯한 구조이며, 독자로 하여금 다양한 화자에게 동일 시되어 각각의 화자가 느꼈을 다양한 감정을 경험하게 해주는 구조라고 정리할 수 있다.112)

이 두 노래는 특히 각 연들의 내용과 형식이 서로 달라서 합가의 가 능성이 제기된 노래들이다. <서경별곡>은 서경 노래와 일명 구슬가, 대 동 노래 셋으로 나눌 수 있는데 세 연에 나오는 화자의 성격 또한 차이 가 나고, <만전춘별사> 역시 현상적으로 보기에 각 연의 독립성이 매우 강한 노래이다. 대개 세 줄 형식이지만 길이 등이 일정하지 않은 데다가 연마다 화자의 목소리와 어조와 분위기가 달라 여러 노래들을 짜깁기해 놓은 것처럼 보이기도 한다.113)

<서경별곡>과 <만전춘별사>를 공감의 측면에서 접근하게 되면, 각 연의 이질성을 서정시가로서의 유기성을 떨어뜨리는 특징으로 본다거나 단지 합가임을 증거해 주는 현상으로 보는 관점을 넘어설 수 있다. 전체 노래 속에 자리하고 있기는 하지만 독립성을 지니는 각 연을 통해 이별이 나 사랑과 관련된 다양한 경험을 할 수 있는 작품으로 볼 수 있게 된다.

---

112) 필자는 <서경별곡>이 하나의 완결된 노래로 감상될 수도 있지만, 각 연이 독립적으 로 감상될 수도 있는, 디지털 시대의 문학 향유 방식과도 닮아 있음을 밝힌 바 있다.
113) 각 연의 특징들에 대해 분석한 전규태의 논문의 참고할 수 있으며, <만전춘별사>를 사뇌격 향가의 3행 시형으로 본 이봉원의 연구도 있다. 전규태(1992), 앞의 논문, 104~106면. 이봉원(1982), 「高麗歌謠의 歌型에 대한 文體論的 一考察」, 『고려시대의 가요문학(김열규·신동욱 편집)』, 새문사, 2~60.

② 통합의 정서를 지향

각 연의 독립성에 주목하면 <서경별곡>은 이별에 처한 세 여성의 노래로 읽힐 수 있고 <만전춘별사>는 마치 『천일야화』처럼 사랑의 여러 양상들을 담고 있는 노래로 읽힐 수도 있다.

그러나 모든 연들은 시작이 있고 끝이 있는 구조 속에 자리라고 있으며, 따라서 이전 경험이 이후 경험에 배경지식으로 작동하여 영향을 미칠 수밖에 없다. 그런 점에서 <서경별곡>와 <만전춘별사>는 하나의 시적 종결을 향해 진행되는 시가로서의 특성 또한 지니고 있다. 그런 점에서 이 두 노래에 대한 경험은 중층적인 양상으로 전개될 것임을 짐작할 수 있다. 각 연을 하나의 작품처럼 감상하면서도 동시에 그 연을 이전 연에 이어지고 다음 연으로 나아가는 전체적인 흐름 속에서 경험하게 되는 것이다. 각 연이 독립적임에도 불구하고 한 노래로서의 정서나 시적 지향을 논할 수 있음은 물론이다.

<서경별곡>과 <만전춘별사>의 정서나 시적 지향은, 각 연을 연속하는 계열체로 보고, 연과 연 사이의 논리적 간극을 메우면서 두 노래를 경험하는 일과 관련된다. 또한 표면적인 구조를 넘어서 노래의 이면에 흐르는 감정의 변화 추이를 따라가는 심층적인 경험과 관련된다.

이런 관점에서 봤을 때 <서경별곡>은 님의 부재나 부재를 예감함으로써 생겨난 화자의 내적 갈등을 해소해가는 노래로 볼 수 있다. 모든 것을 버릴 수 있을 정도로 자신의 사랑이 깊다는 것을 밝히고 헤어진다 해도 믿음은 끊어지지 않을 거라고 위안을 하지만, 갈등이 해소되지 않자 급기야 엉뚱한 사공에게 그 탓을 함으로써 님의 떠남을 인정('배 타 들면 꽃을 껵으리이다') 하게 되는 노래라고 할 수 있다. 반면에 <만전춘별

사>는 님과의 합일을 소망하는 화자가 자연과 대비되는 자신의 처지를 인식하여 님에게 원망의 말도 해보고 자연물에 빗대어 님의 마음을 상상해보고 결국에는 님과의 합일을 상상하는 것으로 마음의 평정 상태에 도달하는 노래라고 할 수 있다.

두 노래 모두 이별이나 님의 부재 등 감정의 평정을 깨는 상황에 처해 스스로를 위로하거나 소망의 말을 함으로써, 성정을 다스리는 방향을 향하고 있다.

5. 〈종합〉 고려속요의 공감 지향

1) 네 범주 공감 경험의 개요

앞서 문학 작품에 대한 공감이 일종의 구조적 유사성이 전제될 때 가능하다고 하였다. 구조적 유사성이란, 작품 안에 인간 보편의 심리나 정신 작용과 유사한 과정이 있음을 의미하는 바, 이러한 과정이 전제되지 않는다면 작품 세계의 누군가와 동일시가 되는 것도 그 누군가의 관점과 입장에서 경험하는 것도 모두 일어나지 않는다. 구조적 유사성이 있기 때문에 작품 속 누군가에게 감정이입이 되어 그 사람의 감정과 감정의 변화 추이를 경험하게 되는 것이다.

구조적 유사성이 공감 경험의 관건이 되는데, 고려속요 작품 속 화자의 정신 및 심리 작용의 보편성과 구체성을 밝히는 것이 공감의 실체를 밝히는 일이 된다. 앞에서 화자가 누구이고 어떤 상황에 처해서 어떻게 자신의 감정을 질서화하고 있는지 살핀 것도 모두 이 때문이다.

　화자의 감정이나 심리의 과정이 지속되고 종결되는 양상에 따라, 하나의 단일할 경험을 허용하는 구조의 노래와, 하나의 경험으로 통합은 되되 중층적이거나 단속적인 여러 개의 경험들이 담겨 있는 구조의 노래로 대별하고, 후자를 각 연의 독립성 및 각 연이 전체 노래에서 하는 역할이나 기능 등을 고려하여 다시 세 개의 범주로 나눠, 고려속요 작품들을 분석하였다. 그 결과를 정리하면 다음과 같다.

　우선, 하나의 단일한 경험을 가능하게 하는 구조로 <정읍사>와 <가시리>, <이상곡>, <정과정>을 살펴보았다. 이 노래들은 모두 '나-너'의 관계 속에서 '너'의 부재로 인해 불안이나 슬픔에 빠진 화자가, 자신의 감정이나 처지를 직설적으로 표현하는 것으로 시작한다. '가시리 가시리잇고' 반문하고, '높이 떠서 님에게 비추라'고 달에게 명령하고, '이 험한 길을 뚫고 님이 자러오겠느냐'고 다짜고짜 말하고, '내 신세가 산 접동새 같다'고 토로하는 화자가 등장한다. 네 노래 모두 감정'에 대해' 말하는 것이 아니라 감정'을' 바로 표현하는 방식이라, '너'의 부재로 인한 불안이나 슬픔을 경험한 적이 있는 독자라면 누구나 화자에게 동일시되거나 자신의 감정을 투사하여 화자의 생생한 감정을 상상적으로 경험하는 것(simulating)이 가능하다.

　그런가 하면 <정읍사>, <가시리>, <이상곡>, <정과정> 네 노래는 모두 님의 부재에서 비롯된 갈등을 언어적으로 해소해가는 과정을 보여준다. 언뜻 보면 소극적인 여성 화자가 애원하고 호소하는 것처럼 보이지만, 자신의 감정이나 생각을 매우 솔직하게 표현하고 있는 점과[114] 자

---

114) <가시리>의 화자는 진짜 갈 거냐고 묻고 보내기 싫지만 선해서 오지 않을까 봐 보낸다는 사실을 분명하게 전달하고, <정읍사>의 화자는 '즌 데'를 디딜까 하는 불안을 드러내고, <이상곡>의 화자는 자신에겐 다른 사람이 있을 수 없다고 확실하게 의사를 표현하고, <정과정>의 화자는 함께 하자는 기약을 잊었느냐고 반문한다.

신의 바람이나 소망을 언어화하는 것으로 노래를 끝낸다는 점에서 공통점을 지닌다. 말을 통해 기원과 다짐을 둠으로써,[115] 님을 보낼 수 있게 되고 님을 다시 기다릴 수 있게 된다. 말을 한다고 해서 현실이 달라지지는 않았겠지만, 언어적 실재를 구축함으로써 심리적 갈등이 해소되고 화자가 평정을 찾은 것은 분명해 보인다.

이러한 갈등 해소 방식은 갈등이 외부에서 주어졌을 때, 인간이 그 갈등을 받아들이는 보편적인 방식이다. 그 상황에 대한 불만이나 원망, 의아한 마음을 표하면서 동시에 자신의 소망을 언어화할 수밖에 없다. 그런 점에서 <정읍사>와 <가시리>, <이상곡>, <정과정>의 화자와 그 화자의 정서는 인간 심리의 보편성에 기반해 있으며, 네 노래 모두 소극적인 여성 화자의 체념의 노래이기만 한 것이 아니라 약자로서의 건강한 자기 위안 및 치유의 노래라고 볼 수 있다.

다음으로, 연장체이긴 하지만 각 연과 연의 관계가 긴밀하게 연결되거나 연속되는 노래들인 <청산별곡>와 <동동>을 살펴보았다. <청산별곡>과 <동동>은 '나-너'의 관계라기보다는 '나-남(세상)'의 관계 속에서 약자인 나의 존재론적인 갈등을 담고 있는 노래라는 공통점이 있다. 피안을 욕망하고 절대 고독에 빠진 화자의 존재가 형상적으로 제시됨으로써 독자나 청중의 감정이입을 가능하게 하는 특징이 있었다.

<청산별곡>와 <동동>의 화자는 '남', 즉 세상과의 합일을 꿈꾸지만 늘 실패할 수밖에 없다. 청산에 살고 싶은 욕망은 어느 곳에 정착한다고 해서 충족되는 그런 차원의 욕망이 아니기 때문이다. 절대 고독 또한 누군가와의 합일을 통해 극복될 수 없는 실존적인 인식이기 때문이다. 따

---

115) '가시는 듯 다시 오라'는 말, '어느이나 놓코시라'는 말, '다시 생각해서 사랑해달라'는 말, '함께 하고 싶은 기약뿐'이라는 말이 소망의 말이 된다.

라서 <청산별곡>과 <동동>은 비극성을 띨 수밖에 없다. 그러나 길 위는 가능성의 공간이자 이동의 공간이라는 점에서 <청산별곡> 화자의 여정은 끝나지 않았고, 12월이 비극적으로 마감되었지만 어김없이 1월이 다시 오고 계절의 변화가 다시 시작된다는 점에서 <동동> 화자의 합일에 대한 희구 또한 끝날 수가 없다. 그런 점에서 <청산별곡>과 <동동>은 결코 끝이 날 수 없는, 인간 삶을 은유적으로 인식하게 하는 구조라고 할 수 있다. 끝이 없는 이야기 구조는 벗어날 수 없는 실존적 상황에서 오는 비극성을 경험하게도 하지만 그 비극적인 상황이 인간 보편의 삶의 조건이자 삶의 전제임을 받아들이게 함으로써 다시 길을 떠나고 다시 님과의 합일을 꿈꿀 수 있게 한다. 그런 점에서 <동동>과 <청산별곡> 역시 세상 속에서 사는 약자가 건강하게 극복하거나 자신을 위로하는 노래라고 볼 수 있다.

세 번째로, 동일한 형식이 반복됨으로써 하나의 전체 노래를 구성하는 작품을 살펴보았다. 장소와 등장인물만 달라질 뿐 동일한 내용이 반복되고 있는 <쌍화점>과, 불가능한 일이 현실로 일어나면 님과 이별하겠다고 하는 <정석가>, 소망하는 바가 여덟 개의 장면으로 병렬되고 있는 <한림별곡>이 여기에 속한다.

<쌍화점>은 화자가 겪은 사건을, <정석가>와 <한림별곡>은 자신들이 상상한 일을 말한다. 어떤 상황에 처한 화자의 감정이나 심리 상태가 표출되기 보다는 내가 당한 사건이나 상상한 것을 언어화하고 있다. 동일하거나 비슷한 형식의 반복은 리듬감의 형성과 더불어 정서를 강화하는 효과가 있다. 또한 어떤 사실을 실재하는 것처럼 믿게 하는 힘도 있다. 사실이 아님에도 불구하고 자꾸 듣다 보면 사실인 것처럼 여기게 되는 것이 그 예가 된다. 반복됨으로써 <정석가> 화자의 신념은 심리적

실재가 되고, 그렇게 되면 님과의 이별은 불가한 일이라는 생각이 자리잡게 된다. 한편 <한림별곡>에서는 한림제유들이 꿈꾸는 것이 한 장면씩 나열될 때마다 마치 그러한 상상이 실현된 것 같은 정서를 경험하게 된다. <쌍화점> 역시 같은 논리로 설명이 가능하다. <쌍화점>은 본능 지향과 규범 지향의 갈등 속에서 규범 지향을 거듭 표방함으로써 순화되고 질서화된 성정에 도달하게 한다.

마지막으로 합가설이 제기되었을 정도로 각 연의 독립성이 돋보이는 <만전춘별사>와 <서경별곡>을 살펴보았다. 각 연의 형식은 물론이고 화자의 성격이나 존재 자체가 달라져 이전 연에서의 몰입을 유지하기가 어렵다. 그러나 한 연 안에서는 화자의 성격이 명확하고 상황도 구체적이어서 그 화자에게 동일시되는 것이 가능하다. 표면적으로 볼 때 <서경별곡>과 <만전춘별사>는 이별이나 사랑과 관련된 사람들의 감정이나 정서를 모아 놓은 노래들이 이어져, 다양한 화자에게 동일시되어 다양한 감정을 경험하게 해주는 구조라고 할 수 있다. 그러나 심층적으로 보면 <서경별곡>이나 <만전춘별사> 모두 이별이나 님의 부재 등 감정의 평정을 깨는 상황에 처해 스스로를 위로하거나 소망의 말을 함으로써, 성정을 다스리는 노래라고 할 수 있다. 자기 위안 및 치유의 노래로 본 첫 번째 범주와 정서적 지향이 같다고 할 수 있다.

고려속요를 자기 위안 및 치유의 노래와, 삶의 본질에 대한 성찰의 노래, 신념과 규범 지향의 노래 및 다성성과 다양성의 노래로 나누고, 각각의 범주에 속하는 노래들이 모두 인간 심리의 보편적 구조와 유사성을 지님으로써 공감을 가능하게 하는 시뮬레이터로서의 특징을 가지고 있음을 보았다. 이제 그러한 구조적 유사성이 어떤 보편적 경험을 가능하게 하는지 살펴봄으로써 고려속요의 미학을 살펴볼 차례다.

2) 감정의 순화 및 극복 지향

① 감정적 연관 짓기의 용이성

<정읍사>, <가시리>, <이상곡>, <정과정> 모두 노래의 시작 부분에서 화자의 상황과 감정이 매우 구체적으로 생생하게 제시하고 있다. 고려속요의 작품 속 타자인 화자가 '되어' 작품 세계를 경험하는 것은 화자의 입장과 관점을 상상적으로 취함으로써 가능하고, 화자의 관점을 취하는 것은 화자에 대한 앎을 요구하며 그 앎은 맥락에 의존적이다.116) 그런데 고려속요의 대부분은 맥락이 구체적이고 나─너의 관계에 충실한 구체적인 화자가 등장하는 특징이 있다. 화자가 처한 상황은 물론이고 화자의 감정이나 심리 상태가 형상적인(figurative) 언어로 시각화되어 제시된다.

'불안하다'나 '슬프다' 등의 감정이나 '함께 있고 싶다'거나 '떠나고 싶다'는 등의 소망은 추상적이어서, 그 감정이나 소망을 전달하는 것이 쉽지 않다. 그보다는 '가시리 가시리잇고'를 거듭 말하는 것이 이별을 당한 화자의 감정을 즉각적으로 떠올려주는 효과가 있고, '얼음 위에 댓잎 자리 보아 님과 나와 얼어죽을 망정 정든 오늘 밤 더디새고시라'라는 표현이 백 마디 설명보다 화자의 절실한 소망과 그 소망으로 인하여 생긴 불안을 잘 보여주며, '멀위랑 달래랑 먹으며 청산에 살고 싶다'는 말이 화자의 현실 인식과 피안 지향의 욕망을 한꺼번이 드러내고, '서경이 잘 닦은 서울이지만 님이 떠난다면 모든 것을 버리고 따라나서겠다'는 말이 님에 대한 애정의 깊이를 감각적으로 보여준다. 이처럼 비유나, 행동의 하나인 직설적인 말을 통해, 화자의 상황과 감정을 구체적으로 생

---

116) Amy Coplan & Peter Goldie ed.(2012), 앞의 책, 13면.

생하게 그려내고 있는 점이 고려속요의 특징이다. 대부분의 사람들은 상 상력의 힘을 통해 생생한 이미지와 감각을 그려냄으로써,[117] 가상 경험 을 할 수 있다고 한다. 그런데 고려속요의 첫 연은 생생한 이미지와 감 각을 드러내고 있다는 점에서, 독자들이 상상적으로 작품 세계로 '들어 가는' 것을 수월하게 한다고 하겠다.

한편, 고려속요가 '정서의 폭발적인 분출' 양상을 보인다고 하면서, 생 경한 감정이라고 부를 수는 없지만 워낙 거침없이 직설적으로 터져 나 오는 서정이라 격정성이라고 부를 만하다고 한 연구[118] 역시 고려속요 노래들의 시작 부분에 특히 주목한 결과라고 할 수 있다. 고려속요 전반 의 정서로 격정성을 언급하기는 하였지만, "<정과정곡>의 開口一聲이 울음이었고 이어서 변명과 따지기, 그리고 애원과 하소로 연결되는 숨 가쁜 직핍의 방도를 선택하였다"[119]고 말한 예에서 보듯이 격정성을 추 출한 근거가 상당 부분 노래의 시작 부분에 있음을 알 수 있다.

고려속요 작품 속 화자들 모두 단도직입적으로 감정'에 대해' 말하는 것이 아니라 감정'을' 말하고 감정'을' 보여주는 특징이 있다. 따라서 고 려속요에 대한 공감은 '나-너 관계'나 '나-남 관계' 속에서 약자인 화 자의 감정을 경험하는 일이 된다고 할 수 있다.

약자인 화자의 감정은 대개 외부에서 주어진 갈등으로 인해 생겨난 경우가 대부분이다. <가시리>, <정읍사>, <이상곡>, <정과정>, <서 경별곡>, <만전춘별사>, <정석가> 등 '나-너' 관계 구조가 나타나는 노래들의 경우에는 '너'인 님의 떠남이나 부재로 인한 결핍에서 비롯된

---

117) Christian Keysers(2011), 앞의 책, 66~77면.
118) 박노준(1995), 「시가문학사의 관점에서 본 고려속요의 정서」, 『모산학보』 제7집, 동아 인문학회, 109~142면.
119) 박노준(1995), 위의 논문, 119면.

정서가 문제가 된다. 반면에 '너-남'의 관계 구조가 나타나는 <청산별곡>과 <동동>의 경우에는 세상 속에 존재하는 인간 보편의 욕망과 실존적 고독이, <쌍화점>의 경우에는 욕망과 규범 사이의 갈등이, <한림별곡>의 경우는 한림제유들의 욕망이 문제가 된다. 고려속요가 참으로 다양한 작품 세계를 보여주지만, 겹낌이라는 보편적인 심리 동기나 보편적인 욕망에 바탕을 두고 있기 때문에 보편적 공감이 가능했을 것이라는 추정[120]이 설득력이 있다.

고려속요에는 작품 속 타자와 타자가 처한 상황이 구체적·형상적으로 제시됨으로써 독자의 감정적 연관 짓기가 수월하다. 즉 독자가 어렵지 않게 화자에게 동일시되어 화자처럼 경험할 준비가 된다고 가정할 수 있다. 그렇다면 이제 독자가 화자가 되어 어떤 경험을 하게 될 것인지, 심리 및 정신 활동의 결과로 도달하게 되는 정서는 무엇인지 살펴보아야 한다.

② 약자의 심리적 극복 체험

고려속요의 화자는 관계 속에서 약자의 위치에 있지만, 따라서 현실적인 힘은 없지만 그렇다고 해서 무조건 참고 견디는 그런 인물로 나오지는 않는다. 고려속요의 화자들은 외부에서 주어진 갈등으로 인한 원망과 슬픔은 물론이고 하고 싶은 말을 외부를 향해 적극적으로 표현하는 약자들로 나온다. 왜 가느냐고 묻고, 함께 있자고 우기던 사람이 누구냐고 따지며, 극단적인 상상을 동원하여 함께 하고 싶다고 말하는가 하면, 심지어 아무 잘못도 없는 사공이나 그곳에 있었다는 이유로 새끼 광대를

---

120) 김대행(1996), 앞의 논문, 23~39면.

탓하기도 하다.

감정은 외부 세계로부터 단절된 내부 세계에 존재하는 것이라고 생각되지만 사실은 외부 세계에서 비롯된 것이다. 그래서 어떤 방식으로든 감정을 내부 세계에 가둬두지 말고 외부 세계를 향해 표현해야 한다. 그런 점에서 볼 때 고려속요의 화자들은 심적 갈등을 유발한 님을 물론이고, 청중을 향해, 자신이 경험하고 느끼는 감정을 진솔하게 표현하는 건강함을 보여준다고 할 수 있다. 자신이 처한 상황을 회피하거나 숨기지도 않고 자신의 감정을 솔직하게 인정하고 자신의 감정과 생각을 꾸밈없이 말하는 특징이 있다.

현대 심리학에서는 부정적인 감정조차 우리가 살아 있다는 증거이며 그것을 건강하게 표현하는 방법을 배워야 한다고 말한다. 가장 위험한 것은 그 감정을 인정하지 않고 회피하는 것이다. 가령 화의 경우, 화를 억누르거나 가학적으로 풀거나 붙잡고 놓지 않거나 화를 이용해 다른 감정을 회피하거나 상대방과 멀어지거나 병적인 분노에 빠지는 것은 화가 부정적인 방향으로 진행되는 것으로 좋지 않다는 것이다.[121] 약자로서의 억울함이나 원망, 바램 등을 드러내는 데 거리낌이 없는 고려속요의 화자들은 그런 점에서 건강한 사람들이라고 할 수 있다. 따라서 고려속요의 화자들에 대해 '소극적이고 여성적'이라는 평가어나 '노골적이고 부끄럼도 모르며 대담하다'는 등의 평가어는 수정되어야 한다. 감정에 솔직하고 충실하다거나 진정성이 있다는 평가가 실상에 더 부합한다고 하겠다. 관계와 감정에 대한 진정성과 욕망에 대한 건강한 인정과 드러냄이 고려속요의 공감의 한 요인이 된다고 보아야 한다.[122]

---

121) 장 메종뇌브(1999), 『화의 심리학』(김용민 옮김), 한길사.
122) 앞에서 이미 지적한 것처럼 '얼음 위에 댓잎 자리 보아 님과 나와 얼어죽을 망정 정든

그러나 고려속요의 화자들은 외부 세계를 향해 자신의 감정을 표현하는 것에 그치지 않는다. 관계에서 약자에 놓여 있는 화자들에게는 늘 불안이 자리할 수밖에 없고 그 불안이 해소되어야만 감정의 평형 상태에 도달할 수 있다는 점에서 불안 해소를 위한 보다 적극적인 노력이 필요하기 때문이다.

불안은 심리학적으로 볼 때 현상태에 대한 불만족이나 미래에 대한 근심이라는 두 가지 측면이 있다.[123] 고려속요의 화자는 소망이나 자신이 지향하는 바를 언표화하거나 상상적으로 그려냄으로써 현상태에 대한 불만족과 미래에 대한 근심을 모두 해소하는 모습을 보여준다. 자기 치유의 노래들이라고 분류된 네 편의 노래들은 자신의 소망을 언표화한 부류에 속한다. 묻고 따지고 원망하다가 결국에는 님에게 다짐의 말이나 기원, 호소의 말을 함으로써 미래에 대한 근심을 떨쳐내고 있다. '가시는 듯 다시 오소서'라고 말하고 '어느이다 놓고시라'고 말하고 '다시 생각해서 사랑해달라'고, '함께 하고 싶은 기약뿐'이라고 말함으로써, 자신의 바람을 언어적 실재로 구축해놓음으로써 위안을 받고 다시 기다릴 힘을 얻는다. 사공에게 전가하지만 결국에는 님의 떠남을 인정하는 말로 끝맺음을 하는 <서경별곡> 또한, 어디에나 놓고 오라고 말한 다음 자신의 미래에 대한 의구심을 느끼게 된 <정읍사>와 흡사한 방식이다.

<쌍화점>의 화자는 타자의 목소리를 통해 욕망 지향을 드러내기도 하지만, 결국에는 본능 지향과 규범 지향의 갈등 속에서 '그 자리 같이

오늘밤 더디새라'는 소망을 유녀나 궁녀, 생정녀의 말로 볼 근거는 그 어디에도 없으며 사랑에 빠진 인간의 보편적 불안과 소망을 감각적으로 그려낸 것으로 보아야 한다. '쌍화점에 갔는데 회회아비가 내 손목을 쥐여이다'라는 고백 또한 욕망에 사로잡힌, 음탕한 여자의 말로 볼 근거는 그 어디에도 없다.

123) 장 메종뇌브(1999), 위의 책, 140면.

덤거츤 데 없다'는 규범 지향의 말로 내적 갈등을 정리한다. 사건의 일
탈성과 사건 당사자의 보고 형식이 주는 선정성에 주목하기보다는 <삼
장>에 없는 뒷 부분이 속악의 가사에는 나타난다는 점에서 <쌍화점>
의 결말 부분, 순화된 성정을 겨냥하는 마지막 부분이 궁중 속악으로서
의 존재를 가능하게 했을 것으로 보았다. <만전춘별사>나 <정석가>,
<한림별곡>는 현상태에 대한 불만족이나 미래에 대한 근심을, 자신들이
원하는 상상의 세계를 구축함으로써 극복하고자 한 노래들로 분류된다.

　이상으로 볼 때 고려속요는 관계 속에서 약자인 '나'의 건강한 극복의
이야기라고 부를만하다. 화자의 정체가 분명하고 화자가 처한 상황이 보
편성과 구체성을 지님으로써 청중들로 하여금 화자에게 동일시되어 약
자로서의 화자가 심리적 갈등이나 감정을 해소해가는 과정, 순화되지 않
은 감점 상태에서 성정의 순화로 나아가는 과정을 함께 경험할 수 있게
한다. 이처럼 욕망이나 감정을 솔직하게 인정하고 드러냄과 동시에 그
욕망이나 감정을 건강하게 극복하는, 즉 성정의 순화와 조화를 지향하는
장르가 바로 고려속요라고 결론 지을 수 있다.

Ⅴ. 공감의 장르, 고려속요의 당대성

1. 조선조 수용의 양면성

고려속요는 고려 궁중에서 당악과 함께 교주(交奏)되었던 속악의 가사
인데, 속악은 향악(鄕樂) 혹은 토풍(土風)으로도 불린다. 그런데 고려 당대
의 기록이 현재는 남아 있지 않다. 우리말 가사가 남아 있는 노래 중,
<쌍화점>과 <정석가>, <정읍사>와 <처용가>, <정과정> 일부만이
고려 시대 이제현과 민사평의 악부시(樂府詩)에 그 흔적을 남기고 있다.
악부시가 고려 속악의 가사를 직접 번역한 시도 아니고, '민간의 노래
중 마음에 느낌이 있는 것을 골라 번해하여 지은 신사(取別曲之感於意者飜
爲新詞)'라는 점에서 고려속요와 관련은 깊지만 그러나 고려속요를 온전
하게 기록한 것으로 보기는 어렵다.

고려속요는 조선 초기에 이르러서 기록되어 오늘에 전한다. 『고려사』
악지에 속악가사로서의 존재 및 그 쓰임이, 『악학궤범』과 『시용향악보』,
『악장가사』에 연행 양식과 악보, 그리고 가사가 각각 기록되어 있다. 그
런데 궁중 음악의 연행 및 교육을 목적으로 만든 악서에 고려속요가 기

록되었다는 사실 자체가 고려 속악의 가사가 조선 궁중에서도 여전히 사용되었음을 증거해 준다. 고려속요가 조선조의 필요에 의해 정리되고 기록되었음을 알 수 있다.

고려속요가 조선 궁중에서도 여전히 사용됨에 따라, 조선 시대에 전대의 노래인 고려속요의 성격에 대한 논란이 종종 일어났다. 조선왕조실록을 보면 그 논란이 성종과 중종 연간에 집중되어 있고 <만전춘>, <서경별곡>, <이상곡>은 물론이고 정재(呈才)로 연행되었던 <동동>과 <정읍사>까지 남녀상열지사 혹은 음사로 규정되어 금지나 교체 논란의 대상이 되었음을 알 수 있다. 그러나 이후 교체되어 새로 등장한 노래들이 사용된 기록은 찾아보기 어려운 반면, 교체 대상으로 논란이 되었던 고려속요는 여전히 연행되었다는 기록이 있어 여러 가지 의문을 낳는다. 고려속요를 취사 선택하여 기록에 남긴 것도, 남긴 노래들에 대해 부정적인 평가를 내린 것도 모두 조선 시대에 있었던 일이기 때문이다.

고려속요의 이러한 조선조 수용 양상에 대해서는 이미 많은 논의가 있었다. 그러나 음사나 남녀상열지사임에도 불구하고 궁중 속악의 가사로 활용된 점이나 교체 논의가 있었음에도 불구하고 살아남은 까닭에 대해 아직까지는 설득력 있는 견해가 제출되지 않았다. 특히 고려속요의 장르적 특성에 입각한 논의가 미흡하다고 본다. 고려속요가 고려 시대에는 물론이고[124] 조선 시대에도 궁중의 의례에 사용되었다는 사실은 음사 혹은 남녀상열지사라는 부정적인 평가를 넘어서는 어떤 긍정적인 효용이나 본질을 가정하지 않을 수 없다. 연군(戀君)의 동양적 전통이 있기

---

124) 『고려사』 악지에 나오는 '속악을 쓰는 절도' 항목은 '원구(圜丘)와 사직(社稷)에 제사하고 태묘(太廟)·선농(先農) 및 문선왕묘(文宣王廟)에 제향을 드릴 때 아(亞)·종헌(終獻) 및 송신(送神)에는 다 향악을 번갈아 연주한다.'는 기록이 나온다. 차준환 역 (1972), 앞의 책, 257면.

도 하고, 남녀 관계가 군신 관계로 치환될 수 있으며 그런 점에서 남녀
상열지사가 충신연주지사로 전이될 수 있는 구조임에는 틀림이 없지만,
그 설명만으로는 충분하지 않다. 그 논리는 '남녀상열'로 묶이기 어려운
작품을 포괄하여, 현전하는 고려속요 전반에 적용하기 어렵다는 한계도
있다.

이 연구에서는 그것이 고려 궁중이나 조선 궁중의 필요에 부응한, 고
려속요의 '장르적 지향'이나 특징으로 인해 가능했다고 가정했다. 그렇
게 가정하고 보면 그것이 무엇이든 간에, 조선 초기 고려속요를 전대의
제도이자 당대에도 소용되는 노래로 정리했던 사람들 또한 그러한 '장르
적 지향'을 감지하고 있었다고 보아야 한다. 고려속요는 궁중에서 연행
되었던 공식적(公式的)인 의례악(儀禮樂)의 가사(歌詞)였고, 강명혜[125]의 지
적처럼 대악서(大樂署)의 관리는 과거에 급제한 인물로서 예악에 대한 견
해와 학식이 수준급 이상이었다는 점에서 그들이 장르적 지향에 대해
감지하고 있었다고 보는 것이 타당하다.

고려속요의 장르적 지향이 시대와 왕조를 초월하여 '공감'을 가능하
게 한 자질이었을 것임은 물론이다. 앞 장에서 살핀, 감정의 질서화 혹
은 순화된 성정을 지향하는 고려속요의 장르적 지향이 조선 조 궁중 음
악이 갖추어야 할 덕목이기도 했을 것으로 가정할 수밖에 없다. 과연 그
러했을까 살펴보기 위해서는, 우선 조선 조의 부정적인 평가의 말에 가
려진, 궁중 속악으로서의 지향이나 기준을 재구성하는 일이 필요하다.
그리고 그러한 재구성은 조선조의 평가어나 평가적 언급에 대한 재검토
로부터 시작되어야 할 것이다.

---

125) 강명혜(1998), 앞의 논문.

2. 조선조 평가에 대한 비판적 검토

고려속요에 대한 최초의 평가적 언급이나 평가는 『고려사』 악지에 나온다고 할 수 있다. 『고려사』 악지는 조선조 사관이 개입된 전대(前代) 역사에 대한 기록일 뿐만 아니라 한자로 서술되어 우리말 노래의 전모를 담는 것이 애초가 불가능한 기록물이다. 향악이 제도로서 궁중 조회나 연악, 제례악으로 쓰였음을 알려주지만, 고려속요 작품들에 대해서는 노래의 제목과 내용에 대해 간략하게 소개하는 선에 머물고 있다. <동동>과 <서경> 및 <대동강>, <처용가>, <정과정>, <삼장>과 <사룡>, <한림별곡>이 기록되어 있다.

그런데 『고려사』 악지의 기록 중 '말의 속되고 천함이 심하다(語多鄙俚之甚)'126)는 언급이 눈에 띤다. 이 말이 고려속요의 비천함 혹은 속됨을 일컫는, 고려속요의 장르적 특징이나 성격을 규정하는 말로 해석될 수 있다. 그러나 <동동>에 송도의 뜻이 많이 들어 있지만 가사가 이어(詞皆俚語)라 실을 수 없다고 한 말이나 삼국의 속악은 모두 이어(皆用俚語)라고 언급한 것으로 볼 때,127) '이어'는 부정적인 가치 평가의 말이라기보다는 우리말 노래를 칭하는 것으로 보는 것이 적절하다.128) 이는 여러 논자들이 이미 지적한 바이기도 하다. '語多鄙俚'란 <한림별곡> 등의 노래처럼 한자어구나 한문투가 등장하지 않고 궁궐 바깥 일반 사람들이 부르는 노래 가사처럼 우리 말을 주로 사용하고 있다는 말로 볼 수 있다. 이렇게 볼 때 '비리(鄙俚)'나 '이어(俚語)'라는 말은 고려속요의 장르적

---

126) '語多鄙俚之甚 但記其歌名與作歌之意', 차주환(1972), 앞의 책, 63면.
127) 위의 책, 221면, 224면.
128) 조규익(1998), 「조선조 시가 수용의 한 측면」, 『국어국문학』 98호, 국어국문학회, 83면.

지향을 드러낸 언급이라기보다는 우리 말 노래임을 칭하는 말로 볼 수 있다.

다음으로 살펴볼 평가어나 평가적 언급은 음사 혹은 남녀상열지사라는 성격 규정의 말이다.

> 前朝에서 三國의 末年의 음악을 이어받아 그대로 썼고 또 宋朝의 음악을 따라 敎坊樂을 사용토록 청하였으니 그 말년에 이르러 또한 음란한 소리가 많았사온데 朝會와 宴享에 일체 그대로 썼으니 볼 만한 것이 없습니다. 지금 國初에 그대로 인습하는 것은 불가하옵니다. ─태종 2년 6월. 태종실록

위의 기록은 조선 초 궁중 음악의 연행 상황을 짐작하게 해 준다. 조선 초에도 고려속요가 조회와 연향에 사용되었음을 알 수 있고 고려속요 역시 전대의 노래들을 근간으로 형성되었는데 말기에는 고려 노래에 음란한 소리가 많아졌다고 한다. 전대 음악을 인습하는 것에 대한 문제제기라는 점에서 고려속요에 대한 부정적인 평가가 포함되어 있기는 하지만 고려속요의 성격에 대한 구체적인 지적으로는 보기 어렵다.

초기 이처럼 간헐적으로 제기되었던 속악에 대한 부정적인 평가가 성종과 중종 연간에 집중적으로 증가한다. 남녀상열지사임을 들어 <서경별곡>의 가사를 따로 짓도록 하는가 하면,129) 다음과 같이 여악의 음란성이 거듭 지적되면서 고려속요에 대해 부정적으로 평가하는 말들이 등

---

129) "종묘악(宗廟樂)의 보태평(保太平)·정대업(定大業)과 같은 것은 좋지만 그 나머지 속악(俗樂)의 서경별곡(西京別曲)과 같은 것은 남녀(男女)가 서로 좋아하는 가사(歌詞)이니, 매우 불가(不可)하다. 악보(樂譜)는 갑자기 고칠 수 없으니, 곡조(曲調)에 의하여 따로 가사(歌詞)를 짓는 것이 어떻겠는가? 그것을 예조(禮曹)에 묻도록 하라(宗廟樂如保太平定大業則善矣其餘俗樂如西京別曲男女相悅之詞甚不可樂譜則不可卒改依曲調別製歌詞何如其問於禮曹)" ─성종 19년(1488) 4월 4일, 성종실록 215卷

장한다.

> 요사이의 음악(音樂)은 거의 남녀(男女)가 서로 좋아하는 가사[詞]를
> 쓰고 있는데 이는 곡연(曲宴)이나 관사(觀射)에 거둥하실 때는 써도
> 무방합니다만, 정전(正殿)에 임어(臨御)하시어 군신(群臣)을 대할 때
> 이 속된 말[俚語]을 쓰는 것이 사체(事體)에 어떠하겠습니까? 신(臣)이
> 장악 제조(掌樂提調)가 되었으나 본래 음률(音律)을 해득하지 못합니다.
> 그러하오나 들은 바대로 말씀드린다면 진작(眞勺)은 비록 속된 말이나
> 충신(忠臣)이 임금을 그리는 가사이므로 쓴다 해도 방해로울 것이 없
> 으나, 다만 간간이 노래에 비루(鄙陋)하고 저속된 가사로 후정화(後庭
> 花)·만전춘(滿殿春) 같은 종류도 많습니다. 치화평(致和平)·보태평(保
> 太平)·정대업(定大業) 같은 것은 곧 조종(祖宗)의 공덕(功德)을 칭송(稱
> 頌)하는 가사로서 마땅히 이를 부르도록 해서 성덕(聖德)과 신공(神功)을
> 포양(襃揚)하여야 할 것입니다. 지금의 기공(妓工)들은 누적된 관습(慣
> 習)에 젖어 있어 정악(正樂)을 버리고 음탕한 음악[淫樂]을 좋아하니,
> 심히 적당하지 못합니다. 일체의 속된 말들은, 청컨대 모두 연습치 말게
> 하소서[130] ─성종 19년(1488)년 8월 13일, 성종실록 219권.

당시 음악 전반에 대해 언급하고 있는데, 특히 여악의 문제점을 지적
하는 맥락 속에서 나온 말이다. 정악을 여기(女妓)들이 연행하게 됨에 따
라 음악(淫樂)으로 변질되었고, 남녀상열지사가 주종을 이루게 되었으며,
이러한 총체적 문제를 해결하기 위하여 기공(妓工)들의 교육을 바꾸고 남
녀상열지사의 노래나 <만전춘> 등 저속한 노래는 곡연(曲宴)이나 관사

---

130) 御經筵講訖特進官李世佐啓曰方今音樂率用男女相悅之詞如曲宴觀射行幸時則用之不妨御正
殿臨群臣時用此俚語於事體何如臣爲掌樂提調本不解音律然以所聞言之眞勺雖俚語乃忠臣
戀主之詞用之不妨但間歌鄙俚之詞如後庭花滿殿春之類亦多若致和平保太平定大業乃祖宗
頌功德之詞固當歌之以襃揚聖德神功也今妓工狃於積習舍正樂而好淫樂甚爲未便一應俚語
請皆勿習上顧問左右領事李克培對曰此言是也但積習已久不可遽革令該曹商議以啓上曰可.

(觀射)에나 쓰고 정전에서는 공덕을 칭송하는 가사로 바꾸는 조치를 취해
야 한다고 건의하고 있다.

주목해야 할 것은 조선 초부터 간헐적으로 있어오긴 했지만 위에서
보는 것처럼 음란성이나 남녀상열지사 등 저속함에 대한 지적이 성
종131) 및 중종132) 대에 더욱 활발하게 진행되었다는 점이다. 그리고 이
후에는 그러한 논란이 수면 위로 떠오르지 않았으며 고려속요가 여전히
향유되었다는 점이다.

필자는 남녀상열지사나 음사 등의 규정이 잘 알려진 것처럼 사림의
등장으로 인해 달라진 이념적 지향은 물론이고, 당시 정치적 상황133)과

---

131) 앞서 예를 든 것 외에도 다음과 같은 논의가 성종 조에 있었다.
"더욱이 그 가운데 남녀가 서로 좋아하는 가사도 많으니, 청컨대 모두 버리소서."(其
中男女相悅之詞亦多請皆去之)" ―성종 21年(1490)

132) 중종 대 논란이 된 부분을 뽑아 소개하면 다음과 같다.
"이남(二南)은 정풍(正風)이요, 그 다음 13국풍은 변풍(變風)인데, 모두 악관(樂官)에 배
열하여 관찰하며 반성하도록 하고, 거울삼아 경계하도록 한 것입니다. 신이 장악원 정
(掌樂院正)으로 있을 적에 보니, 여악(女樂)이 거개 부정(不正)하여 모두 남녀가 서로
좋아하는 가사를 노래하여 너무나 설만(褻慢)하였습니다. 이와 같이 부정한 음악은
마땅히 연향(燕饗)에 쓰지 않아야 할 것이오니, 장악원으로 하여금 ≪시경≫의 글을
교습시켜 연례(燕禮)에 쓰도록 하소서. (하략) (二南爲正風此下十三國爲變風皆列於樂
(官)府備觀省而垂鑑戒臣爲掌樂院正觀之女樂多不正皆以男女相悅之詞歌之甚爲褻慢如此不
正之音不當用於燕饗請令掌樂院敎習詩章用之燕禮司經閔壽千日雖不得敎以詩章別製樂章
敎之可也.", "남녀가 서로 좋아하는 가사(歌詞)는 과연 부정(不正)하다. 가사의 딴 곡
조[別曲]를 이에 앞서 이미 제정했으니 반드시 해사(該司)에서 거듭 밝혀 익히도록 할
것이다. (중략) (男女相悅之詞, 果不正, 歌詞別曲, 前此已製, 宜必該司申明肄習也)" ―중
종 4年(1509) 첫 번째 기사와 두 번째 기사.
"아박정재 동동사(牙拍呈才動動詞) 같은 남녀 음사에 가까운 말은 신도가(新都歌)로
대신하였으니, 이는 대개 음절(音節)이 그와 같기 때문입니다. (하략) (如牙拍呈才動動
詞語涉男女間淫詞代以新都歌蓋以音節同也)" ―중종 13년(1518)

133) 성종대의 음사논란이 사림파들이 훈구파들을 공격하기 위한 구실이었고 중종대의 음
사논란 역시 반정 세력이 연산군의 側臣들을 공격하기 위한 것으로 보는 관점이다. 성
종 중종 대 이후 논란이 사라진 것도 정치적 목적이 달성된 이후 더 이상 문제삼지
않았기 때문이라고 보았다.

음악 향유의 문화134) 속에서 생겨난, 지극히 역사적인 평가라는 점에서 고려속요의 장르적 성격이나 특징에 대한 본질적인 문제제기로 보기 어렵다고 본다. 고려속요의 장르적 지향에 대한 평가라기보다는 특수한 상황 속에서 특별한 의도나 목적에 의해 나온 평가라고 보는 것이다. 음사나 남녀상열 시비는 공자 시대부터 있었던 해묵은 논쟁의 하나이며, 예악 정비 과정에서 우발적으로 튀어나온 것이 아니다. 이념적 변화와 정치적 필요, 향유 문화의 변화 속에서 나온 평가의 말이며, 조규익의 지적처럼 고려적인 것을 불식시키는 동시에 주자학적 사고 체계를 정착시키는 과정에서 드러난 갈등을 담고 있다.135)

따라서 이 시기 당대의 역사적 배경 속에서 나온 '남녀상열지사'니 '음사'니 하는 평가어를 고려속요에 대한 비평적 기준으로 삼기는 어렵다.

3. 궁중 속악으로서의 지향과 공감

1) '남녀상열'의 재구

공자의 '관저(關雎)' 평으로까지 거슬러 올라갈 필요도 없이, 남녀상열

---

134) 성기옥은 성종의 개인적인 행적과 당시 음악 향유의 문화 속에서 그 이유를 찾았다. 성종이 사관도 대동하지 않고 종친들과 여악을 동반한 관사를 열었던 것이 여러 차례가 문제가 되었고, 왕실 음악 외에 별다른 레퍼토리가 없었던 상황에서, 고려속요 향유의 장이 확대되고 향유의 맥락이 달라짐에 따라 궁중 음악으로서의 위상이 흔들리는 상황에서 나온 평가어로 보았다. 성기옥(2000), 「악학궤범과 성종대 속악 논의 행방」, 『한국시가연구』 제7집, 한국시가학회.

135) 조규익은 이러한 갈등의 연장선상에서 조선조 시가 문예의 내용 방향이 결정되었다고 하면서 시조나 가사가 이런 노선의 구체적인 물증으로 나타난 장르라고 하였다. 조규익(1987), 앞의 논문, 98~97면.

지사라는 말은 고려말까지만 해도 조선 중기와는 다른 뜻으로 사용되었음을 알 수 있다. 고려말 소악부를 지은 이제현이 사용한 용례가 그 증거가 된다. 이제현은 9편의 소악부를 지어 급암 민사평에게 보냈는데, 답이 없자 다시 2수를 더 지어 보면서도 다음과 같이 화답을 촉구했다.

　　어제 곽충룡을 만났는데 곽충룡이 말하기를 "급암이 <소악부>에 화답하려고 하였으니 일은 하나인데 말이 겹치기 때문에 화답하지 않았다."라고 하였다. 내가 이르기를 "柳賓客이 지은 <竹枝詞>는 모두 夔州와 三峽 지역의 男女相悅之詞이고 蘇東坡는 二妃・屈原・懷王・項羽의 일을 엮어서 長歌를 지었는데 (이것이) 어찌 옛사람을 답습한 것이겠는가. 급암은 別曲 가운데 뜻에 느끼는 것을 취하여 새로운 歌詞로 번역하면 될 것이다."라고 하고, 두 편을 지어 挑發한다.

　당나라 유우석과 송나라 소동파의 예를 들어 악부시를 지어 화답하기를 촉구하고 있는데, 유우석의 <죽지사>를 '남녀상열지사'라고 말한 점이 흥미롭다. 유우석은 당시 파유 지역에 퍼져 있던 죽지라 불리던 민가(民歌)를 시화하여 <죽지사>를 지었다. 파유 지역 일대에 퍼져 있던 민가(民歌)는 순임금과 아황(娥皇) 및 여영(女英)의 고사와 연관되어 죽지라고 불렸다. 유우석이 시화(詩化)하여 지은 <죽지사>는 남녀간의 애정을 다룬 작품이 많지만 파산(巴山)과 촉수(蜀水) 지역의 경치와 풍습, 인정세태 등 다양한 주제에 대해 노래하고 있다.
　그 중 남녀간의 애정이 나타나는 시를 들면 다음과 같다.

　　산도의 붉은 꽃은 산머리에 가득하고
　　촉강의 봄물은 산을 감고 흐르는데
　　쉬 지는 붉은 꽃은 낭군님 마음 같고

하염없는 강물은 내 근심 같다네

자연의 아름다운 경치를 드러내면서 동시에 자연물에 빗대어 낭군의 가벼운 마음과 그 마음에 대비되는 깊은 나의 근심을 감각적으로 그려내고 있다. 이제현 역시 이러한 유우석의 전통을 따라, <장암가(長巖歌)>, <거사련(居士戀)>, <제위보(濟危寶)>, <사리화(沙里花)>, <소년춘유(少年春遊)>, <처용무가(處容舞歌)>, <목계가(木鷄歌)>, <서경(西京)>, <정과정(鄭瓜亭)>, <도근천(都近川)>, <북풍선자(北風船子)> 총 11수의 소악부를 지었다. 제목을 보면, 유우석의 <죽지사>처럼 연정은 물론이고 다양한 주제를 담고 있음을 알 수 있다.

연정을 노래한 <제위보>를 예로 들면 다음과 같다.

빨래하는 시냇가 늘어진 버들 곁에서
손을 잡고 속삭이던 백마 탄 남자
처마 밑에 석 달 동안 비가 내려도
손가락에 남은 향기 차마 어이 씻으리

위 악부시를 보면 남녀상열지사라는 말이 남녀간의 자연스런 감정 및 성정의 표현과 관련된 말임을 알 수 있다. 김광조[136)]의 말처럼 일반적으로 삶의 기쁨과 애환을 소박하게 노래하는 민간가요는 그 내용이 다양하지만, 남녀 간의 사랑과 연애를 주제로 한 것이 특히 많고, 서정성이 강하며 시적 화자의 목소리가 여성 화자와 친연성을 지니는 경우가 대부분인데 이러한 특징을 지닌 서정 가요를 남녀상열지사라고 한 것으로

---

136) 김광조(2011), 「고려가요 비평에 나타난 '남녀상열지사'의 용례와 의미」, 개신어문학연구 33집, 개신어문학회, 191~214면.

짐작된다.

그런가 하면 남녀상열지사는 성종과 중종대에는 '음사'와 관련된 개념으로 규정되지만, 조선 초에는 변풍의 의미를 지니기도 하였다.[137]

> 보법(譜法)이 남아 있는 것은 그 가사(歌詞)의 구본(舊本)이 전사(傳寫) 되어 사사로이 간직한 사람이 반드시 있을 것이라고 생각되니, 중외(中外)에 영(令)을 내려 우리나라의 옛날 노래와 악전(樂典)을 널리 구하여, 만약 상세하고 완전한 구본(舊本)을 자진하여 고하고 바치는 사람이 있으면 관직으로 상을 준다면, 예전 음악이 없어지고 빠진 것을 거의 찾아 채우게 될 수 있을 것입니다. 이같이 한 후에 그 가곡의 가사를 추려 골라서, 그 중에 군신(君臣)의 도(道)가 합하는 것과, 부자(父子)의 은혜가 깊은 것과, 부부(夫婦)의 절의(節義)와, 형제의 우애(友愛)와, 붕우(朋友)의 신의(信義)를 읊은 것과, 빈주(賓主) 간에 함께 즐기는 것이 다 성정(性情)의 바른 길로 나와서 인륜(人倫)과 세교(世敎)에 관계되는 것들은 정풍(正風)으로 삼고, 그 남녀(男女)들이 서로 좋아하여 음란하게 놀고 간악(姦惡)하며 사욕(私欲)을 채우기에 부끄러움이 없어 강상(綱常)에 빗나감이 있는 것은 변풍(變風)으로 삼을 것입니다[138] ─ 세종 12년(1430) 박연의 말

박연이 대대적으로 가사를 수집하자고 건의하면서 수집한 가사를 국풍과 변풍으로 나눠 사용하면 된다는 의견을 내고 있는데, 남녀상열지사를 변풍으로 분류하고 있다. 『시경』의 주남(周南)과 소남(召南)을 제외한 13국풍(國風)이 변풍이듯 남녀상열을 변풍으로 삼는다는 것은 남녀상열

---

137) 김광조(2011), 앞의 책 참고.
138) "(상략)然譜法尙存其歌詞舊本意必有傳寫私藏者焉願令中外悉求我朝舊時歌典 如有詳悉舊本自告進呈者賞之以職則舊樂之缺庶可塡補矣如此然後擇其歌曲之詞其中君臣道合父子恩深夫婦節義兄弟友愛朋友講信賓主同歡發於性情之正有關於人倫世敎者以爲正風其男女相悅淫遊姦慝逞欲無恥有愧於綱常者以爲變風"

의 노래를 척결되어야 대상으로 보는 것이 아니라 정교(政敎)의 득실에
표준을 두고 정치의 잘못을 풍자하는 작품으로 볼 수 있다는 것이다.[139]

이로써 우리는 조선 초기 고려속요를 기록에 남긴 까닭이 단지 이전
왕조의 것을 생각 없이 받아들인 것이 아니라 나름의 예악적 질서 속에
서 고려속요를 선택한 결과임을 알 수 있다. 그리고 그것이 남녀상열지
사라는 부정적인 평가를 넘어서는, 『시경』의 정신에 기반을 둔, 시가의
본질에 대한 통찰에 입각한 것임을 알 수 있다.

2) '수풍화(樹風化)'의 지향

이쯤에서 『고려사』 악지의 첫 머리에 나오는 예악 사상을 살펴보는
것이 논지를 전개하는 데 도움이 된다.

> 대저 음악이라는 것은 그것으로 순미(醇美)한 풍속과 교화를 수립하고
> 조종(祖宗)의 공훈과 은덕을 형상하는 것이다. (大樂者 所以樹風化 象功
> 德者也)[140]

『고려사』 악지 첫머리에 나오는 위 구절은, 고려 음악을 취사 선택하
여 정리하고 다시 사용한 조선 초기 예악관을 천명한 부분이다. 후에 남
녀상열지사나 음사로 규정된 노래들 또한 조선 초기 『고려사』 악지에
표방된 예악관에 의해 선택된 것임은 물론이다. 속악이 악장임이 당연한
일인데도 잊어버리거나 등한시되었다고 한 지적[141]이나, 『고려사』 악지

---

139) 김광조(2011), 앞의 논문, 200면.
140) 차주환 편(1972), 앞의 책, 62면.
141) 최진원(1996), 앞의 책, 7면.

의 서문에 나온 것처럼 고려속요가 예악사상에 근거하여 '수풍화 상공덕'을 지향하는 악장임을 명확하게 해야 한다고 한 견해에 귀 기울일 필요가 있다.[142]

고려 당대에는 남녀상열지사로, 조선 초에는 변풍으로 인정 받았던 고려속요의 장르적 지향이나 특징이 무엇인지 밝히기 위해서는 '수풍화 상공덕'을 가능하게 하는 자질이나 특성에 대한 논의로 나아가야 한다는 결론이 가능해진다.

그러나 이러한 '수풍화상공덕'을 지향하는 악장으로서의 본질에 대한 논의는 <동동>이나 <정석가>, <가리리>, <만전춘별사> 등 몇몇 작품에 한정되어 전개된 문제가 있었다. '송도지사'라는 평가어가 적시되어 있고 서사에 송도의 뜻이 표현되어 있는 <동동>과, 마찬가지로 서사에 송도의 뜻이 표현되어 있는 <정석가>, '위 증즐가 대평성대'와 같은 송축의 말이 삽입되어 있는 <가시리>와, '아소 님하 원대평생(遠代平生)에 이별할 줄 모르옵새'로 끝나는 <만전춘별사> 등이 집중적인 논의의 대상이 되었다. <쌍화점> 등을 상징적 제의적으로 해석하여 송도의 노래로 보기도 하였다.

그러나 악장으로서의 성격에 대한 규정은 이들 송도의 말이 담겨 있는 속악의 가사에만 적용되는 규정이 아니다. 그런데 사실상 <동동> 등 송도의 말이 포함되어 있는 노래들만을 대상으로 하여 송도성을 탐구함으로써 고려속요가 송도의 노래와 남녀상열의 노래로 대별되는 것처럼 여기게 한 면이 없지 않다. 남녀상열지사로 분류되는 노래들 또한 처음에는 '수풍화 상공덕'의 노래로 선택되었다고 보아야 한다. 이렇게 보면,

---

142) 김명호(1983), 「고려속요의 전반적인 성격」, 『한국시가문학연구』, 신구문화사, 73~74면.

고려속요를 남녀상열지사나 송도로 접근하기보다는 그러한 평가를 꿰뚫
는 장르적 지향으로서의 '수풍화상공덕'에 대한 논의가 필요하다는 결론
에 이르게 된다.

그런데 여기서 악지에 나오는 '大樂者 所以樹風化 象功德者也'라는 말
이 속악을 포함하여 아악과 당악을 모두 포괄하는 음악 전반에 대한 언
급임을 기억할 필요가 있다. 그리고 상공덕과 수풍화가 사실은 크게 다
르지 않은 시가의 작용이나 힘을 염두에 둔 개념임을 또한 분명히 할 필
요가 있다. 사실 송도는 '대상의 경사로움이나 복 혹은 장수를 기리고
비는 행위라는 점에서 전통 왕조시대의 노래에 가장 빈번하게 쓰이는
모티프 중 하나'[143]이기는 하나, 구호나 치어를 올리면서 일정한 형식에
따라 연행되었다는 점에서 굳이 작품 안에 송도의 의미를 담을 필요가
없는 경우도 있었다고 보아야 한다. 동시에 송도의 뜻을 표면적으로 표
하지 않은 경우도 송도의 뜻을 담고 있는 것으로 보아야 한다. 수풍화(樹
風化)의 지향을 담음으로써 결과적으로 왕의 복을 기원했다고도 볼 수
있다.

정상홍는 이종서가 <毛詩正義·關雎>를 평하면서 밝힌 '풍'의 3가지
뜻을 다음과 같이 소개하고 있다. 『시경』의 풍은, 그 본질이 지방의 풍
속 내지 민요이며(土風也 風謠也), 그 체제는 본시 입으로 노래했던 가창문
학(風者 諷詠也 諷誦也 繁乎喉舌脣吻)이고, 그 기능은 풍간 및 교화에 있다(諷
諫也 風敎也)는 것이다.[144]

---

143) 조규익은 '頌者宗廟之樂歌 大序所謂美盛德之形容 以期成功告于神明者也'[原本集傳 詩
傳(全)], '禱告事求福也'[說文解字 注]로 송도를 풀이하고 송도성에 대해 논의한 바 있
다. 조규익(2007), '頌禱 모티프의 연원과 전개양상', 고전문학연구 32집, 35~57면.
144) 1. '言語作用(purpose and function), 風者 諷諫也 風敎也.'(그 작용으로, 풍은 풍자하며
간하는 것이요 바람 같이 교화하는 것이다.) 2. '言語本源(origin and provenance), 風者

속악을 '토풍'이라고도 불렸다는 점에서, 고려속요는 민간의 노래에 그 뿌리를 두고 있으되, 민간의 노래 중에서도 욕망이나 감정을 충실하게 드러내면서도 동시에 성정의 순화를 지향하는 노래를 뽑았거나 그러한 노래로 편사 개편하였으리라는 추정이 가능해진다. 고려속요를 토풍으로서 교화를 의도한 노래라고 볼 수 있다.

고려속요가 풍속과 교화에 도움이 되었다고 가정할 수 있는데, 그렇다면 어떻게 교화에 도움을 줄 수 있었을까 하는 궁금증이 생겨난다. 조만호[145]가 악장에 편입되기 위해서는 성정에 부합해야 한다고 말한 것이나 김대행[146]이 <쌍화점>을 대상으로 하여, 악장에 편입될 수 있는 성정이 무엇인지 탐구한 것에서 그 해결의 실마리를 찾을 수 있다. 두 논자의 연구는 수풍화의 실체에 대해 인정하고 그 실체를 탐구한 논의라고 할 수 있기 때문이다. 이 글에서의 탐구 역시 결국에는『고려사』악지에 표방된 '수풍화(樹風化)'의 실체, 멀리는『시경』에서 비롯된 풍교(風敎) 보편의, 고려속요적 발현 양상 혹은 고려속요적 특수성을 밝히는 일이라고 할 수 있다.

그런데 앞 장에서 욕망이나 감정을 솔직하게 인정하고 드러냄과 동시

土風也 風謠也(『漢書・五行志』下之上 : "夫天子省風以作樂" 應劭注 : "風, 土地風俗也"), 今語所謂地方民歌也.'(그 본질로 말하면, 風은 지방의 바람(풍속)이며 지방의 민요이다. 『漢書・五行志』에 말하기를 '천자는 지방의 풍속의 살펴서 음악을 만든다'고 했고 응소는 주를 달기를 '風은 지방의 풍속'이라고 했다.) 3. '言其體制(mode of existence and medium of expression), 風者 諷詠也 諷誦也 繁乎喉舌脣吻(論衡・明雩篇』: "風乎舞雩 : 風, 歌也". 仲長統 <樂志論> "風于舞雩之下"), 今語所謂口頭歌唱文學也.(그 체제로 말하면, 風 은 읊조리고 노래하는 것으로 목과 혀와 입술에 달려있다. 즉 입과 혀와 목으로 노래하는 것이다. 지금 말로 하면 이른바 口頭로 하는 歌唱文學이다.) 정상홍(2001), 「시경 '풍'의 시가발생학적 양상 연구」,『중국문학연구』제22집, 한국중문학회, 24~25면.

145) 조만호(1996), 앞의 논문, 111~144면.
146) 김대행(1986, 1997), 앞의 논문 참고.

에 그 욕망이나 감정을 건강하게 극복하는, 즉 성정의 순화와 조화를 지향하는 장르가 바로 고려속요라고 하였다. 고려속요는 '나-너'의 관계와 '나-남'의 관계 속에서 약자인 화자가 갈등의 질서화 내지 성정의 순화를 지향하는 노래이며, 관계 속에서 약자인 '나'의 건강한 극복의 이야기임을 밝힌 바 있다.

이상의 논의를 통해 고려속요가 음사나 남녀상열지사, 연정의 노래를 넘어, 성정을 바르게 함으로써 교화에 이르는 노래였음이 밝혀졌다. 이러한 장르적 지향이 바로 고려속요가 변풍으로 자리잡게 한 힘이자 당대 혹은 후대에 폭넓은 사랑을 받게 한 근거라고 할 수 있다.

고려속요의 현재적 의의 또한 욕망이나 감정을 드러냄과 동시에 성정의 순화를 지향하는 고려속요의 장르적 특성, 곧 건강함에서 찾아질 수 있음은 물론이다.

Ⅵ. 결론 : 고려속요 공감 경험의 현재적 의미

　문학 작품에 대한 감상이, 그것도 과거의 문학에 대한 감상이 현대 사회를 살고 있는 나에게 어떤 이로움을 줄 수 있는지, 나아가 우리 시대의 미래를 설계하는 데 어떤 기여를 할 수 있는지 의문이 있을 수 있다. 구체적으로 고려속요의 장르적 지향이 공감에 있다는 것과, 우리에게 공감 능력이 필요하다는 것이 어떻게 관련된다는 것인지 의문이 제기될 수 있다.

　이 의문은 상업주의에 바탕을 둔 천박한 차원에서부터 '우리에게 문학이란 과연 무엇인가' 하는 본질적이고 철학적인 차원에 이르는, 다양한 차원에서 문학의 현실적인 효용 가치를 묻는 질문으로 구체화된다.

　이 글은 공감의 시대, 문학 작품에 대한 감상 경험이, 그것도 고려속요를 대상으로 한 공감 경험이 현실적인 효용 가치를 지닌다고 가정하였다. 구체적으로 고려속요에 대한 공감 경험이 그 자체로 타자에 대한 이해의 지평을 넓혀줄 수 있을 뿐만 아니라 공감 능력을 길러줌으로써 공감의 시대를 살아가는 개인에게, 그리고 그 개인들로 이루어진 사회 전반에 기여를 할 수 있을 것으로 보았다.

공감은 우리와 다른 가치와 관점, 행동을 가진 사람들을 경험적으로 이해하는 일이며, 공감의 대상은 가까운 사람뿐만 아니라 낯선 사람, 동물, 심지어 허구적 캐릭터에 이르기까지 다양할 수 있다. 공감은 시민사회를 이어주고 하나로 붙여주는 도덕의 풀147)로 비유되기도 한다. 문제는 어떻게 공감력(empathic ability)이나 공감적 감수성(empathic sensibility)을 길러줄 수 있느냐가 될 것이다. 공감이 상상력이 발동함으로써 일어나는 경험의 일종이라는 점과, 문학 작품이 인간 심리 및 충동의 모형이자 인간 심리와 구조적 유사성이 있는 구성물이라는 점, 그리고 기대 지평의 충돌과 확장으로 설명되는 문학 경험이 타자에게 감정이입을 하되 나와 타자와의 통합된 인식으로 나아가려 하는 공감의 지향과 다르지 않다는 점에서, 공감 능력을 기르는 데 문학 작품이 유용함은 새삼 주장할 필요가 없을 것이다.

고려속요 역시 문학 작품이라는 점에서 공감력이나 공감적 감수성을 길러주는 유용한 대상임은 분명하다. 공감한 경험이나 공감 능력의 획득은 이후 공감 경험을 촉진한다는 점에서 그 자체로 의미를 지닐 것이다. 그러나 공감 능력이나 공감적 감수성을 길러주기 위하여 꼭 과거의 노래인 고려속요여야 하는가에 대해서는 여전히 의문이 생길 수 있다. 이는 가상적인 경험을 가능하게 하는 시뮬레이터로서의 고려속요의 독자적인 가치와 현대적 의의에 대한 문제제기로, 이 의문에 대해 설득력 있는 답을 제출해야만, 공감의 시대 공감의 장르인 고려속요를 논한 의미가 있게 된다.

고려속요의 시뮬레이터로서의 가치는 고려속요가 관계 속에서 약자인 타자가 심리적 문제 상황이나 갈등을 건강한 방식으로 해소하여, 격한

---

147) Carolyn Calloway-Thomas(2010), 앞의 책, 7면.

감정을 순화된 감정으로 질서화하는 노래들이라는 사실에서 비롯된다. 첫 연에서 쏟아냈던 감정이 마지막 부분에 어떻게 정리되고 있는지 살펴보면 고려속요의 이러한 특징을 어렵지 않게 확인할 수 있다. 그리고 화자가 처한 상황이 구체적·시각적으로 형상화되어 있고 화자의 성격과 감정이 명확하여 독자가 그 작품 세계 안으로 들어가는 것, 즉 화자에게 동일시하는 것이 비교적 용이하다는 장점을 가지고 있다. 상상력에 의해 고려속요 작품 속 화자에게 동일시된 현대 독자들은 철저하게 약자의 감정 및 정서 체험의 따라가게 된다. 그러나 약자이기는 하지만 상대방에게 따지고 반문하고 요구하고 호소하는 적극적인 화자의 행동을 경험할 수 있고 그러한 과정을 거쳐 첫 연에서 보여주었던 격한 감정— 슬픔이나 의문, 불안, 당혹 — 을 질서화하여 순화된 성정으로 바꾸는 경험을 할 수 있게 된다(simulating). 고려속요는 그 어떤 노래의 화자들도 욕망과 감정을 드러내는 데 솔직하고 그 욕망과 감정을 극복하는 데 적극적이다.

이것이 바로 고려속요가 민요에서 기원하여 고려 궁중에서 불리고 다시 조선 궁중을 거쳐 오늘날에 이른 동력이자, 고려속요의 공감 체험이 오늘날 우리에게 가치가 있는 이유이고 필요한 까닭이다. 약자의 상황 및 심리를 함께 경험하는 것은 그것이 동정에 그치든 공감에 이르든 간에 타자에 대한 이해의 지평을 넓히는 일임과 동시에 인간적인 연대감을 형성하는 일이라는 점에서 중요한 의미를 지닌다.

공감의 성숙은 도덕성의 발달과 밀접하게 관련되고, 약자로서의 인식이나 약자에 대한 이해는 더불어 사는 시대에 꼭 필요한 자기 인식이자 타자에 대한 이해라는 점에서, 고려속요의 공감의 미학을 향유하고 활용하는 다양한 차원에서 노력이 전개되어야 할 것이다.

[부록] 공감의 장르 고려속요 읽기

앞에서 공감의 장르인 고려속요의 미학과 그것이 지닌 의미를 살펴보았다. 앞에서 밝힌 고려속요의 미학이 디지털 시대에서 통용될 수 있는 구술적 전략에 기반에 있음을, 그리고 다양한 해석의 즐거움을 제공해주는 읽기를 허용한다는 점을 논증한 두 편의 논문을 [부록]으로 함께 싣는다.

「디지털 시대 고전시가 읽기」는 이른바 디지털 시대에 고전시가를 어떻게 볼 것인가 하는 큰 구도 속에서 고려속요의 미학이 지닌 현재성에 대해 고민한 내용이 담겨 있고, 「교육의 관점에서 본 고전시가 해석의 다양성」은 공감의 장르 고려속요에 접근하려고 할 때 발생할 수 있는 해석의 문제에 대한 고민이 담겨 있다. 고려속요의 공감의 미학이 오늘날에도 의미가 있음을 다른 각도에서 생각해보고, 그 미학에 도달하는 방법이 다양하다는 점을 보여주기 위하여 [부록]에 담았다.

「디지털 시대 고전시가 읽기」는 독서학회와 고전문학교육학회가 함께 개최한 학술대회에서 발표하고 『고전문학과 교육』(16집, 고전문학교육학회, 2008)에 실었던 논문이고, 「교육의 관점에서 본 고전시가 해석의 다양성」은 한국시가학회에서 발표하고 『한국시가연구』(24권, 한국시가학회, 2008)에 실었던 논문임을 미리 밝혀둔다.

디지털 시대 고전시가 읽기

1. 논의의 출발 : '네가 디지털을 아느냐'

연구실 한 구석에 '디지털' 관련 책과 논문들을 쌓아두고 여러 달을 보냈다. 평소에도 자주 찾아 그 풍경에 익숙할 만도 한 동료가 새삼스럽게 말을 던진다. '웬 돼지털?' 질문이 어쩨 좀 불순하다. 미묘하게 감지되는 불순함을 무시하고 내가 맡은 발표 제목에 대해 말해준다. 그랬더니 그 동료는 '푸하하' 웃으면서 더 불순하게 묻는다. '선생님, 디지털 잘 알아요?' 헉~. 그리고 덧붙인다. '선생님, 고전시가 교육 전공이잖아요.' 이 대목에서 또 한번 헉~. 동료의 질문은 거기서 멈추지 않는다. '선생님도 어렵게 사시네요.' 이 대목에서 나는 쓰러지고 말았다.

이 일련의 대화에는 '디지털'과 '고전시가'의 관계에 대한 순진한 의심과 우리 사회 통념이 잘 드러나 있다. 첨단 테크놀로지에 기반한 '디지털' 시대와 고색창연(?)한 '고전시가'가 어떻게 연결될 수 있을지에 대한 회의적인 생각이 그 첫 번째다. 그리고 '디지털 시대의 고전시가 읽기'를 논하려면 디지털 기술에 대해 어느 정도 알아야 한다는 생각이 그 두 번째다. 비단 전공이 다른 동료 교수나 일반인들뿐만 아니라 고전시가교육 연구자 나아가 국어교과학 연구자들도 이런 생각을 할 수 있다.

이 두 가지 중에서도 우리가 확인하고 넘어갈 것은 두 번째 생각이다. 첫 번째는 시간적 간극에서 비롯된 것으로 우리가 고전시가의 의미와 가치를 오늘날에 살려내지 못한 까닭에 생겨난 의심이다. 이에 대해서는 인정하고 반성하고 우리가 풀어야 할 숙제를 확인하면 된다. 그런데 두 번째 생각, 즉 디지털에 대해 잘 알아야 디지털 시대의 교육을 논할 수 있다는 생각은 사소하지 않은 논쟁거리를 포함하고 있어, 우리 논의의 출발을 삼을 만하다.

'디지털을 안다'는 것이 과연 무엇일까. 즉, 디지털 시대 고전시가 읽기 내용이나 방법을 논의하기 위한 조건이 디지털에 대해 잘 아는 것이라고 했을 때, 구체적으로 무엇을 어느 정도까지 알아야 한다는 것일까. 그리고 왜 그만큼 알아야 하는 것일까. 단지 원론적 차원에서 디지털 미디어의 본질과 특성 등에 대해 아는 것이 필요하다는 말일까. 그런데 '알아야 한다'는 생각의 이면에는 이러한 원론 이상의 메시지가 담겨 있는 듯하다. 미디어의 본질과 특성에 대한 철학적, 미학적, 교육적 성찰을 요구하는 메시지가 아니라 테크놀로지의 활용에 익숙해야 한다는 실천적인 요구와 관련된 주장이 바로 그것이다. 컴퓨터도 잘 다루지 못하는 연구자가 디지털 시대 고전시가 읽기 방법을 논하기는 어렵다는 생각, 나아가 연구자나 교사가 디지털 시대에 발맞춰 디지털 기계를 다루고 활용하는 방법을 배워야 한다는 생각과 맞닿아 있는 것이다. 지금까지도 교육의 장에서 디지털 미디어를 안다는 것은 이처럼 활용할 수 있어야 한다는 것을 전제로 하는 경우가 많았다. 이에 대해 교수학습의 국면에서 테크놀로지를 활용하는 차원, 즉 교육의 매체를 보다 발달된 매체로 옮겨오는 일에 집중하였을 뿐 정작 매체에 대한 교육에는 소홀했고 매체와 관련지어 국어교육의 내용과 방법에 대해 근본적으로 성찰하는 데는 게을렀다는 비판도 있었다.[1] 필자 역시 이러한 비판이 지금까지도 유효하다고 생각한다.

결국 앞서 소개한 동료 교수의 우려와 동정은 필자의 매체 활용 능력이 첨단 테크놀로지를 활용한 고전시가 교육 방법을 구안하는 수준에는 결코 이를 수 없다는 판단에서 나온 것임을 알 수 있다. 그리고 그 판단은 어느 정도 사실이다. 필자의 도구적 리터러시 수준으로는 매체를 활용하여 새로운 교육 방법을 구안하는 것이 역부족이다. 그러나 다행인 것은 국어교과학자의 소임이 첨단 테크놀로지의 활용 차원에만 있는 것은 아니라는 점이다. 어쩌면 오히려 변화하는 매체 환경에 발맞추어 우리 교육의 지표와 철학, 목표, 내용과 방법 등을 성찰하고 재정립하는 일이 우리가 해야 할 더 중요한 일일 수도 있다는 생각이다. 이러한 관점에서 필자는 디지털 미디어를 활용하는 방안을 모색하기보다는 달라진 매체 환경에 대응하여, 혹은 달라진 환경임에도 불구하고 고전시가 읽기의 방법이 어떠해야 할 것인지 생각해 보고자 한다.

사실 필자는 시간적 간극이 있기는 하지만 '고전시가'와 '디지털 시대'가 매우 자연스럽게 만날 수 있다고 생각한다.[2] 발생 기반이나 언어

---

1) 대표적인 논자가 김대행(1998), 「매체언어교육론서설」, 『국어교육』 제97호, 한국국어교육연구학회. 김대행(2007), 「매체 환경의 변화와 국어교육의 방향」, 『국어교육학연구』 제28집, 국어교육학회. 정현선(2004), 『다매체 시대의 국어교육과 문화교육』, 도서출판 역락. 정현선(2004), 「디지털 리터러시의 국어교육적 고찰」, 『국어교육학연구』 제21집, 한국국어교육학회 등이다.

양식, 매체 등에서 많은 차이가 나는 것이 사실이지만 그 미학은 닮은 점도 적지 않다.[3] 고전시가는 이른바 개화기 이전 구술 전통 안에서 나온 노래들로 문자 문화의 코드와 규범에 거스르고 저항한다는 점에서, 마찬가지로 문자 문화의 패러다임에 대응하는 '디지털 미디어'와 만나는 지점이 있다. 고전시가 읽기 방법을 구안할 때나 디지털 미디어의 도입을 논하려면 공히 문자 중심의 매체관에 대한 반성과 그로부터의 해방 전략, 동시에 그러한 해방의 국어교육적 의미에 대한 논구가 있어야 하기 때문이다. 이 글은 고전시가를 배우는 독자들 역시 인터넷 등 디지털 미디어를 통해 정보와 경험을 접하고 입력하고 구성하는 일을 일상적으로 수행함으로써, 디지털 미디어의 특성과 구조에 익숙해졌거나 조만간 익숙해질 것이라는 가정에서 출발하였다. 그리고 현대의 독자들이 감각적으로 익숙한 의미 구성 방식에 따라 다소 낯설고 어렵게 느껴지는 고전시가 읽기를 시도함으로써, 궁극적으로는 고전시가 작품의 당대적 의미작용과 현대적 의미를 스스로 발견하고 즐길 수 있는 수준에까지 이르렀으면 한다.

---

2) 필자는 고전시가를 가르칠 때 디지털 미디어를 자주 사용하는 편이 아니다. 그러나 뒤에 제안한 방법들을 부분적으로 시도해본 경험이 있고 그 결과는 대체적으로 만족스러웠다. 그리고 고전시가와 디지털 미디어가 어렵지 않게, 아니 행복하게 만나는 경우를 목격하면서 뿌듯함을 느낀 적이 여러 번 있었다. 필자가 행복한 만남을 시도할 수 있었던 것은 영상 콘텐츠 제작에 적극 힘쓰고 있는, 그리고 직접 제작한 영상물을 고전문학교육 전공자들에게 제공해주기도 한 송활성 선생께 자극 받은 바 있고, 고전문학을 콘텐츠로 한 다양한 매체 제작이 자연스럽게 시도되고 있는 건대 국문과의 분위기에도 자극 받은 바크다.

3) 국어활동으로서의 구술 문학이 하이퍼텍스트의 原形質을 함축하고 잠복되어 있다가 미디어의 활성화와 더불어 표면화되었다고 본 류수열(2001)의 관점에 동의한다. 그러나 판소리의 구술성을 하이퍼텍스트성이라고 명명하는 데서 그친 류수열의 논의에서 한걸음 더 나아가, 여기서는 디지털 시대의 전략으로서의 읽기 방법에 대해 탐색해 보고자 한다. 류수열(2001), 「매체경험의 국어교육적 의의」, 『선청어문』 제29집, 서울대 국어교육과.

2. 디지털 상상력을 도입한 읽기

디지털 상상력이란 디지털 미디어가 정보와 경험을 입력하고 축적하고 편집·가공하는 독특한 방식에 개입하거나 그 과정에서 요구되는 상상력을 말한다. 디지털 미디어의 재료가 지닌 특성에서 나온 것으로, 재료인 '비트'에 대한 이해가 뒤따라야 한다. 정보의 디엔아이(DNA)라고 불리는 비트는 원자와 같은 요소로 색깔도 무게도 없지만 빛의 속도로 여행할 수 있다. 이러한 비트를 조합하고 섞으면, 문자 텍스트와 소리, 영상, 이미지 등이 자유롭게 결합되고, 텍스트와 텍스트, 미디어와 미디어들이 끝없이 '링크'된다. 디지털 미디어가 멀티미디어와 하이퍼미디어의 양상을 보이는 것도 바로 이러한 비트의 속성에서 비롯된 것이다. 이렇게 볼 때 디지털 상상력이란 재료를 자유롭게 결합하고 구성하는 사고 능력으로, 테크놀로지의 발달에 의해 가능해진 확산적·발산적 사고의 한 극단이라 하겠다.

이러한 디지털 상상력의 개념은 텍스트'에 대한' 이해만을 강요하는 고전시가 읽기에 유용한 시사점을 제공해준다. 일관된 설명 혹은 설명 논리를 만들기 위하여 다소간의 벗어남을 보이는 부분이나 설명되지 않는 부분을 무시하거나 소홀히 다루고 때로 그 노래의 결함으로 치부하기까지 하는, 오늘날의 고전시가 읽기를 반성하는 계기가 될 수 있다.[4] 물론 '말'이 '비트'라는 질료에 비해 유연성이 덜하고 반면에 논리성을

---

4) 이른바 비유기성이나 비일관성, 복제 등이 지닌 구술문화적 미학과 그 의미에 대한 논의가 꾸준히 제기되었음에도 불구하고, 교육의 국면에서 고전시가 작품은 여전히 유기성, 일관성을 지니는 텍스트로 가르쳐지고 있다. 이는 학계의 논의가 아직까지는 교육 및 교육연구의 장에서 고전시가에 대한 관점 및 접근 방법을 실질적으로 바꿀 정도에 이르지 못했음을 반증해준다.

더 요구한다는 점에서 디지털 상상력의 개념을 곧바로 적용할 수는 없다. 그러나 고전시가 읽기의 출발로 삼을 수는 있을 듯하다. '출발로 삼는다'는 말은 도구적, 전략적 선택을 의미하는바, 출발점은 같되 그 경험의 질은 다를 수밖에 없으며 따라서 다른 여정 혹은 결론으로 나아갈 수밖에 없음을 열어두는 접근이다. 디지털 시대가 도래했다고 하여 무한한 확산이나 발산을 허용할 수는 없는 일이고 고전시가 읽기의 지향이나 그에 따른 방법의 본(本)이 달라질 수는 없기 때문이다. 여기서는 디지털 상상력의 특성을 참조하여 문자 중심의 읽기 전략에 저항하는, 고전시가 읽기의 관점과 방법을 모색해보려 한다.

1) 신문독자처럼 시작하기 : 비선형적으로 즐기기

스티븐 홀츠만은 신문을 읽는 경험과 문학을 읽는 경험을 구분하였다.[5] 신문을 읽는 경험이 문학을 읽는 경험과 달리 비선형적이라는 사실에 주목한 것이다. 우리는 대개 신문을 펼쳐 놓고 첫 페이지를 보면서 대충의 감을 잡는다. 페이지를 넘기면서 읽을 수는 있지만 모든 기사를 다 읽을 필요도 없고 정해진 시작도 끝도 없다. 한 기사를 읽고 페이지를 넘겨보거나 다시 처음으로 쉽게 돌아갈 수 있으며 결론을 요약한 단락으로 뛰어넘어 갈 수도 있다. 이처럼 문자를 주 언어 양식으로 삼고 있음에도 불구하고 비선형성, 개방성을 지닌다는 점에서 홀츠만은 신문이 디지털 시대의 특질을 미리 보여주었다고 보았다.

고전시가를 읽는 경험은 문학 읽기 경험에 해당하지만 신문의 독자처

---

5) 스티븐 홀츠만(2002), 이재현 옮김, 『디지털 모자이크』, 커뮤니케이션북스, 203면.

럼 '시작'할 수 있다. 신문의 경우처럼 고전시가 역시 비선형적으로 즐길 수 있도록 만들어졌기 때문이다. 따라서 독립성이 강한 부분들로 구성된 작품들의 경우는 신문의 독자처럼 전체적인 분위기를 보고 즐기고 싶은 부분을 찾아 즐길 수도 있어야 한다. 이러한 비선형적 접근은 이른바 연장체 혹은 분련체로 불리는 장형의 고려속요6)를 비롯하여, 동일한 구조의 반복적 확장을 구성 원리로 삼고 있는 민요 등을 읽을 때 특히 유용하다.

합가의 가능성이 제기되어 있는 <서경별곡>을 예로 비선형적으로 접근한다는 것이 어떤 의미가 있는지 살펴보자. <서경별곡>은 민요에서 기원하여 고려 궁중 속악의 가사로 불려지다가 조선초 악서에 기록되어 전하는 고려가요이다. 『고려사』 악지에서 언급한 대동강 노래와 서경 노래의 합가일 것으로 추정7)되며, 『시용향악보(時用鄕樂譜)』에 악곡과 함께

---

6) <서경별곡>이나 <만전춘별사>, <정석가>, <청산별곡>, <동동>, <이상곡>, <쌍화점>, <정석가> 등은 물론이고 <한림별곡> 등이 여기에 해당한다.

7) 『고려사(高麗史)』 악지(樂志) '속악조(俗樂條)'에 <서경>과 <대동강> 노래가 나란히 소개되어 있어, 두 노래와 <서경별곡>의 관련성이 일찍부터 제기되었고, <서경별곡> 노랫말 역시 '서경'과 '대동강'이라는 공간적 배경이 등장한다는 점에서 두 노래의 합가 가능성이 제기되었다. 두 노래의 합가 가능성은 '서경과 대동강에 관한 4구체 민요의 원사가 있었고 여기에 당시의 유행구였던 제2연 부분이 합해서, 새로 들어온 가락에 맞추어 연마다 후렴을 붙여 세 노래로 합가 조절한 것'이라는 견해로 발전하였다. 그러나 현재로서는 어떤 노래가 합쳐진 것인지 정확하게 알 수 없다.
『고려사(高麗史)』 악지(樂志)에 소개된 두 노래와의 관련성을 구체적으로 따지기에 앞서, 지금으로서는 <서경별곡>을 '이별'과 관련하여 항간에 유행하던 노래들을 묶어 편집한 작품으로 볼 수밖에 없다(박노준, 1990 ; 유효석, 1996). 창자가 복수일 가능성이 있다는 주장도 제기되었지만(여증동, 1973), 작품 내적으로 볼 때 소극적·희생적인 여성에서 적극적·공격적인 여성으로 바뀌는 등 작품의 전반부와 후반부 화자가 달라지고 형식상의 차이[4줄 형식과 6줄 형식]마저 존재하여 합가일 가능성은 분명해 보인다. 또한 당시 유행하던 가사인 일명 '구슬 단락'이 삽입되었다는 점 역시 합가일 가능성을 암시한다. 또한 항간의 노래를 궁중 속악의 가사로 개편하는 과정에서 <서경별곡> 식의 합가 제작은 일반적이었을 것으로 추정된다.

첫 연이, 『악장가사(樂章歌詞)』에 가사 전체가 실려 있다. 또한 가운데 부분이 이제현(李齊賢)의 『익제난고(益齊亂藁)』의 '소악부(小樂府)' 여덟 번째 작품과 <정석가>의 두 번째 연, 일명 '구슬가'와 겹친다. 노래 자체가 이질적인 형식과 내용의 세 연으로 구성되어 있는데, 앞서 언급한 관련 기록을 참조해보면 이 세 연이 각각 다른 노래에도 들고날 수 있을 정도의 강한 단위성과 독립성을 지닌다는 사실을 알 수 있다. 세 부분은 각각 '서경 노래'와 '구슬가', '대동강 노래'라는 별칭까지 가지고 있다.

그런데 우리 교육에서 <서경별곡>은 하나의 '작품'으로 간주된다. 한시나 현대시와 다름없는 분석의 대상으로 취급되는 것이다. 물론 합가 가능성이 있다는 사실을 언급하고 그 근거로 화자가 달라졌다는 점, <정석가>에 있는 '구슬가'가 이 작품에도 포함되어 있다는 사실을 지적한다. 그러나 이 모든 정보들을 외워야 할 내용으로 제시하고 말 뿐, 작품 해석의 맥락이나 관점으로 적극 활용하지 못하는 경우가 많다. 합가일 가능성이 높고 각 연이 일정한 간격을 두고 연행되었음에도 불구하고 <서경별곡>을 하나의 일관성을 의도한 문자 텍스트처럼 읽으려고 하는 것이다. 그 결과 각 연을 연결하여 하나의 해석 서사[8]를 만들어내는 것이 교실 수업의 일반적인 귀결이다. '여성 화자의 이별 이야기'를, 보다 구체화하여 '생업을 포기하더라도 님을 따라 나서겠다고 다짐하는 서경 출신 여성화자가 님이 떠나자 대동강변에서 사공에게 괜한 분풀이를 한다'는 정도의 서사를 구성해낸다.

---

8) '해석 서사'라는 말은 사용했다. '해석 서사'는 우리가 작품 해석의 결과로 추상해낼 수 있는 주제와 가까운 말이지만, 고전시가의 경우 해석의 결과 이야기의 구성 요소인 '화자'나 화자가 처한 '사건'이나 상황 등이 구체적으로 드러나는 양상을 보인다는 점에서 '해석 서사'라는 이름을 붙일 만하다고 판단하였다. 그러나 이 개념에 대해서는 앞으로 더 탐구해 볼 생각이다.

물론 우리 옛 노래에 대한 해석이나 설명은 어느 정도 서사성을 띨 수밖에 없다. 그러나 일관된 해석 서사를 처음부터 요구하거나 전제하는 것은 다양한 해석 경험의 가능성을 미리 차단한다는 점에서 문제가 있다. 이는 재료를 꿰는 '실'9)을 중시하고 논리를 중시하는 문자 중심의 패러다임에 다름 아닌바, 이처럼 텍스트를 하나의 일관된 해석 서사를 겨냥한 작품으로 간주하고 읽기 시작하면, 화자의 교체나 비일관성을 보이는 부분들은 간과해버리거나 구술문화의 열등함을 증거하는 대목으로 간주해버릴 수도 있어 문제가 된다. <서경별곡>에 대한 오해도 오해려니와 우리 노래의 미적 특질을 제대로 이해하지 못하고 폄하하는 상황이 초래될 수 있다.

신문처럼 읽자는 은유는 결국 <서경별곡>과 같은 노래들을 애초에 비선형성을 의도했거나 비선형성의 미학적 효과를 활용한 노래로 보자는 주장이다. <서경별곡>은 '이별'이라는 주제에 묶일 수 있는 세 편의 노래를 '엮은' 속악가사인 것이다. 서경이라는 당시 도시에 살고 있는 여성이 길쌈일을 버리고라도 따라나서겠다고 하는가 하면, 구슬이 다 깨져도 끈이 끊어지지 않듯이 사랑이 영원할 것이라고 힘주어 역설하기도 하고, 님을 보내고 괜한 사람에게 트집을 잡기도 하는 등, 사랑과 이별에 대한 여러 가지 대응 방식이 병렬된 것으로 접근해야 한다. 이처럼 각 연들의 단위성을 인정하여 공감이 되는 연을 먼저 읽어보고 다른 연과 대비해보고 또 세 연의 순서를 바꿔 보기도 하는 등 자유로운 접근이 먼저 허용되어야 한다. 독자가 노래 한 토막을 만들어 <서경별곡>에 끼워 넣어보거나 원 노래의 한 대목과 교체해 보는 등의 활동을 할 수도

---

9) 빌렘 플루서(2004), 김성재 옮김, 『피상성 예찬』, 커뮤니케이션북스, 18~30면.

있다. 이렇게 접근해야만 화자의 교체나 형식의 비일관성 등이 구술문화의 한계나 열등함이 아니라 유희의 방편이자 함께 즐김의 원천이며, 따라서 <서경별곡>의 미덕으로 받아들여질 수 있게 된다.

그런데 앞서 언급한 것처럼 비선형적 읽기는 작품 읽기의 시작점이 될 수 있지만 도달점이나 결론이 될 수는 없다. 신문이라는 매체의 정보 가공 및 편집 방식과 고전시가의 사설 엮는 방식에 유사한 면이 있기는 하지만, 신문과 구별되는 노래의 논리 또한 간과할 수 없기 때문이다. 신문의 각 섹션들은 그 자체로 단절된 하나의 셀로 존재하지만, 노래의 각 연들은 심지어 연결고리가 미약해 보이는 경우조차도, 선조적으로 불려지거나 읽혀짐으로써 연결되고 연속되는 세계가 된다. 노래 편집자의 선택과 판단, 즉 편집의식이 개입할 수밖에 없으며, 더불어 가창자나 청중 혹은 독자들 역시 각 연을 연결하여 하나의 해석 서사를 만들게 된다.10) '서경 출신 여성의 대동강변에서의 이별 이야기'라는 해석 서사 역시 이러한 결과로서 도출되어야 하며, 가능한 여러 해석 서사의 각편 (version)으로서의 제한적 의미를 지녀야 한다. 고전시가의 독자들이 각자 주어진 개별적인 정보를 연결 짓는 즐거움을 누리면서 그 연결을 통해 자신만의 전체상 혹은 일관된 해석 서사를 구성하는 즐거움을 누릴 수 있도록 허용해야 하기 때문이다.

결국 비선형적 즐기기는 읽기의 출발선에서 시도될 수 있으며, 해석 서사를 구성하는 독자의 다음 활동으로 나아갈 때 교육 활동으로서의 의미가 있다고 하겠다. 비선형적 즐기기로 시작하되, 결국에는 사랑과

---

10) 각 연을 연결하여 하나의 해석 서사를 만들지 못하는 경우도 있을 수 있다. 세 연을 묶은 범주를 확인하는 차원에서, 사랑과 이별에 대응하는 여러 화자의 사연이 병렬되었다고 볼 수도 있다. 이러한 해석 역시 허용되어야 한다.

이별과 관련된 다양한 해석 서사의 각편들을 만들어낼 수 있어야 하는 것이다. 이때 형식의 반복에 의해 형성되는 리듬감이 주는 효과까지 즐길 수 있다면 더욱 바람직할 것이다.

2) 맥락 끌어오기 : 하이퍼링크 만들기

고전시가를 향유하기 위해서는 몇 단계의 읽기 과정을 거쳐야 한다. 낯선 단어나 어구를 해독하고 당시의 표현 관습이나 문화 코드 등도 읽어내고, 최종적으로 자신만의 해석 서사를 구성하기까지 넘어야 할 산이 한둘이 아니다. 이 각각의 단계에서 많은 정보들이 동원되고 그에 따라 학습할 내용이 적지 않게 된다. 이와 관련하여 필자[11]는 학습할 내용들을 기능적 문식성과 장르적 문식성, 문화적 문식성과 관련된 내용으로 나누고 학습 내용의 초점화와 위계적 배열의 필요성을 주장한 바 있다. 그리고 교육 내용을 위계화하여 학습 부담을 줄여주고 효율성을 높이기 위해서는 학습 발달의 단계를 고려하여 단계별로 다양한 이본들을 제작할 필요가 있음도 주장한 바 있다.

그런데 최근 인터넷상에 올라와 있는 고전시가 학습 관련 사이트나 블로그를 보면 이 모든 정보와 지식들이 하이퍼텍스트로 연결되어 있는 양상을 볼 수 있다. 그러나 이러한 학습 내용의 구조화 방식은 학습할 내용이 좀 늘었다는 차이는 있지만 본질적으로 교실 수업을 옮겨 놓은 것에 불과하다. 어쩌면 지금도 어느 고등학교 교실에서는 이런 식의 하이퍼링크 만들기가 끊임없이 시도되고 있을지 모른다. 작품을 읽어가다

---

11) 졸저(2007), 『고전문학의 교육적 발견』, 도서출판 역락.

가 낯선 어구, 중요한 단어가 나오면 언제든 멈춰 서서 그것에 대해 설명하고 관련 배경 설화나 맥락에 대한 설명으로 발전하기도 하고······. 이처럼 낯선 어구나 문장, 코드 등에 대한 설명의 말을 덧붙이거나 설명의 텍스트를 덧붙이는 식이, 하이퍼링크 만들기의 손쉬운 예가 된다.

그러나 필자가 말하는 하이퍼링크 만들기는 교사 주도, 텍스트 중심의 확산적 설명 방식을 인터넷상에 옮겨 놓은 듯한, 하이퍼링크 만들기를 의미하는 것은 아니다. 학습 발달의 수준에 따라 해독의 어려움이 최소화된 이본이 제시되고, 해독 다음 단계의 해석 활동이 수행되어야 하는바, 이 단계에서의 하이퍼링크 만들기를 문제 삼고 있는 것이다. 즉, 필자가 제안하는 하이퍼링크 만들기는 해독의 단계를 넘어서는 해석의 차원에 있는 것이고, 다양한, 그러나 부족한 맥락 정보를 활용하여 작품의 해석 서사를 구성해가는 방식과 관련된 것이다.

고전시가 작품들은 유독 해석의 이견들이 많다. 비유적 표현으로 인한 해석의 다양성이야 문학이 지닌 숙명과도 같은 것이지만, 다양한 해석과 이견들은 주제를 넘어선 광범위한 분야에 걸쳐 있어 교육적 구조화가 요구된다. 작품의 시대 귀속 문제는 물론이고 장르 귀속 문제, 작가나 향유층의 문제, 작품의 성격에 대한 문제 등 다양한 이견들이 제기되어 있는바, 이러한 다양한 이견들이 작품 해석의 다양성이라는 측면에서는 고무적이지만 해석의 정합성 확보라는 난제를 던져주기도 한다. 해석의 자유를 보장하면서도 동시에 해석의 정합성을 어떻게 확보할 것인가 하는 문제[12]를 야기하는 것이다. 이와 관련하여 고전시가를 가르칠 때, 다양한 이견들을 소개하기는 하지만 그 이견들이 나오게 된 맥락 정보나

---

12) 김석회(1999), 「고전시가 교육과 작품 해석의 개방적 정합성」, 『국어교육』 100호, 한국 국어교육연구회 참고.

이견에 이르게 된 해석의 경로 등에는 주목하게 하지 않음으로써 때로 양립할 수 없는 상반된 견해들을 동시에 제공하기도 하고 층위가 다른 맥락 정보들을 한꺼번에 쏟아놓고 외우도록 요구하는 경우가 대부분이다.

이러한 상황을 해결하기 위해서는 연구자들이 제안한 여러 견해나 이견들과 그 견해에 이르기까지의 추리 과정을, 해석의 타당성 내지 정합성을 찾아가는 과정이라고 보고 교육적으로 원용할 필요가 있다.13) 그 추리의 과정을 원용하여 제한된 맥락 정보로 인해 오히려 가능한, 여러 해석의 가능성들을 학생들도 추체험할 수 있도록 안내함으로써 작품에 대한 깊이 있는 이해를 도모할 수 있다. 작품 이해의 목적과 훈련의 정도가 다르기 때문에 몰입의 정도와 깊이는 다를 수밖에 없겠지만 연구자가 경험한 해석의 과정을 학습자 역시 비슷한 방식으로 경험할 필요가 있는 것이다.

그러한 경험을 위해서는, 총체성을 지니는 작품에 접근할 수 있는 출구로서의 표지가 필요하고 그 표지를 시작점으로 하여 관련 기록들이나 문화 코드 등을 끌어오면서 하나의 해석 서사를 구성해나가는 방식이 구안되어야 한다. 물론 한 작품에 대한 표지가 하나일 수 없으며 각각의 표지가 안내판이 되어 다양한 해석 서사로 분기될 수 있다.

필자는 <한림별곡>에서 관계망14)이라는 개념으로 이러한 생각의 단초를 제시한 바 있으며, 그 생각을 발전시켜 <정읍사> 해석의 두 경로에 대해 탐색해 보았다. <정읍사>에서 '백제의 노래'라는 표지와 '고려의 노래'라는 표지를 선택하여 두 표지를 따라가면서 각각 활용할 수 있

---

13) 이러한 관점에 따라 필자(2008)는 <정읍사> 해석의 두 가지 경로를 구조화해 본 바가 있다. 다음에 소개되는 <정읍사> 사례는 그때 제안했던 읽기의 경로를 발전시킨 것이다.
14) 졸저(2007), 앞의 책, 173~174면, 180~182면 참고.

는 문헌 기록과 연행 관련 코드 등을 선택하여 두 가지 경로의 해석을 시도함으로써, <정읍사>가 '백제의 노래'로 접근했을 때는 망부의 민요가 되고 정읍이라는 지역 정체성의 형성에 기여한 노래로 해석되는 반면, '고려의 노래'라는 표지로 접근하면 궁중 연악의 가사가 되고 조선 초 음사라고 규정되기까지 한 남녀상열지사로 해석될 수 있다는 결론에 도달했다. 이 두 개의 표지 외에 다른 표지가 있을 수 있고 각각의 표지에 따라 다른 해석의 경로가 설정될 수 있으며, 종국에는 이러한 다양한 해석들이 <정읍사>에 대한 종합적인 이해로 수렴되어야 한다고 결론지었다. 하이퍼텍스트를 분기 구조를 지닌 텍스트[15]라고도 규정한다는 점에서 이러한 두 개의 경로 만들기, 그리고 그 경로 따라가기의 과정은 하이퍼링크 만들기의 양상을 보인다고 하겠다.

그러나 <정읍사>의 사례에서 보듯 고전시가 읽기에서의 하이퍼링크 만들기에서는 디지털 공간에서와 같은 정도의 행로의 개방성을 허용할 수는 없다. 가능한 행로를 따라가면서 여러 이견들 중 자신의 경험에 부합하는 것을 선택하는 의도된 개방성일 뿐이다. 고전시가 작품에 대한 타당성 있는 해석으로 수렴되어야 하기 때문이다. 고전시가 읽기의 경우는 제한된 정보를 바탕으로 구조화된 몇 개의 해석 경로나 절차를 선택하여 따라감으로써, 다시 말해 타당한 해석의 가능성을 타진해보고 다른 타당한 해석의 가능성을 경험해봄으로써 해석의 풍부함을 즐기는 것이 목적이기 때문이다.

---

15) 태드 넬슨은 하이퍼텍스트를 '독자에게 선택권을 부여하는 분기branch 구조의 텍스트'로 규정한 바 있다. 스티븐 홀츠만(2002), 앞의 책, 205면 재인용.

3) 건축가처럼 읽기 : 구성적으로 읽기

윌리엄 메첼16)은 디지털 미디어에서의 가상 공간의 구조를 건축의 구조로 볼 수 있다고 하였다. 실재 공간과 똑같이 만들어낸 가상 샌프란시스코는 주어진 질료를 활용하고 변형하고 조합으로써 또하나의 공간을 창조한 사례로, 디지털 가상 공간의 이러한 건축적 특성을 잘 보여준다.

이러한 가상 공간의 구성 방식은 정철이 폭포를 언어로 실재하게 한 방식과도 흡사하다. 정철은 폭포의 외관을 묘사하지 않고 마치 조물주처럼 천심절벽을 반공에 세워 둔 후 은하수 몇 구비를 마디 마디 베어 내어 그 절벽에 실같이 걸었으니 도경 열두폭이 여러 장 나올만하다고 하였다. 폭포를 구성하는 개별 요소들을 하나 둘 배치함으로써 장엄한 폭포 경(景)을 만들어낸 것이다. 이 같은 사례는 얼마든지 더 있다. <상춘곡>의 작자 정극인도 '석양리에 피어있는 도화행화', '세우 중에 더욱 푸른 녹양방초', … '봄을 맞이하여 외씨를 심는 등 부산한 작자 자신의 움직임'까지 상춘과 관련된 여러 이미지와 행위들을 하나 둘 더함으로써 결국에는 당시 사대부들이 동경해마지 않았던 아름다운 봄풍경17)을 완성해낸 바 있다. 당시 사대부들이 꿈꾸던 이상적인 공간을 구성해냄으로써 반향을 일으켰다는 점에서 정극인 역시 공간 창출의 달인이라 하겠다. 자연물이나 자연 공간, 자신이 사는 공간 등을 언어로 형상화, 아니 재건축하는 사례는 시조나 가사 작품군 등에서 두루 확인되는 사실이다.

사실 '景'은 고전시가 미학의 핵심에 있는 개념이다. '景긔 어떠하뇨

16) 위 책(2002), 30~38면.
17) 김대행(1998), 「매체언어교육론서설」, 『국어교육』 제97호, 한국국어교육연구학회. 김대행(1998), 「賞春曲 : 抽象의 意味」, 『南畊朴焌圭博士停年退任紀念論文集』, 동논총간행위원회 참고.

닛고'라는 어구가 아예 장르적 표지가 된 경기체가는 물론이고 팔경시 혹은 집경시 등, 시조나 가사 작품군 외에도 고전시가 일반에 폭넓게 적용되는 개념이다. 따라서 고전시가 작품에 형상화된 공간을 읽어내는 일은 작품 혹은 작품군의 특성을 이해하는 지름길이자 시가 향유의 의미 작용과 문화적 특성을 파악하기 위해 꼭 거쳐야 할 과정으로서의 의미를 지닌다. 따라서 시가 읽기에서, 경을 구성하기 위하여 동원된 개별 요소를 추출하고 개별 요소들의 결합에 관여하는 코드를 파악하는 한편, 그렇게 구성된 경의 특성을 파악하는 활동은 매우 중요한 교육 내용이 될 수밖에 없다.

구성적 읽기, 다시 말해 건축가처럼 읽기란, 이러한 경의 특성을 파악하기 위하여 공간을 구성하는 요소들을 선별하고 그 요소들을 배치하고 그 공간 안에 작자의 위치를 지정하고 독자 역시 작자의 위치에서 같은 시선으로 바라보자는 제안[18]이다. 이를 위해서는 경을 구성하는 단위로서의 개별 요소들과 경을 짜는 구성 원리 등에 대한 파악이 있어야 하는 바, <면앙정가>와 <성산별곡>을 대상으로 문화적 코드가 될 수 있는 개별적인 경관 요소들을 추출하고, 나아가 <면앙정가>나 <성산별곡>을 가르칠 때 '원림이 지향하는 공간의 성격 설정→ 개별 경관요소의 선별→ 경관요소의 의미부여 및 이름붙이기→ 공간의 구현'이라는 일련의 과정을 거치자고 제안한 논의[19]는 시사하는 바 크다. 다만, 적용 범

---

18) 필자는 <고산구곡가>를 가르칠 땐 언제나 그림을 그리게 한다. 등장하는 개별적인 경관 요소를 뽑아내게 하고 전체 경을 칭하는 단어도 찾아내게 한 후, 경관 요소를 백지 위에 재배치하는 방식으로 '경'을 구성하게 한다. 몇몇 연들은 비슷한 느낌을 주는 산수화를 찾아보는 활동으로 이어지기도 한다. 이러한 장면 구성 활동은 율곡의 시각을 통해 이상화되고 이념화된 고산의 아름다운 풍경을 감상하는 즐거움과 함께 율곡이 드러내고자 했던 우의적 뜻을 확인하는 즐거움을 줄 수 있다.

19) 박연호(2007), 「문화코드읽기와 문학교육─<면앙정가>와 <성산별곡>을 대상으로」, 『문

위가 넓은 문화어를 선별하고 학습의 위계를 정하는 등의 후속 논의가
뒤따라야 할 것이다.

3. 고전시가의 디지털화

디지털 시대 고전시가 읽기의 문제는 학교 안에 국한된 논의로 끝날
수 없다. 어쩌면 학교에서 교사가 가르치는 것보다 더 많은 것을 학생들
은 학교 바깥에서 컴퓨터 등 디지털 미디어를 통해 얻는다고도 볼 수 있
다. 가령, <정읍사>에 대해 숙제를 내면 학생들은 검색창에 '정읍사'를
친다. 그리고 관련 질문이나 웹문서, 블로그 목록이 쭉 뜨면 그 중 하나
를 클릭하는 것으로 '정읍사'에 대한 정보 수집과 가공을 시작한다. 숙
제를 끝마칠 때까지 무수히 많은 하이퍼텍스트나 미디어를 넘나들면서
오리고 붙이는 일을 거듭하면서 <정읍사>에 대한 정보를 가공한다. 그
과정에서 예기치 않은 좋은 정보를 얻을 수도 있고 자기주도적 학습이
일어날 수도 있지만, 대개의 경우는 길을 잃어 엉뚱한 곳에서 시간을 허
비하기도 하고 잘못된 정보나 틀린 내용을 학습하기도 하며 자신도 모
르게 오개념을 복제하고 퍼뜨리는 역할을 할 수도 있다.

그 장점과 단점을 따지기에 앞서 분명한 것은 인터넷 상에서의 변형
과 재가공은 물론이고 인터넷상에서 원전이나 변형 혹은 재가공된 작품
을 읽는 행위가 더욱 보편화되고 일상화될 것이라는 사실이다. 좋든 싫
든 간에 우리가 디지털 공간에서의 고전시가 읽기에 대해서도 관심을
확장해야 하는 까닭이 여기에 있다. 여기서는 인터넷 상의 읽기를 고전

학교육학』 제22호, 한국문학교육학회 참고.

시가에 대한 확장된 읽기로, 디지털 공간에서의 원전의 변형 내지 재가공을 디지털화[20]로 규정하고, 이러한 디지털화의 현황을 살핌으로써 예상되는 문제점과 그와 관련하여 우리가 해결해야 할 문제 등에 대해 생각해 보려 한다. 나아가 디지털화한 고전시가에 대한 경험이 기존의 고전시가 읽기 경험과 견주어볼 때, 어떤 경험적 의미가 있으며 그와 관령하여 우리가 어떤 교육적 의미를 부여해야 하는가에 대해서도 해답의 실마리도 찾아보고자 한다.

1) 공공재로서의 접근의 필요성

고전시가 작품은 일종의 공공재의 성격을 지닌다. 특정 그룹이나 작가에 속한 것이 아니라 우리 모두가 소유한 공적 자산인바, 이러한 성격이 디지털화의 전제 조건이 되어야 한다고 본다. 문학 작품은 아니지만 <조선왕조실록>의 디지털화[21]는 우리에게 시사하는 바 있다. 디지털화의 주체가 누구여야 하며 어떤 목적을 지녀야 하는지 그 혜택이 어디까지 미쳐야 하는지와 관련하여 시사하는 바 크다. 고전시가의 디지털화역시 이처럼 공적 자산으로서의 가치와 접근성을 높이는 방향에서 진행될 필요가 있다. 공적 기관에서 장기적 안목과 비전을 가지고 공적 자산으로서의 고전시가 관련 데이터베이스를 구축하고 이 데이터베이스에 누구나 접속할 수 있도록 허용해야 한다. 이를 위하여 정본을 확정하기 위한 노력과 틀림이 없고 풍성한 맥락 정보를 제공하기 위한 공동의 노

---

20) '디지털화'란 고전시가를 매체 혹은 디지털 컨텐츠로 적극 변형하는 것을 의미한다. 디지털 상상력을 적용한 고전시가 읽기의 방법이 이러한 디지털화의 단계에서도 고려되어야 한다는 것이 필자의 생각이다.
21) http://sillok.htistory.go.kr.

력이 우선되어야 함은 물론이다. 그래야만 우리 학생들이 미디어의 세계에서 유영하다가 우연하게라도 양질의 하이퍼텍스트를 만나고 그 하이퍼텍스트를 가지고 놀고 또 활용할 수 있게 될 것이기 때문이다.

공적 자산으로서의 가치와 접근성, 즉 공공성을 높이는 방향에서의 디지털화의 필요성을 제안하면서, 디지털화의 현황을 살피고 디지털화한 고전시가에 대한 체험이 어떤 교육적 의미가 있는지에 대한 논의로 넘어갈까 한다.

2) 디지털화의 예와 그 교육적 의미 탐색

앞서 오늘날 고전시가 학습 관련 사이트나 블로그에 대해 잠깐 언급한 적이 있다. 배경 설화나 관련 내용, 시가사적으로 연결되는 다른 작품들, 해당 장르 등에 대해 설명하는 하이퍼텍스트를 링크해 놓은, 그런 식의 디지털화는 교사의 텍스트에 대한 설명을 온라인상에 옮겨온 것에 불과하다는 점에서 디지털 미디어의 특성을 살린 디지털화로 보기 어렵다. 이러한 디지털화는 지양되고 극복되어야 할 사항으로, 여기서는 더 이상 논의하지 않기로 하겠다.

그런데 고전시가의 존재 및 향유 상황을 고려할 때 노래로 재목적화한 경우는 우선적으로 살필 필요가 있다. 재목적화(repurpose)란 원래의 목적을 다른 목적으로 바꾸는 것인바, 인기를 끈 소설을 영화로 만들고 소설의 주인공이 등장하는 게임으로도 만들고 소설 캐릭터를 활용하여 팬시 제품을 만드는 등이 그 예가 된다. 고전시가의 경우 문자로 고착되어 읽혀지는 '노랫말'을 디지털 음반으로 제작한다거나 노래와 아울러 시가의 배경설화를 동영상으로 제작하는 등의 사례가 재목적화의 구체적인 예22)가 된다. 고전시가의 대표 작품명을 검색창에 치면 이처럼 노래로 재목적화한 작품들이 의외로 많다는 사실에 놀라게 된다.

가사작품까지도 조선 중기까지 노래로 불린 기록이 있는 것을 보면 고전시가의 대부분이 노래로 불렸음을 짐작할 수 있다. 그러나 기록으로 전하는 노랫말과 관련 자료를 보고 곡을 붙였다는 점에서 새로 만들어진 오늘날의 노래는 작곡가의 해석 과정 내지 의미화 과정이 개입된 결과로 보아야 한다. 따라서 이상은이라는 가수의 '공무도하가'는 이상은만의 해석이 개입된 노래라는 점에서 문자로 고정된 노래인 <공무도하가>를 읽는 것과 같은 경험일 수 없다. 곡을 동반한 현대판 <공무도하가>를 교육의 장에서 활용하려면 이러한 디지털화가 어떤 경험적 의미가 있는지 노랫말 읽기와는 어떤 식으로 상생적 관계를 맺을 수 있을지를 먼저 생각해보아야 한다. 또한 노래가 감각적 인상을 강하게 남길 수 있는 까닭에 노랫말 해석에 선입견이나 편견으로 작용할 수 있다는 점도 아울러 고려해야 한다. 경험이 질이 다르다는 점에서 재목적화한 노래의 감상 체험이 <공무도하가>를 읽는 경험을 대체할 수 없음은 물론이며, 따라서 재목적화한 노래는 옛 노래의 이해 및 감상에 동기를 부여하거나 감상 내용을 보다 풍성하게 하는 선에서 자료로 활용되어야 할 것이다.

다음으로 고전문학을 보다 적극적인 목적을 가지고 문화 콘텐츠로 개발하는 경우를 살필 수 있다. 2004년부터 시작된 한국학 중앙연구원의 향토문화대전사업을 중심으로 하여, 다양한 고전작품을 지역 문화 콘텐

---

22) 물론 고전시가의 경우도 노래가 아닌 다른 상품으로 재목적화한 경우가 없지 않다. 그러나 여기서는 '시가'라는 점에 주목하여 노래로 재목적화한 경우에 대해서만 생각해보았다.

츠로 개발하는 사업이 있었고, 지역 단체들이 너도나도 그 지역의 '팔경'
을 선정하고 팔경의 경관을 원형에 가깝게 재구하는 한편 그 팔경을 디
지털화하여 가상 체험을 가능하게 하는 일에 앞장을 섰다. 이때 집경 경
관 관련 기록이나 기문(記文)이나 한시 그림 등이 자료로 활용되었다. 그
중에서도 디지털 콘텐츠로서의 개발 가능성을 구체적으로 보여준 사례
는 안장리의 연구23)에서 찾을 수 있다. 관련 기록과 차운시 등을 참고로
하여 경상도 상주의 우복 20경을 재구해내는 한편, 20경의 '무엇(객관적
인 경관 요소)'이, '어떻게(적 화자의 움직임)', '왜(작자의 심정)' 향유되었는지
까지 분석하고 있다. 이러한 분석의 틀은 디지털화의 방향을 암시하고
있어 의미가 있다. 경관 요소는 원형 복원의 근거가 되고 시적 화자의
움직임은 경관감상자의 움직임을 구체화하는 자료가 되고 그리고 작자
의 심정은 당대 경관 향유자의 문화의식을 이해하는 자료가 될 수 있기
때문이다. 경관감상자의 시선과 위치까지 구체적으로 밝힘으로써 가상
공간 구축의 가능성을 열어 놓고 있는바, 조만간 상주 우복 20경의 가상
체험이 가능해질 것으로 보인다.

　디지털화의 모든 가능성을 보여주는 것이 아님에도 불구하고 경관 구
성 관련 디지털화에 대해 장황하게 설명한 것은, 그와 같은 방향에서의
디지털화가 거의 실현 단계에 와 있다고 생각하기 때문이다. 정철의 여
정을 따라가면서 정철이 서 있던 위치에서 조망하고 바라보고 느끼는
것이 머지않은 미래에 가능해질 것이라는 말이다. 어쩌면 이러한 가상
체험이 <관동별곡> 읽기를 대체하는 날이 올 지도 모르겠다.

　<관동별곡>을 공부하면서 필자는 정철의 여정을 머릿속에 그리고 그

---

23) 안장리(2005), 「지역경관의 문화컨텐츠 개발을 위한 토대 구축」, 『열상고전연구』 제21
　　집, 열상고전문학연구회 참고.

여정을 따라가면서 정철처럼 보고 듣고 그 경험을 언어로 표현해보고자 노력하였다. 그런데 처음에는 머릿속으로 여정을 그리는 것 자체가 쉽지 않았다. 길을 잃을 때가 많았고 어디로 가야할지 어느 지점에 서서 무엇을 보아야 하는지 짐작이 되지 않아 여정을 지속할 수가 없었다. 한동안 고전(苦戰)하다가 중세 사대부들의 여행 문화와 여행 체험을 의미화하는 표현 문화에 대한 이해가 조금씩 깊어지면서 정철이 간 여정을 재구성하고 그 여정의 의미를 추체험할 수 있게 되었다.

  그런데 미래의 독자들은 이처럼 필자가 어렵게 머릿속으로 구성하고 체험한 중세 여행을 보다 쉽게 경험할 수 있게 될 것이다. <관동별곡>의 디지털화는 여행 문화와 표현 문화에 대한 이해를 바탕으로 구성된, 잘 짜인 여정을 따라가면서 학습자들이 편안하게 정철처럼 여행하고 표현하는 양상으로 전개될 것이기 때문이다. 이러한 가상 체험은 <관동별곡> 관련 자료들을 인터넷 상에 옮겨 놓은 양상과 구별되고 정철이 지나간 경로를 지도상에 표시하는 수준을 넘어서, 기행가사의 장르 관습에 따라 구성된 공간과 공간 이동의 속도감을 반영한 체험의 양상이 될 것이다. 가령, 목적지까지의 여정 부분이라면 빠르게 목적지를 향해 나아가는 듯한 시간 효과를 포함하여 구조화함으로써 기행가사의 여정 서술의 규범24)에도 부합하도록 구조화될 것이다.

  디지털화가 이 정도까지 진행된다면 우리들은 <관동별곡>을 바탕으

---

24) 기행가사의 여정 서술 관습과 목적지에서의 승경 묘사 관습에 대해서는 이미 살핀 바 있다. 여정을 서술할 때는 경유지를 포함하여 지명 등을 對句를 이루는 문장 안에 나열함으로써 빠르게 목적지로 나아가는 듯한 효과를 낸다는 점과 목적지에 도착해서는 한 대상이나 장면에 대한 묘사를 극대화하는 표현 관습이 있음을 지적한 바 있다. 디지털화의 정교함은 이러한 관습까지 반영하고 있는지의 여부와 관련될 것이다. 졸저(2000), 『고전문학과 표현교육론』, 도서출판 역락. 졸고(2001), 「19세기 무명씨 금강산가사의 생활 문화적 의미」, 『고전문학연구』 별집 8호, 한국고전문학회 참고.

로 구축된 가상공간을 여행하는 것으로 문학 체험을 대신할 수 있을 것 인지 말 것인지를 교육적으로 판단해야 할 것이다. 이쯤 되면 가상 체험 으로 <관동별곡> 읽기를 대신하자는 목소리가 나올 수도 있을 것이기 때문이다. 그런데 과연 가상 체험이 문학 체험을 대체할 수 있을까. 디 지털 시대에는 고전시가 읽기 체험이 더 이상 교육적 의미를 갖지 못하 는 것일까, 그렇게 되면 어떤 문제가 생겨날까. 만약 대체할 수 없는 것 이라면 <관동별곡> 읽기기 어떤 점에서 가상 체험과 구별되며 또 어떤 의미를 지니는 것일까. 또 이 두 경험을 상생적 관계로 연결 지을 수는 없는 것일까. 이 물음들은 모두 디지털 체험의 '진정성'을 어느 정도 인 정할 것인가와 관련되는 물음으로, 이에 대해서도 교육적 입장을 분명하 게 정할 필요가 있다.

결론부터 밝히자면, 필자는 <관공별곡>을 바탕으로 구축된 가상 체 험이 문학 경험으로서의 <관동별곡> 읽기를 대신할 수 없다는 입장이 다. 재목적화한 작품의 경우와 마찬가지로, 가상 체험은 본격적인 <관동 별곡>의 읽기의 출발 시점이나 <관동별곡> 읽기의 결과를 정리하고 종합하는 단계에서 보조적인 기능을 할 수 있다고 본다. 사실 <관동별 곡> 읽기는 중세 여행 체험 이상의 의미를 지니는 행위이다. 가상 체험 은, 정철이 말로 구성해놓은 세계를 자신의 말로 자신의 머릿속에 다시 구성해내기 위하여 독자가 끊임없이 해석하고 상상하고 구성하는 일련 의 과정을 거칠 수 없기에 고전시가 읽기 체험과 질적으로 다르기 때문 이다. 보고 듣고 경험한 것을 언어로 구성하는 과정, 그 과정에 개입하 거나 그 과정에서 드러나거나 강화되는 작자의 심리와 세계관 등에 대 한 체험 또한 가상공간에서는 결코 경험하기 어려운 것이기 때문이다. 따라서 앞서 밝힌 것처럼 가상 체험은 <관동별곡> 읽기의 전(前)단계나 마무리 단계에서 당시 여행의 관습과 여정과 문화적 코드를 익히거나 확인하는 수단으로 제한하여 활용하는 것이 적절하다.

이처럼 디지털화한 고전시가 읽기 체험은 그 자체로 문학 체험과는 다른 체험의 성격을 지니는바, 고전시가교육과 관련해서는 고전시가 읽기 체험을 풍성하게 하고 깊게 하는 선에서 활용될 수 있다. 물론 이러한 활용마저도 고전시가의 특성과 의미작용 등을 최대한 고려하여 디지털화가 되었다는 전제에서 가능한 것임은 물론이다.

4. 결론 : 신명 나는 고전시가 읽기를 위하여

가르치는 일과 가르치는 것을 연구하는 일은 이념과 실천, 진보와 보수, 항존과 변화간의 갈등 속에서 화해를 모색하는 일의 연속이다. 디지털 시대라고 하여 고전 읽기 방법이 달라질 것도 없지만 동일한 방법을 고수할 수도 없다. 디지털 시대가 왔다고 하여 호들갑을 떨 필요도 없지만 디지털 미디어를 애써 외면하고 있을 필요도 없는 것이다. 우리가 지금까지 모색하고 탐구하던 것을 차분히 다시 생각하고 구체화하는 계기로 삼으면 그뿐이다. 필자가 고전읽기의 관점과 방법으로 제안한 내용들은 지금까지 필자가 제안했던 읽기의 방법과 크게 다르지 않다. 관점이 보다 명확해지고 방법이 보다 구체화되었을 뿐이다. 이는 필자 자신이 디제라티가 아니라 리테라티여서 그러한 측면도 있지만, 디지털 시대로의 변화와 디지털에 대한 이해 역시 구술문화로서의 고전시가 읽기의 관점을 재정립하고 구체적인 방법을 모색하는 계기 혹은 방편으로 삼고자 한 까닭이다.

디지털 가상공간에 우리가 빠져드는 까닭은 그 공간에서만큼은 육체를 벗어버릴 수 있기 때문이다. 내 육체에 새겨져 있는 나이나 성, 사회적 관계를 모두 벗어버리고 자신이 원하는 또 다른 모습이 되어, 자유롭게 정보를 수집하고 조합하고 의미를 구성하는 일을 할 수 있기 때문이다. 그리스어 'kybernan'이라는 말이 '조정한다(to steer)'는 뜻에서 유래한 것처럼, 디지털 공간은 우리가 적극적으로 참여하여 스스로 여행을 꾸려나가는 권리를 부여받은 공간이라는 특징이 있다. 따라서 디지털 세상에서 우리는 독자나 학습자 아니라 제작자, 예술가가 되고 게이머가 된다. 그래서 신명이 난다.

다른 구술 문화의 장르와 마찬가지로 고전시가의 향유 역시 신명나는 일이었다. 문자 중심의 세계에서는 결코 누릴 수 없는 권리와 자유로움이 허용되었다. 모두가 노래의 주인이었기에 언제나 내 마음을 실어 기성 노래의 한 대목을 부를 수 있었고 또 새로 지을 수도 있었다. 디지털 미디어에서 발견되는 유연성, 생산성 내지 창조성, 공유성, 상호작용성 등을 보면서 필자는 신명나게 향유되었던 고전시가의 의미 구성 방식과 의미작용 양상을 떠올릴 수 있었다. 그리고 그 구술성에 이르는 방편으로 디지털 미디어의 특성을 참조할 수 있다고 보았다.

끝으로 하고 싶은 말은 '디지털'이라는 개념이 단순히 우리 국어교육의 한 영역이나 부분으로 도입될 것이 아니라 우리 고전시가교육 나아가 국어교육 개념 생태계 전반을 반성하고 조정하는 과정을 거쳐 자리를 잡았으면 좋겠다는 생각이다. 그리고 이 글이 디지털 상상력 혹은 디지털화라는 개념을 도구로 삼아 고전시가 교육의 현재를 돌아보고 개념 생태계를 조정하여 더 나은 교육을 설계하는 데 조금이라도 도움이 되었으면 한다.

교육의 관점에서 본 고전시가 해석의 다양성
-〈정읍사〉를 사례로 -

1. 논의의 출발

고전시가를 가르칠 때 자주 부딪히는, 어려운 문제가 하나 있다. 해당 작품의 시대 귀속 문제가 그것이다. 한동안 노래로 불려지다가 어느 시기 문자로 정착된 데다가 관련 자료마저 턱없이 부족하여, 그 작품을 어느 시기의 소산으로 볼 것인지부터가 시비거리가 되고 그에 대한 판단과 연동되어 작품에 대한 이해 혹은 해석 내용이 달라질 수 있기 때문이다. 작품이 창작되거나 향유된 시점과 기록으로 정착된 시점과의 시간적 거리가 멀수록 이 문제는 더욱 어렵고 복잡한 양상을 띤다.

좋은 문학 수업이란 작품에 대한 다양한 해석을 보장해야 하고, 이를 위해 학생들을 다양한 — 서로 갈등하는 — 이론에 빠뜨려 갈등을 유발하고 스스로 자신만의 해석에 도달하도록 이끌어야 한다는 입장1)에 따르

---

1) David H. Richter(1994), *Falling into theory-Conflicting views on reading literature*, Bedford

면, 시비거리가 많은 고전시가 작품은 그 자체로 교육적 잠재력을 지닌 텍스트가 된다. 그러나 그 잠재력이 긍정적으로 실현되려면 어떻게 갈등하게 할 것인지에 대한 탐색이 먼저 있어야 하고 그에 따라 교육 내용과 방법이 구안되어야 한다. 갈등에 빠뜨리는 것이 교육적으로 필요하다고 하여 이러한 교육적 구조화의 과정을 거치지 않은 채, 학생들에게 문학 연구자들이 제안한 여러 이론들이나 이견들을 그대로 제시할 수는 없는 일이다. 훈련된 연구자들이 작품 내·외적 정보를 단서로 삼아 추리해나간 경로를 학습자들이 따라갈 수도 없거니와 설혹 그 과정을 따라간다 하더라도 연구자들이 그랬던 것처럼 그 결과로서 어떤 생산적인 결론에 도달하기는 어려울 것이다. 여러 이론이나 견해들을 한꺼번에 제시하게 되면 자칫 암기할 정보의 양만 늘리는 결과를 초래할 수도 있다. 교육적 구조화를 위하여, 작품 해석의 맥락이 되는 창작 시점이나 향유 시점, 기록 시점 등에 대한 종합적 검토가 필요한 까닭이 여기에 있다.

시대 귀속 문제와 그로 인해 생겨나는 해석상의 문제들에 대한 탐색은 '해석의 자유와 해석의 정합성을 어떻게 양립하여 조화를 이룰 것인가' 하는 교육적으로 중요한 질문과도 관련되어 있다. 다양성 속에서 정합적인 해석의 길을 찾는 것이 문학교육의 과제이고 그 과제를 어떻게 푸느냐에 따라 문학교육의 성패가 달려 있다[2]는 점에서 창작 시점이나 향유 시기, 문자로 정착된 시기가 각기 다른 고전시가 작품을 어떻게 다룰 것인가는 교육에 앞서 선결되어야 할 과제가 된다. 이와 같은 작품(군)의 목록을 작성하고 시간적 간극이 야기한 혹은 야기할 수 있는 해

Books of St. Martin's Press, boston.
2) 김석회(1999), 「고전시가 교육과 작품 해석의 개방적 정합성」, 『국어교육』 100호, 한국국어교육연구회.

석상의 문제 양상— 어려움이나 갈등 등— 을 밝힌 후, 각각의 양상에 대하여 교육적 입장을 세우고 그에 따른 대응 방식을 모색할 필요가 있다.

필자는 7세기 이전에 창작되어 800년 동안 향유되다가 조선 초 기록에 남은, 이러한 예사롭지 않은 이력으로 인해 여러 가지 해석의 난점과 가능성을 동시에 잉태하고 있는, <井邑詞>를 예로, 교육적 관점에서의 구조화의 필요성을 제기하고 그 가능성을 모색해보고자 한다. 사실 학교 교육의 장에서 <정읍사>가 차지하는 비중은 매우 크다. 무려 12종의 <문학> 교과서에 노랫말과 배경설화가 수록되어 있다.3) <정읍사>가 꽤 의미 있는 텍스트로 다뤄지고 있음을 알 수 있다.

시대 귀속의 문제를 내세우기는 했지만 '시대'는 해석의 맥락이라는 측면에서 선택된 것이며, 다양한 층위의 정보들이 구분됨 없이 한꺼번에 다뤄짐으로써 오히려 혼란을 야기했을 뿐 학생들을 깊이 있는 이해로 이끌지 못한 문학 수업에 대한 비판이 이 글의 출발이다. 여러 시간대에 걸쳐 있음으로 해서, 즉 시간적 중층성으로 인해 생겨난 해석의 다양성을 교육의 장에서 어떻게 다룰 것인지에 대해 논의하고 그 해답의 실마리를 찾는 데 연구의 초점이 있다.

---

3) 본문과 본문 외에 실려 있는데, 출판사를 살펴보면 다음과 같다. 본문 수록—중앙(하권 58면), 두산(상권 71면), 디딤돌(상권 97면) 천재(하권 47면) 케이스(상권 9면), 중앙(하권 58면), 두산 (상권 71면), 디딤돌 (상권 97면), 천재(하권 47면), 케이스(상권 99면), 본문 외 수록—문원(하권 70면), 민중(하권 71면)

2. 〈정읍사〉 교육의 난점과 가능성

1) 〈정읍사〉 관련 기록

<정읍사>에 대한 언급이 나오는 최초의 문헌은『高麗史』樂志로, 관련 부분을 제시하면 다음과 같다.[4]

['舞鼓'條] 무대가 악관(樂官)과 기(妓)를 거느리고 남쪽에 선다. 악관들은 두 줄로 앉는다. 악관 두 사람이 고(鼓)와 대(臺)를 받들어다가 전(殿) 복판에 놓는다. 여러 기들은 정읍사를 부르는데, 향악(鄕樂)에서 그 곡을 연주한다. 기 두 사람이 먼저 나가 좌우로 갈라 고(鼓)의 남쪽에 서서 북쪽을 향해 큰 절을 하고, 끝나면 꿇어앉아 손을 여몄다가 춤추기 시작한다. 음악의 한 단락이 끝나는 것을 기다려 두 기가 부채를 잡고 춤추기 시작하여 북을 가운데 끼고 좌우로 갈라져 한 번 앞으로 나갔다 한 번 뒤로 물러났다 하고, 그것이 끝나면 북의 주위를 돌고, 혹은 마주보고 혹은 등지고 하여 빙글빙글 돌려 춤춘다. 채로 북을 쳐 음악의 절차에 따라 장고와 맞추어나가는데, 음악이 끝나면 멎는다. 음악이 다 끝나면 두 기가 앞서와 같이 부복했다가 일어나서 물러간다.

['三國俗樂'條] '정읍' : 정읍은 전주의 속현이다. 정읍 사람이 행상을 나가서 오래 되어도 돌아오지 않자 그 처가 산 위의 돌에 올라가 바라보면서 남편이 밤길을 가다 해를 입을까 두려워함을 진흙물의 더러움에 부쳐서 이 노래를 불렀다. 세상에 전하기는, 고개에 올라가 남편을 바라본 돌이 있다고 한다.

이상에서 보는 것처럼『고려사』악지에 <정읍사>에 대한 언급이 최

---

4) 고려사 관련 기록 및 원문은 다음 역서에서 취했다. 차주환 역(1972),『高麗史樂志』, 을유문화사, 221~222면, 253~254면.

초로 등장하기는 하지만 노랫말은 수록되어 있지 않다. <정읍사>가 고려 궁중에서 舞鼓 呈才의 가사로 사용되었다는 사실과 삼국의 속악으로 위와 같은 사연이 있는 노래임을 알 수 있다. 『고려사』가 세종의 교지를 받아 정인지, 김종서 등에 의해 문종 1년(1451)에 완성되었다는 점에서, <정읍사>와 관련된 최초의 언급들은 조선 초기의 기록이라는 제한점을 가지고 있다.

<정읍사>의 노래말을 확인할 수 있는 것은 성종 24년(1493)에 완성된 『樂學軌範』에 이르러서이다. 『악학궤범』의 두 부분에서 관련 기록을 찾아볼 수 있다. 우선 '高麗史樂志俗樂呈才'條에 정재인 '무고'에 대한 설명이 나오는데 그 내용은 『고려사』 악지의 기록과 대동소이하다. 다음으로 '時用鄕樂呈才圖儀'條에 그림을 곁들여 성종 당시 사용되고 있던 무고정재의 절차에 대한 설명이 나오는데, 그 대목에서 현재 우리가 볼 수 있는 노랫말과 '정읍'이라는 악곡에 대한 언급을 확인할 수 있다.

노랫말만 인용하면 다음과 같다.

전강(前腔)	둘하 노피곰 도드샤
	어긔야 머리곰 비취오시라
	어긔야 어강됴리
소엽(小葉)	아으 다롱디리
후강(後腔全)	져재 녀러신고요
	어긔야 즌 ᄃᆡ롤 드ᄃᆡ욜셰라
	어긔야 어강됴리
과편(過篇)	어느이다 노코시라
금선조(金善調)	어긔야 내 가논ᄃᆡ 졈그롤셰라
	어긔야 어강됴리
소엽(小葉)	아으 다롱디리5)

이상의 기록으로 볼 때, <정읍사>는 백제가 망한 660년 이전에 창작 되어 통일신라를 거쳐 고려 궁중에서 주로 향유되다가, 적어도 800년이 지난 15세기 말에 정착된 작품임을 알 수 있다. 물론 오늘날의 독자들은 이 사실 즉, <정읍사>가 백제의 노래라는 사실과 고려 궁중에서 속악의 가사로 소용되었다는 사실, 조선 시대에도 여전히 종합 연희인 '정재'로 향유되었다는 사실을 15세기의 문헌을 통해 확인할 수 있다. 아울러 중 종 13년(1518) '淫詞'로 규정되어 정재의 노랫말이 <五冠山>으로 대체 되기는 했지만[6] 그 이후에 궁중 宴樂으로 연희되었음도 어렵지 않게 확 인할 수 있다.[7]

이상에서 살핀 것처럼 <정읍사>의 경우 창작 시기와 주 향유 시대, 기록 시점, 기록 이후 향방 등과 관련하여 많지 않은 정보가 21세기를 살고 있는 우리 앞에 놓여 있다. 여러 시간대에 걸쳐 연행된 점, 창작 및 향유에 대한 정보가 모두 기록된 시대의 관념과 문화 속에서 선택된 것 이라는 점, 그리고 그 모든 것을 판단하고 해석하는 우리가 서 있는 현 재라는 시간 또한 개입할 수밖에 없다는 점에서 <정읍사> 연구 및 교 육에 관여하는 시간 맥락은 중층적 양상을 보이며, 따라서 그에 대한 교 육적 접근 역시 간단치 않은 문제가 된다.

---

5) 『樂學軌範』의 원문을 바탕으로, 필자가 음악적 표지와 노랫말을 구분하고 현대어 어법에 맞게 띄어쓰기를 하였다. 이혜구 역주(2000), 『악학궤범』, 국립국악원.

6) 『조선왕조실록』 중종 13년 4월 1일, 다섯 번째 기사 '악장속의 음사나 석교에 관계있는 말을 고치게 명했는데, 남곤이 고친 것을 아뢰다'. 이 논문에서 언급한 『조선왕조실록』 관련 자료는 다음 사이트에서 가져온 것이다. http://sillok.htistory.go.kr.

7) 정조 19년(1795) 혜경궁 홍씨의 수연(壽宴)에서 연희된 기록과 순조 29년(1829) 연희된 기록이 남아 있다. 『조선왕조실록』 정조 19년 윤2월 13일 첫 번째 기사 '봉수당에 나아 가 혜경궁을 위해 연희를 베풀다', 『조선왕조실록』 순조 29년 2월 9일 첫 번째 기사 '명 정전에서 술잔을 받다'.

2) 〈정읍사〉 교육의 특이성

이미 경험한 바와 같이, 고전시가를 가르치고 배울 때는 흔히 이 작품이 이런 시대 요런 사람이나 계층이 창작했거나 향유했던 노래이며, 그런데 저런 시대 조런 문헌에 기록되어 있다는 말로 시작하는 경우가 많다. 이처럼 창작 시점과 기록 시점이 다를 때 작품의 시대 귀속은 창작 시점으로 잡는 것이 일반적이다.8) 그러나 창작 시점을 기준으로 하여 어느 시대의 작품이라고 언급하기는 하지만, 그러한 창작 시점이나 맥락과 관련된 언급이 작품 분석에 관여하는 경우는 거의 없다. 해석상의 여러 견해들을 나열하듯이 소개하면서 신비평의 분석 방법에 입각하여 시가 작품을 분석하는 일에 주력한다. 〈정읍사〉 교육 역시 수업의 전반적인 흐름이나 교육 내용 및 방법이 이와 별반 다르지 않았다.

다른 시가 작품에 비해 시간의 중층성이 도드라지기는 하지만, 창작 시점을 중시하는 고전시가 교육의 관례대로라면 〈정읍사〉는 백제의 노래로 분류되는 것이 자연스럽다. 그런데 창작 년대를 우선시하여 사적(史的)으로 작품을 배열하고 있는 여러 교과서에서 〈정읍사〉는 다른 시가 작품들과 다르게 취급되고 있어 우리의 주목을 끈다. 고대 국가 백제의 노래로 보아, 〈구지가〉나 〈공무도하가〉, 〈황조가〉 등과 함께, 향가 이전의 시가에 포함시켜 다루고 있는 교과서가 일부 있기는 하지만, 대부분의 교과서에서는 〈정읍사〉를 노래가 주로 향유되었던 시대 즉, 고려 시대 속악의 가사로 다루고 있다.

---

8) 이는 작품의 발생 동인(動因)이 되는 창작 시점을 존중하는 관점이자 창작되었다고 한 기록을 또한 신뢰한 것이다. 그리고 다른 한편으로는 문자로 정착된 시점을 중시했을 경우 우리 시가 유산의 상당수가 한글 창제 이후, 특히 조선 중·후기로 편중될 수 있다는 우려에서 나온 것이기도 하다.

이는 앞의 기록에서 본 것처럼 <정읍사>라는 작품이 관여하고 있는 시간적 층위가 단순하지 않음으로써, 또한 장르적 특성이 간단치 않음으로써 생겨난 불가피한 현상이라고 할 수 있다. 교과서 제작자들이 일반적인 관례를 따르지 않은 까닭이 십분 짐작이 된다. 樂譜 혹은 樂府로 기록되어 전승되었을 가능성이 있고9) 그로 인해 변개된 정도가 생각보다 크지 않을 수도 있지만 그럼에도 불구하고 문자로 정착된 시점이 적어도 800년 이후라는 점에서, 현재 우리가 볼 수 있는 <정읍사>가 창작 당시의 모습을 얼마나 간직할 수 있을지에 대해 의구심을 떨쳐 버리기는 어려웠을 것이다. 여기서 우리는 여러 가지 생각을 하게 된다. <정읍사>의 예외성을 인정할 것인가 말 것인가, 고전시가의 시대 귀속 문제와 관련하여 교과서 제작자들의 관점과 입장을 어느 정도 존중할 것인가, 하나의 표준안 내지 통일안을 마련해야 되는 것인가 아닌가, 나아가 작품의 귀속 연대를 달리 설정했다면 그에 따라 가르칠 내용이 달라져야 하는 것은 아닌가 등등의 질문이 꼬리를 문다.

지금으로서는 이처럼 꼬리를 무는 질문들에 대해 모두 답하기가 어렵다. 그리고 이 글이 <정읍사>를 백제 노래로 가르쳐야 한다거나 고려의 노래로 가르쳐야 한다는 식의 판단을 내리려는 목적으로 쓰인 것도 아니다. 현재로서는 두 입장 모두 사실에 근거해 있다는 점에서 교과서 제작자들이 자신들의 관점에 따라 선택할 수 있는 사항이라고 본다. 다만 작품의 시대 귀속이 의도적인 선택이어야 하고 그렇게 선택한 까닭을 교육적 논리로 설명할 수 있어야 한다는 생각이다. 또한 시대와 장르적 특성에 대한 규정은 일종의 교육적 선택 행위이며 따라서 시대나 장르

---

9) 김선기(2000), 「[高麗史] 樂志의 俗樂歌詞에 관한 종합적 고찰」, 『韓國詩歌硏究』 제8집, 한국시가학회, 39~41면.

적 특성에 대한 규정이 단순한 배경지식이 아니라 작품 해석의 맥락으로 적극 활용되어야 한다는 생각이다. 그 선택이 작위적이거나 편의적으로 이루어지거나 선택의 결과인 시대나 장르적 맥락이 소홀하게 다뤄진다면 작품에 대한 체계적이고 깊이 있는 이해가 어렵기 때문이다. 그리고 덧붙일 것은 이 모든 시도가 궁극적으로는 백제의 노래이자 고려의 노래이며 조선의 노래, 현재의 노래이기도 한 <정읍사>에 대한 다양하면서 정합성을 지니는 이해로 수렴되어야 한다는 점이다.

3) <정읍사> 해석을 위한 시각

현존 고려가요가 '高麗 宮趾 出土品'[10]이라면, 우리가 볼 수 있는 것이 주거지의 흔적들이고, <정읍사>의 경우는 서로 다른 시간대에 속해 있는 흔적들이 공존함으로써 해석상의 어려움과 가능성을 아울러 지니게 되었다고 볼 수 있다. 그런데 시간차를 두고 그 주거지에 거주한 사람이 여러 명이었다고 하면, 그 주거지에 거주했던 모든 사람들이 한때는 그 집의 주인이었다는 논리가 성립한다. 이런 점에서 보자면 <정읍사>는 백제의 노래이자 고려의 노래이고 또 조선의 노래이기도 하다는 결론이 가능해진다.[11] 백제의 노래로 규정하든 고려의 노래로 규정하든, 조선의 노래로 규정하든 간에 이러한 언급은 부분적 진실일망정 틀린 말은 아니게 되는 것이다.[12]

---

10) 김흥규(1997), 「高麗俗謠의 장르적 多元性」, 『韓國詩歌硏究』제1집, 한국시가학회, 40면.
11) 김형기는 '신라의 "분", 고려의 "연지", 조선의 "밀"까지 한데 엉켜 있다'는 재미 있는 표현을 사용하기도 하였다. 김형기(1997), 「정읍사 풀이에 따른 가설」, 『한국언어문학』 11집, 한국언어문학회.
12) 현재의 독자들 역시 <정읍사>를 배우고 향유한다는 점에서 <정읍사>는 오늘날 우리

그러나 중층성 혹은 입체성을 지니는 대상에 대해 이해하기 위해서는 전략적인 접근 방법이 요구된다. 방법적으로 부분 혹은 요소에 주목하여 입체상에 대한 이해를 시도할 때 중층성이나 입체성이 혼란성과 복잡성이 아닌 다양성으로 이해될 수 있기 때문이다. 이런 점에서 '백제의 노래'나 '고려의 노래', '조선의 노래'라는 말은 그 자체로 하나의 표지가 될 수 있다. <정읍사>라는 작품의 입체상에 도달하기 위한 전략적 표지가 될 수 있는바, 작품의 특성을 잘 드러내는 표지를 붙이고 그 표지를 큰 우산으로 삼아 입체상에 도달하기 위한 구체적인 경로 내지 방안을 모색해야 한다. 이러한 명명과 구조화의 과정은 단위성과 연속성, 단계성을 바탕으로 교육 내용들을 선별하고 배열하고 조직하는 과정이자 교육과정을 구조화하는 과정이라고도 할 수 있다. 이 과정을 통해 붙여진 이름이 곧 인식표가 되어 해석의 맥락으로 작용하고 작품 이해의 길잡이가 되며 해석의 정합성을 판가름하는 기준이 되어야 한다. 또한 작품 감상의 결과를 머릿속에 저장할 때도 유용한 표지가 될 수 있어야 한다. 이처럼 하나의 인식표에 따른 해석 경험이 일단락되면, 다른 인식표를 따라 다른 해석을 경험하는 것으로 나아가야 하고 이러한 해석 경험들이 누적되면서 작품에 대한 다양하면서도 깊이 있는 이해에 도달할 수 있어야 한다.

그렇다면 현재 <정읍사>에 붙여져 있는 표지는 무엇이며 그 표지가 어떻게 작품 해석에 관여하고 있는지 살펴볼 필요가 있다. 고전시가 연구의 성과를 참조해볼 때나 교과서 안에서 경합하고 있는 양상을 보면 현재로서는 '백제의 노래'라는 표지와 '고려의 노래'라는 표지가 유력해

의 노래이기도 한다.

보인다. '음사'나 '남녀상열지사'라는 조선조의 평가어가 내용이나 주제
와 관련된 표지로 선택될 수도 있고 시대나 장르와 관련해서는 '조선의
연악'이라는 표지가 선택될 수도 있다. 그러나 현재 교육과정 안에서는
'백제의 노래'라는 표지와 '고려 속악의 가사'라는 표지가 맞서고 있어,
우선적으로 이 두 표지에 따른 해석의 가능성을 탐색해볼 필요가 있다.
조선 초에 연행되었다고는 하지만 기록정신에 충실했던 『악학궤범』에서
고려의 속악가사로 다루고 있고13) 백제에서 유래한 속악의 가사이라는
의식이 분명했다는 점에서 시대 귀속과 관련된 표지로 '백제의 노래'라
는 표지와 '고려의 노래'라는 표지가 우선적으로 고려될 수 있다고 보았
다. 백제의 노래인가 고려의 노래인가에 대한 판단이 작품의 장르적 본
질과 기능에 대한 판단 여부와 연동되어 있다는 점에서 보더라도 두 표
지는 다른 내용 및 주제 관련 표지 등과 견주어볼 때 인식표로서의 의미
가 더 크다고 하겠다.14)

　상식적으로 생각해 볼 때 백제의 노래라고 하면 백제 노래로서의 특
수성 내지 역사성이 제대로 밝혀져야 할 것이고 고려의 노래라고 하면
고려 노래로서의 측면들이 잘 드러나야 할 것이다. 그런데 현재의 교과
서와 수업을 보면 한 가지 문제점이 발견된다. <정읍사>에 붙여진 '백
제의 노래'라든가 '고려의 노래'라든가 하는 표지가 작품을 해석하고 이
해하는 데 크게 기여하지 못하고 있음을 어렵지 않게 확인할 수 있다.

---

13) <악학궤범>의 자료로서의 특성과 성과에 대한 논의는 다음을 참고할 수 있다. 성기옥
　　(1994), 「<악학궤범>의 시문학 사료적 가치」, 『진단학보』 77호, 진단학회.
14) 거듭 말하지만, 교육의 목적이나 학습자의 발달 단계에 따라 다른 표지가 선택될 수 있
　　다. 그러나 고등학교 단계의 학습자들을 상정하고 있는 이 연구에서는 현재 학교에서
　　중요하게 다뤄지고 있는 '백제의 노래', '고려의 노래'라는 두 표지에 국한하여 해석의
　　방법을 구안해보려 한다.

작품에 붙여진 이름과 그 이름이 지시하는 시가 작품과의 인과성이 간과되고 이름은 단지 기술이나 설명을 위한 전 단계로서의 의미만[15]을 지니고 있어 문제가 된다.

이렇게 되면 백제의 노래로 규정하든, 고려속요로 규정하든 간에 가르쳐지는 내용과 방법이 대동소이해질 수밖에 없다. 거의 모든 수업이 <정읍사>가 백제에서 유래한 고려의 속악 가사임을 간단히 언급한 후 바로 작품에 대한 분석으로 이어지는 식이다. 또한 작품 분석시 특정 단어나 어구, 구조 등을 해석할 때는 시가 연구의 장에서 논의된 여러 이견들이나 주장들을 끌어들여 이용하는 것이 일반적이다. 가사가 현존하는 유일한 백제 노래라는 점 때문에 백제의 노래임을 언급하고 고려 전 시대를 통틀어 향유되었다는 점에서 고려속요라고도 말하지만, 정작 교육의 초점은 노랫말 자체에 대한 비평적 분석에 놓여있는바, 필요할 때 연구사의 성과를 편의적·자의적·피상적으로 활용하는 식이다. 그 결과 맥락에 대해 많은 정보를 제공하면서도 정작 탈맥락화된 교육을 실시하고 마는 문제점을 노정하였다. 작품 해석의 맥락이 되어야 할 중요한 지식들이 외워야할 단편적인 지식으로 전락하고 만 것이다.

사실 백제의 노래라고 보았을 때와 고려의 노래라고 보았을 때 작품에 대한 접근이 달라질 수 있어야 한다.[16] 문학의 연구에 있어 작품이 실제로 어떻게 생성되고 향유되었는가와 관련된, 작품의 관련 상황(context)을 안다는 것은 작품 해석에 있어서 대단히 중요한 열쇠가 된다.[17] 시대 귀속의 문제가 장르 귀속의 문제와도 결부되면서 해석의 이

---

15) 이봉재(1989), 「이름과 지시 : 인과적 이름 이론을 중심으로」, 『哲學論究』 17집, 서울대 철학과, 92~93면.
16) 윤영옥(1997), 「望夫石說話와 [井邑詞]」, 『고려가요-악장 연구』(국어국문학회 편), 태학사, 213~237면.

견이나 다양성을 낳은 것도 모두 이와 관련된다.

창작 시점이나 향유 시기, 정착 시기를 기준으로 붙여진 <정읍사>에 대한 표지가 단순한 지칭어가 아니라 작품 해석의 맥락으로 기능해야 한다는 것이 필자의 생각이다. 또한 평가어 내지 표지의 수만큼의 정합적 해석이 있을 수 있으며 이처럼 다양한 해석을 경험할 수 있도록 이끄는 것이 시가 교육의 중요한 내용이 되어야 한다는 것이 또한 필자의 입장이다. 그렇다면 이제 백제의 노래로 규정했을 때 작품의 어떤 측면을 부각하여 가르침으로써 작품에 대한 이해를 도모할 수 있을지, 고려의 노래로 규정했을 때 어떤 측면을 부각하여 어떻게 가르침으로써 작품에 대한 이해를 도모해야 하는지, 그리고 그 이해들이 어느 단계에서 <정읍사>라는 한 작품에 대한 종합적 이해로 수렴되어야 하는지 살펴보기로 한다.

3. 〈정읍사〉 해석의 정합성과 다양성

1) '백제의 노래'라는 표지

<정읍사>를 백제의 노래로 규정하는 근거는 『고려사』 악지 '삼국속악'조의 관련 기록에 있다. 그리고 백제의 노래라고 기록된 작품 중 가사가 전해지는 유일본이라는 사실 때문에 심정적인 지지를 받기도 한다.

'全州'라는 지명이 신라 경덕왕 이후 붙여졌다는 점을 이유로 들어 신라 시대 백제 유민들의 노래라는 주장[18]이 있기는 하지만, 기록된 당시

---

17) 성기옥(1994), 앞의 논문.

의 지명으로 표기했을 가능성이 얼마든지 있다는 점과 궁중 속악의 가사였던 까닭에 상대적으로 변개되었을 가능성이 적다는 점, 그리고 무엇보다도 삼국의 속악이라고 기록되어 있다는 점 등을 고려해보면 <정읍사>를 백제의 노래로 보는 것은 가능할 뿐만 아니라, <정읍사>를 이해 혹은 해석하기 위해 중요한 하나의 맥락을 취한 것이 된다.19)

즉 '백제의 노래'라는 표지가 <정읍사>를 인식하게 하는 하나의 창이 될 수 있고 그와 관련된 언급들이 <정읍사> 해석의 맥락으로 기능할 수 있다. 그러자면 백제 노래로서의 보편성과 특수성이 해명되어야 하는바, 이를 위해서는 『고려사』 악지에 실려 있는 다른 삼국 속악가사들과의 공통점과 차이점이 논의되고 백제의 다른 노래들과의 관련성 속에서 <정읍사>가 지닌 작품으로서의 가치가 드러나야 한다. 더 나아가 백제의 노래로 명명됨으로써 비롯된 사회·문화적 의미 작용 또한 밝혀져야 하며, 이 모든 시도가 <정읍사>에 대한 이해로 수렴되어 오늘날의 독자에게도 의미 있는 일이 되어야 한다.

신라, 고구려에서 유래한 속악의 경우 노랫말이 전하지 않아 노래에 얽힌 사연을 바탕으로 노래말의 내용을 짐작할 수밖에 없다. 그런데 <정읍사>의 사례로 미루어 보면 다른 삼국 속악의 노랫말 역시 노래에 얽힌 사연이 반영되어 있을 것으로 추정할 수 있다. 제목과 노래에 얽힌 사연을 견주어 보면, 신라의 <동경>, <명주>, <여나산>, <장한성>, <이견대>와 고구려의 <내원성>, <연양>, <명주>, 백제의 노래들 모두 산이나 고장, 장소의 이름을 제목으로 삼고 있음이 눈에 띈다. 통일

---

18) 양주동(1984), 『麗謠箋注』, 을유문화사, 중판, 37~64면.
19) 이러한 표지에 충실하게 <정읍사>를 해석한 대표적인 연구자로는 윤영옥, 허소라를 들 수 있다. 윤영옥(1979), 앞의 논문. 許素羅, 「井邑詞 主題攷」, 『一山 金俊榮先生 華甲紀念論叢』, 동간행위원회.

신라를 거쳐 고려로 전해졌지만 원래의 발생지와 관련된 향토적 정서가 줄곧 중요시되어 온 사정을 짐작하게 한다.[20] 지방 관기의 궁중 유입도 있었고, 史錄의 제도가 지속적이며 광범위하게 시행되어 사록이 수집하여 중앙에 올린 지방의 가요를 樂官들이 취사 산삭하여 악보에 수록하고 악지 찬술자가 그 악보를 자료로 삼아 속악편을 찬술하는 과정에서 지방의 민요가 수록되었다는 추정[21]은 지명이 들어간 제목의 특징을 이해하는 데 단서가 된다. 애초에 민요였던 까닭에 노래가 불려진 지역이나 장소를 중심으로 분류되었을 것이고, 그렇게 분류된 노래가 궁중에서 그 지방에 대한 호기심이나 관심을 불러일으키면서 색다른 노래로 연행되었을 것이다.

그런데 고구려나 신라의 속악과 견주어 볼 때 백제 속악의 다른 점도 눈에 띈다. 고구려나 신라의 노래가 다양한 소재와 주제를 담고 있는데 반해, <무등산>을 제외한 백제의 노래들은 하나같이 남녀간의 문제를 다루고 있음이 특징적이다. 그것도 참고 기다릴 수밖에 없는 여성의 입장에서 노래하고 있다는 경향성을 보인다. <정읍사>와 비슷한 사연을 담고 있는 <선운산>이나 남편이 구해주지 않음을 풍자한 <방등산>, 죽기를 무릅쓰고 백제왕의 청을 거절한 <지리산>이 모두 그러하다.

이들 백제의 노래 중에서도 <정읍사>는 '기다림의 정서'를 노래한 대표주자격의 작품이라고 할 수 있다. 정재에 소용되었고 유일하게 노랫말이 기록에 남았다는 것 자체가 <정읍사>의 이러한 독보적인 위상을 확인해준다. 그리고 거의 흡사한 내용을 담은 속악 작품이 한 편 더 존

---

20) 조동일(1987), 『한국문학통사』, 지식산업사, 6판, 116면.
21) 『조선왕조실록』 성종 8년 7월 23일 '예조에서 주부 교수 중 택차해 사록 겸차하는 데에 반대하다'.

재한다는 점과 풍자나 저항 등의 적극적이고 구체적인 행위보다는 폭넓은 보편적 공감을 확보하기 유리한 기다림의 정서를 담고 있다는 점도 <정읍사>의 보편성과 대표성을 지지해주는 근거가 된다.

기다림의 정서를 노래한 백제의 노래, <정읍사>는 광포 설화인 망부석 설화와도 관련된다. 망부석의 존재는 <정읍사>의 '기다림'이 누구를 향한, 어떤 성격의 기다림인지 보다 구체적으로 해석될 수 있는 맥락이 된다. 望夫石은 사랑의 깊이와 기다림의 절실함, 기다리는 사람의 수동성 등이 구체화된 증거물이라는 점에서 <정읍사>는 '지고지순한 아내의 남편에 대한 기다림의 노래'라는 의미를 획득하게 된다. '정읍'을 벗어날 수 없는 중세의 여성이 자유자재로 움직일 수 있는 초월적인 '달'에 의탁하여 남편의 무사 귀환을 기원하는 노래가 되는 것이다.

다른 삼국 속악과 견주어 보고 다른 백제의 노래들로 견주어 보는 행위는 해석 맥락을 부여하는 행위인바, 이러한 맥락 부여를 통해 <정읍사> 해석의 방향이 드러난 셈이다. <정읍사>를 '지고지순한 아내의 남편에 대한 기다림의 노래'로 볼 수 있게 되는바, 시어나 구문, 시상의 흐름 역시 이러한 해석의 테두리에서 벗어나지 않아야 정합성을 확보할 수 있게 된다. 이렇게 보면 해석의 논란을 야기했던 '全'자는 문제가 되지 않을 수도 있다. '전주'의 약자로 보든,[22] '온'으로 보든 '全'의 오자로 보든,[23] 小葉이 빠졌음에도 '완전하다'는 것을 알리는 음악적 표지로 보든[24] 문맥상의 흐름은 크게 달라지지 않기 때문이다. 그러나 '어긔야 즌 데롤 드디욜셰라'에 대한 해석은 중요한 논의거리가 될 수 있다. 이

---

22) 양주동(1984), 앞의 책.
23) 이희승(1971), 「井邑詞解釋에 대한 疑問點 二三」, 『백제 연구』 2, 충남대 백제문화연구소
24) 양태순(1996), 「음악적 측면에서 본 고려가요」, 『고려가요연구의 현황과 전망』(성대 인문과학연구소 편), 집문당, 98~100면.

부분은 행위 주체를 누구로 보느냐에 따라 지아비가 해를 당할까 두려워하는 아내의 마음이 잘 드러난 작품으로 해석될 수도 있고 또는 지아비가 해를 범할까 두려워하는 마음이 드러난 작품으로 해석될 수도 있다. 그런데 후자의 경우, 구체적으로 '즌 디'[25]를 유곽(遊廓) 등과 연결지어 해석하는 관점은, 시적 화자인 아내의 일관된 모습에서 다소 벗어난 내용이라 무리가 있다. 지고지순한 아내가 상상한 내용이라고 하기에는 좀 過하다는 점에서 해석상의 무리가 있다. 따라서 백제 망부의 노래라는 해석의 큰 범주에서는 벗어나는바 타당한 해석이라고 보기 어렵다. 그런가 하면 마지막 구절 '내 가논디 졈그롤셰라'의 경우는 '내 가는 데'를 '내가 가는 앞 길'로 보든 '내가 돌아가는 길'로 보든 '내 님이 가는 곳'으로 보든, 또 '나와 님이 함께 가는 길'로 보든 해석상의 큰 무리가 없다. 모두 가능한 해석의 범주 안에 놓여 있는바, 그 범주 안에서 다양한 읽기를 시도해 볼 수 있다. '졈그롤셰라'의 경우 <한림별곡>의 마지막 구절인 '내 가는 디 눕 갈셰라'와 결부하여 성적 상직으로 해석하는 견해가 있기는 하지만, '즌 디'에 대한 해석과 마찬가지 이유로 이를 택하기는 어렵다. 백제 망부의 노래라는 표지로 접근할 때는 해석의 일관성과 깊이를 확보하기 위하여 이러한 해석을 일단 유보하는 것이 필요하다.

백제 노래 <정읍사>에 대한 이해는 작품 분석을 넘어서 백제 망부의

---

25) '드데올셰라'에 존칭형 어미가 등장하지 않는다는 점과 의도형 '-요'가 나온다는 점을 들어 디디는 주체를 님이 아니라 화자로 보는 견해도 제출되어 있다. 이러한 견해 역시 정합적인 해석의 범주 안에 포함될 수 있을 것으로 보인다. 김완진(2001), 「정읍사의 해석에 관하여」, 『향가와 고려가요』, 서울대출판부, 2쇄, 370~371면. 김수곤(2007), 「<정읍사>의 여성 화자 태도와 그 의미에 대한 시론적 고찰」, 『한국고전여성문학연구』14집, 한국고전여성문학연구회.

노래가 끼친 사회·문화적 영향에 대한 탐색으로까지 확대될 수 있다. 이를 위해 우선적으로 검토할 수 있는 자료가 『新增東國輿地勝覽』(1530) 이다. 『신증동국여지승람』권34 '정읍 고적'조에는 '망부석'이라는 표제 아래 정읍 읍내에서 북쪽 십리 지점에 남편을 바라보았던 돌의 자취가 그대로 남아 있다는 기록이 전한다. 다음으로 정읍현지 등의 관련 기록 도 검토의 대상이 될 수 있다. 조선조(朝鮮) 말기인 고종(高宗) 25년(1889 年)에 편찬한 『井邑顯誌』古蹟條에도 '望夫石'이 게재되어 있는데 輿地勝 覽의 기록과 동일하고 다만 위치 표시가 빠져 있다. 이상의 기록들을 통 해 우리는 지명이 사용된 노래가 정읍이라는 지역에 대한 인식, 즉 지역 정체성 형성에 영향을 미친 것은 아닌지 추측해 볼 수 있다.[26]

시각 매체가 발달되어 지역에 대한 정보나 이미지들을 늘상 접하면서 사는 요즘과는 달리, 중세 시대 '정읍'은 낯설고 이름조차 알 수 없는 공 간이거나 풍문으로만 존재하던, 그런 공간이었을 것이다. 대개의 사람들 에게 탐험되지 않은 공간이자 구체적으로 어떤 사람들이 어떻게 살고 있는지 확인되지 않은 공간이었을 것이다. 명명을 통해 이러한 공간인 '황무지'가 '인간화'된다고 한다.[27] 지역의 특생에 걸맞은 이름을 붙임 으로써 그 지역이 인식의 대상으로 존재하게 된다는 것이다. '정읍'의 노래인 <정읍사>와 그 노래에 얽힌 사연속의 망부석 역시 일종의 문학 적 명명 행위와 관련되며 정읍이라는 지역의 정체성 형성에 깊숙이 관 여하고 있는 것으로 볼 수 있다. 그 노래의 사연을 알게 됨으로써 당시

---

26) 필자는 기행가사에 국한하여 이름의 장소 정의적 특성에 대해 논의한 바 있다. 염은열 (2006), 「기행가사의 공간 체험의 교육적 의미」, 『고전문학교육』12집, 한국고전문학교 육학회.

27) 명명에 의해 황무지가 인간화되기도 하지만, 특정 공간이 유표화(有標化)되기도 한다. 이푸 투안(1995), 구동회 외 옮김, 『공간과 장소』, 대윤, 277면.

의 사람들은 그 공간의 이미지를 창조하거나 그 공간에 새로운 의미를 부여하게 되었을 것이다.

그렇다면 우리는 <정읍사>라는 노래가 조선조 내내 백제의 땅, 정읍에 대한 이미지와 의미 형성에 영향을 미친 것으로 볼 수 있다. 지금도 '정읍사 공원', 망부석, <정읍사> 시비가 있고 '정읍사'를 앞세운 간판들이 즐비한 것을 보면 '정읍'이라는 지역에 대한 정체성 형성의 뿌리를 확인할 수 있다. 이렇게 백제의 노래 <정읍사>에 대한 이해는, 문학과 지역 정체성 형성과의 관련성을 파악하게 함으로써 지역 문화 및 문화 산업 창출의 방향에 대한 실마리를 찾는, 현대화된 논의로까지 확대될 수 있다. 이처럼 논의가 꼬리에 꼬리를 물고 깊어질 때 깊이 있는 해석에 도달할 수 있음을 물론이고 정합성을 지니는 일관된 해석을 만들어 가는 즐거움 또한 느낄 수 있게 된다.

2) '고려의 속악가사'라는 표지

<정읍사>를 고려의 노래, 즉 고려 속악의 가사로 규정하는 입장 역시 위에서 제시한 기록에 그 근거를 두고 있다. 백제의 노래에서 유래했다는 말이 있기는 하지만 어디까지나 고려 궁중에서 향유된 속악의 가사가 기록으로 남은 것이기 때문에, 현재의 <정읍사>는 고려의 노래이기도 하다.

<정읍사>를 고려의 노래로 보게 되면 고려 속악의 연행 상황 등에 대한 정보를 활용하여 <정읍사>에 대한 이해를 시도해야 한다. 그런데 고려 노래로서의 <정읍사>는 종합 연희의 한 요소로 존재했기 때문에 그 접근이 쉽지 않다. '정읍'이 노랫말의 이름이기도 하지만 '악곡'의 이

름이기도 하고 '정재'의 이름이기도 하다는 점이 고려되어야 하는데,[28) 현재로서는 음악적 양식이나 무용 양식, 이들 모두를 포함한 종합 연희의 양식적 측면에 대해서는 깊이 있게 논의하기 어렵다. 이 글에서도 노랫말에 국한하여 제한적으로 접근할 수밖에 없었다.[29)

<정읍사>는 삼국의 속악 중에서도 '무고'라는 양식성이 강한 정재에 소용된 노래이다. 고려사 악지에는 북이 등장하고 정해진 절차에 따라 女妓들이 나와 노래하고 춤을 추었는데, 그 춤이 악부에서 가장 기묘하다고 기록하였다. 또 같은 문헌에서 '정재'를 포함한 속악이, 제사・제향에 사용되기도 했지만 왕비 등의 책봉이나 연등회, 외국 사신 방문시 등 다양한 상황에서 宴樂으로 사용되었다고 기록하고 있다.

고려의 속악이 어떤 분위기에서 연행되었는지 확실하게 알려주는 문헌은 없지만, 여기가 등장했다는 점과 정치적・종교적 의식요로서보다는 연악으로서 더욱 배설되었다는 점 등을 눈여겨볼 필요가 있다. 지극히 양식화된 공연의 일부로 연행되기는 하였지만, 연희의 장소나 분위기에 따라 그 형식성이나 양식성이 이완될 가능성을 언제나 가지고 있었기 때문이다. 충렬왕대의 잦은 연희 배설과 유희적 분위기가 거론되는 것이나, 성종대에 여기를 동원한 연악 등이 문제로 제기된 점과 그와 관련하여 <정읍사>가 음사로 평가받은 것 등은 연행의 상황 속에서 <정읍사>가 유희적으로 연행된 측면이 있었을 것이라는 추리를 가능하게

---

28) 양태순은 이 셋을 엄격하게 구분하고 접근해야 시대 귀속의 문제가 풀릴 수 있다고 하였다. 양태순(1986), 「정읍사는 백제의 노래인가」, 『한국문학사의 쟁점』(장덕순 외), 집문당, 228면.

29) 국문학 연구에서의 학제적 접근은 물론이고, 학교 안에서도 교과통합적 접근이 필요하다는 생각을 하게 된다. 우리 음악에 대해 배울 때나 감상할 때 '정읍'이라는 악곡의 특성 등이 다뤄질 수 있을 것이다.

한다. 또한 여기의 문제가 거듭 제기된 점이나 남녀상열지사나 음사로 평가된 노래들의 사용이 거듭 문제가 된 사실, 음사로 규정된 노래들을 금했음에도 불구하고 계속 사용되었다는 기록 등30)도 이러한 추리를 뒷받침해준다. 그런가 하면 남녀상열지사로 평가된 다른 속악 가사들의 존재 역시 이러한 추리에 힘을 실어준다.

<정읍사>는 이처럼 연악으로 향유된 노래이다. 표면적으로는 망부의 노래이지만, 연행의 중심에 왕을 비롯한 지배층의 남성들이 있었다는 점에서 그리고 다의적 해석의 여지를 포함하고 있는 시적 표현이 등장하는 노래라는 점에서, 얼마든지 연악의 향유자들이었던 남성들이 자신들의 소망을 투사한 노래 혹은 여성을 대상화하면서 유희하는 노래로 향유했을 가능성이 있다.

<정읍사>는 지고지순한 여인의 노래 혹은 충신연주지사의 구조를 가지고 있기도 하지만, 이상과 같은 향유 맥락에서 보자면 동시에 음사 내지 남녀상열지사로 해석될 여지가 다분하다. <정읍사>를 고려 궁중에서 연희되었던 음사로 보게 되면 제목의 '정읍'에 대한 해석부터 달라질 수 있다. 다소 극단적이기는 하지만 '정읍'의 '井'이 우물이라는 점에서 여성을 상징한다고 보는 입장31)도 가능할 수 있고, '즌 더' 역시 성적 상징으로 해석될 여지가 있는 구문이 된다. '즌 더'를 성적 상징으로 해석하게 되면 <정읍사>는 현금이나 현물을 노출하고 다니는 행상인이

---

30) 이에 대해서는 성기옥, 김문태, 김쾌덕, 최미정의 글을 참고할 수 있다. 성기옥(1994), 앞의 논문. 성기옥(2000), 「악학궤범과 성종대 속악 논의 행방」, 『韓國詩歌研究』 제7집, 한국시가학회. 김문태(1999), 「고려속요의 조선조 수용 양상」, 『韓國詩歌研究』 제5집, 한국시가학회. 김쾌덕(2004), 「조선 건국 초 고려 속가 수용 상황과 변개」, 『한국학논총』 38집, 한국문학회. 최미정(1991), 『고려속요의 수용사적 연구』, 서울대 박사논문.
31) 이런 해석의 대표자로는 지헌영을 들 수 있다. 지헌영(1985), 「정읍사 연구」, 『고려시가 연구』, 정음문화사.

당할 수 있는 害를 걱정한 노래가 아니라 다른 여성과의 부적절한 만남을 우려하는 아내의 노래가 된다. 이와 같은 해석의 테두리 안에서는 앞서 잠깐 언급한 것처럼 '졈그롤셰라' 역시 <한림별곡>의 어구와 결부시켜 성 행위를 상징하는 것으로 해석될 수 있다.

이렇게 고려 속악의 연행 상황을 염두에 두면 <정읍사>의 시어나 구문, 구조 등 역시 남녀상열지사나 음사라는 테두리 안에서 일관된 논리로 해석될 수 있다. 이러한 해석은 어디까지나 노래가 소용되던 연행 맥락을 고려한 것인데, 시어 자체가 비유적 다의성을 지님으로써 가능한 것이기도 하다. 여기서 우리는 이완을 목적으로는 하는 자리에서 비유적 시어를 지닌 노래가 어떻게 해석되고 향유될 수 있는지에 대한 이해를 시도할 수도 있다. 이는 오늘날 대중가요의 향유 구조나 소통 방식에 대한 이해로 이어질 수 있다.

<정읍사>는 기다림의 노래라는 표면적인 의미와 언제든 남녀상열의 노래로서 해석될 수 있는 개방성을 아울러 담고 있는 노래이기에, 향유자들에게 연희의 장에서 지고지순의 노래이자 동시에 연악의 가사로서 오랫동안 향유될 수 있었을 것으로 짐작된다.

3) 표지를 활용한 해석의 종합

이상에서 <정읍사>를 백제의 노래로 보고 접근했을 때와 고려의 노래로 보고 접근했을 때 해석의 방향이 어떠해야 하고 어떤 기록에 근거하여 어디까지 추리해나갈 수 있을지 생각해 보았다.

그런데 <정읍사>는 백제의 노래이기도 하고 고려 속악의 가사이기도 하다는 점에서 앞서 살핀 두 가지 해석은 어느 단계에서든 통합되어야 한다. 다행스럽게도 <정읍사> 자체가 다양한 해석의 가능성을 열어두고 있는 시가 작품이라는 점에 주목하면 통합의 실마리를 어렵지 않게 찾아낼 수 있다. 비유적 표현과 구조를 포함하고 있는 시가 작품이라는 점 때문에 두 해석은 충돌하지 않고 양립할 수 있다. <정읍사>에 대해 가르칠 때는 두 가지 해석을 구분하는 것이 전략적이지만, 실제 독자는 <정읍사>를 읽을 때 두 가지 해석의 가능성을 '모두' '동시에' 경험할 수도 있다. 비유적 표현과 구조를 포함함으로써 그 자체로 다양한 해석의 가능성을 내포하고 있는바, 독자의 배경 지식이나 발달 수준에 따라 둘 중 어느 하나가 채택될 수도 있고 두 가지 해석 모두 채택될 수도 있는 것이다. 이러한 해석 경험의 특성을 인정하면서도, 선조성을 지니는 매체— 글이나 말— 로 입체적 대상에 대해 설명해야 하고 동시에 효율성까지 도모해야 하는 교육의 장에서는, 가능한 해석의 층위를 구분하여 부분적·단계적으로 접근하는 것이 필요하다. 또한 해석의 깊이와 일관성을 체험할 수 있도록 하기 위하여 표지를 앞세워 부분적 접근을 시도하는 것이 유용하다. 구체적으로 말하자면, 두 가지 접근 방법이 있을 수 있지만, 실제 교육의 장에서 우리는 한 단위 시간 안에 <정읍사>에 대한 두 가지 해석 혹은 그 이상의 해석을 모두 시도할 수도 있고, 학교급이나 학년급을 달리하며 두 가지 해석 내용을 구분하여 가르칠 수도 있다는 것이다.

다만, 한 차시에 가르치든 차시를 나눠 가르치든 간에 백제의 노래로서의 측면을 먼저 학습하고 고려 속악의 가사로 접근하는 방향으로 나아가는 것이 학습 내용의 위계에 적절하다고 본다. 그 이유는 먼저, 일반적인 시 읽기의 절차로 볼 때 문면에 드러나는 표층적 의미를 파악하고 난 후에 그 이면에 함축된 의미를 파악하는 것이 자연스럽다. 처음

<정읍사>를 읽을 때 '즌 디'는 바로 뒤에 이어지는 '드디욜셰라'와 관련지어 노면 상태를 지시하는 말로, 즉 진흙탕 거리로 파악될 수밖에 없다. 이른바 축자적 읽기의 단계를 거치게 되는데, 이 단계를 거친 다음에 '즌 디'가 함축적·상징적 의미를 담고 있는 시어인지 아닌지 고려하게 되고, 다시 문맥이나 다른 맥락에 조회하면서 숨어 있는 의미를 탐색하게 된다. 이는 함축적 읽기의 단계인바, 이 단계에서 독자는 해석의 자유와 정합성 사이에서 갈등하게 될 것이고, 주어진 작품 내적 정보와 작품 외적 맥락을 최대한 동원하여 자신만의 해석 서사를 만들어내게 될 것이다. 이러한 읽기의 일반적인 단계로 볼 때 백제의 노래임을 배우고 난 후에 고려 속악의 가사로서의 측면에 대해 학습하는 것이 효과적일 수 있다. 다음으로 장르적 복합성을 고려해 볼 때도 백제의 노래라는 표지를 먼저 배우고 고려의 노래라는 표지를 나중에 배우는 것이 전략적일 수 있다. 지방 '민요'의 측면에서 접근한 후에 '속악'이라는 보다 복잡한 맥락을 참조하여 해석을 시도해보는 것이 수월하리라 생각한다. 마지막으로 백제의 노래였음을 먼저 배우고 고려의 속악 가사였음을 배우는 것이 시간적인 순서에도 부합한다. 시간적 순서를 따라가면서 백제의 노래가 후대에 운용되고 변용되는 양상이나 그 변화의 방향 등에 대한 추적까지 가능하기 때문이다.

물론 <정읍사>에 대한 해석의 표지는 이밖에도 더 있을 수 있다. 여기서는 유력한 두 개의 표지에 국한하여 정합성을 지니는 두 가지 해석의 가능성과 그 방법을 모색해 보았다. 조선의 노래로 접근한다면 조선조 새로 만들어진 악장의 가사들과 견주어 조선 노래로서의 기능과 의미가 밝혀져야 할 것이고, '정읍'이라는 악곡에 초점을 맞춘다면 다른 악곡과의 관련성 속에서 정읍이라는 악곡의 특징이 드러나도록 해야 할

것이며, 무고정재로서 접근한다면 다른 종합연희 양식과의 관련성 속에서 무고정재의 특성이 드러나도록 해야 할 것이다.[32] 이처럼 다양한 접근 방법이 있을 수 있고 그 결과로 우리는 여러 가지 잠정적인 소결에 도달할 수 있을 것이다. 여기서 '소결'이라고 한 까닭은 도달한 결과가 <정읍사>에 대한 총체적 이해에 도달하기 위한 과정으로서의 의미를 지닌다는 점을 드러내기 위함이고, '잠정적'이라고 한 까닭은 <정읍사> 해석의 다른 가능성들을 배제하지 않기 위함이다. 따라서 해석의 다양성을 보장해주려면, 다양한 표지가 추출되고 각각의 표지에 따른 해석의 가능성들과 그 구체적인 경로—어떤 기록이나 맥락 정보를 어떻게 활용하여 노랫말을 해석할 것인지와 관련된—가 모색되어야 하며, 학습자와 학습내용의 발달 단계를 고려하여 각각의 해석들을 어떻게 배치하여 가르칠 것인지에 대한 논의가 이어져야 할 것이다.[33]

---

32) 국어 교실에서 '악곡'이나 '정재'로서의 측면을 언급하는 것은 필요하지만 그것을 해석의 표지로 삼기는 어렵다고 생각한다. '정읍'이라는 악곡이 '수제천'으로 변화했다고는 하지만 아직까지는 그 변화의 과정을 완전히 파악하지 못한 형편이고 전문가들조차 정재의 예악적 측면과 종합예술로서의 면모를 파악하기 위해서는 協業이 필요하다고 주장하는 상황에서, <정읍사>라는 노랫말에 대한 이해를 위하여 중등 교실에서 '악곡'이나 '정재'를 표지로 삼는 것은 무리라고 생각된다. 이런 이유로 이 글에서는 두 개의 표지에 국한하여 논의를 하였다.
33) 국어교육의 장에서 무엇을 어느 시기에 경험하게 할 것인지와 관련되는 위계화의 논의가 필요하다는 김대행의 주장에 적극 동의하는 바, 이 논문을 통해 고전시가 교육의 장에서 위계화의 가능성을 모색해 보고자 하였다. 김대행(2007), 「국어교육의 위계화」, 『국어교육연구』 제19집, 서울대학교 국어교육연구소, 7~43면.

4. 고전시가 해석의 깊이를 위하여

교육 내용의 조직화는 일종의 설명 논리를 만드는 일이며, 학생들이 이해할 수 있도록 설명의 서사를 만들어내는 일이다. 그런데 아직까지는 이러한 설명의 논리 내지 서사가 교육의 장에 풍성하게 제공되었다고 보기 어렵다. 여러 논자들의 주장과 논리가 도입되기는 했지만, 작품 해석에 실질적인 도움을 주지 못한 채 산발적으로 언급되고 말았다. 때로 양립할 수 없는 해석 내용이 함께 제시되기도 하고 반세기 이상 연구자들이 탐구하여 얻어낸 성과들이 한꺼번에 소개되기도 한다. 관여하는 시간 층위가 중층적이고 관련 기록마저 미흡하여 조심스럽게 접근해야 함에도 불구하고, 여러 가지 이견들과 견해들이 거칠게 제시되고 만 것이다. 그 결과 여러 이견이나 견해들이 학습자들에게 해석의 갈등을 유발하고 궁극적으로는 해석의 다양성을 경험할 수 있도록 도와주지 못했다. 오히려 여러 이견이나 견해들이 도출되기까지의 논리적 탐구의 과정이 간과됨으로써 고전시가 해석의 객관성과 타당성을 의심하게 만든 점이 없지 않다.

사실 고전시가 작품을 둘러싼 여러 가지 견해와 그 견해에 이르기까지의 추리 과정은 해석의 타당성 내지 정합성을 찾아가는 과정이라는 점에서 교육적으로 원용할 필요가 있다. 그 추리의 과정을 원용하여 시간적 중층성으로 인해 빚어진 해석의 다양성을 학생들도 경험할 수 있도록 안내함으로써 작품에 대한 깊이 있는 이해를 도모해야 할 것이다. 작품 이해의 목적과 훈련의 정도가 다르기 때문에 몰입의 정도와 깊이 또한 다를 수밖에 없겠지만, 연구자가 경험한 해석의 과정을 학습자 역시 비슷한 방식으로 경험할 필요가 있다.

이러한 관점에 따라, <정읍사>를 사례로 고전시가 해석의 다양성과 정합성 확보 방안을 모색하고자 하였다.[34] 해석의 다양성과 정합성이라는 두 마리 토끼를 잡기 위해서는, 그간 체계 없이 제시되었던 시가 연구의 성과들이 조직화되어 제시될 필요가 있음을 보이고자 했으며, 그 방법으로 시가 작품에 붙여진 국문학사적 평가어나 관련된 중요 개념, 시대적 혹은 장르적 특성 등을 표지로 삼는 방법을 제안하였다. 또한 두 개의 표지에 국한하여 <정읍사> 해석을 시도함으로써 표지를 통해 도달할 수 있는 해석의 깊이와 수준을 가늠해보고자 했다. 나아가 이러한 접근을 통해 현재의 독자들이 작품의 현재적 의미 또한 발견할 수 있음을 보이고자 했다.

일반화의 숙제를 남겨두고 있기는 하지만, 이 연구를 통해 교육의 장에서 시가 해석의 정합성과 다양성을 동시에 확보할 수 있는 방안을 제안하였는바, 해석의 맥락이 될 수 있는 표지를 선택하여 그 표지를 중심으로 여러 맥락이나 기록들, 나아가 그것에 대한 여러 견해들을 선별하여 관계망으로 구조화는 방법이 바로 그것이다. 이러한 방법에 따른 시가 해석 체험, 즉 특수성 혹은 역사성에의 깊이 있는 체험이 인간과 문학 행위 혹은 문학의 의미작용에 대한 이해, 즉 보편성 혹은 현재성의 발견으로 이어져 현재의 독자들에게도 의미 있는 해석 경험이 될 수 있다고 보았다.

고전시가에 대한 깊이 있는 이해는 타자에 대한 이해로 결국에는 내

---

34) 고려속요를 대상으로 삼아 성기옥 등이 이 문제를 제기한 바가 있다. 그러나 하나의 논문 안에서 고려속요 장르 전반에서 나타나는 해석의 난점들을 다루다 보니 다양한 해석의 가능성과 난점 등을 언급하는 차원에 머물고 말았다. 성기옥·김은미(1999), '고려속요의 문학교육적 제도 방안-고려속요에 나타난 해석의 다양성을 중심으로-」, 『교과교육학연구』 3권, 이대교과교육연구소.

안에, 혹은 우리 문화 안의 타자성을 확인하는 일로 귀결되어야 한다. 가령, 백제의 노래라는 표지를 따라감으로써 현재 정읍이라는 지역의 정체성이 <정읍사>라는 노래와도 무관하지 않다는 것을 발견하게 되는데, 이러한 경험은 과거의 노래 <정읍사> 자체에 대한 이해를 깊게 할 뿐만 아니라 과거의 노래가 과거와 현재에 미친 영향을 파악하게 하고 문학과 지역 정체성 형성의 관계에 대한 이해로도 확장될 수 있다. 또한 속악의 가사로서 고려속요가 지녔던 특성에 대한 깊이 있는 이해는 오늘날의 속악이라고 할 수 있는 대중가요의 소통 맥락을 인지하는 안목으로까지 확장될 수 있다. 현재적 의미를 애써 추구하지 않아도 고전시가에 대한 깊은 공감은 오늘날 문화 현상을 보는 안목이자 준거가 될 수 있는바 과거를 통해 현재를 볼 수 있게 된다.

결국 이 연구는 국문학사적으로 의미 있는 제안을 하려는 목적보다는 고전시가를 가르치려고 할 때 발생하는 문제에 대한 이론적 대응에 보다 목적이 놓여 있다고 하겠다. 새로운 지식을 산출하거나 사실을 발견하려는 생각에서 출발한 것은 아니지만, 연구의 분업화와 전문화라는 미명아래 미처 놓치고 있거나 소홀히 하고 있었던 시가 작품의 본질을 포착하거나 다시 생각하는 계기가 되었으면 한다. 그리고 이 연구가 궁극적으로 고전시가의 독자를 넓히는 계기가 될 수 있었으면 한다.

참고문헌

■ 자료
조선왕조실록 자료 : http://sillok.history.go.kr.
이혜구 역주(2000), 『악학궤범』, 국립국악원.
차주환 역(1972), 『高麗史樂志』, 을유문화사.

■ 저서 및 논문
강남주(1986), 『受容의 詩論』, 현대문학사.
강명혜(1998), 「고려속요의 송도성」, 『고전문학연구』 제15집, 한국고전문학회.
국어국문학회(1997), 『고려가요·악장연구』, 태학사.
권경순(1986), 「高麗俗謠는 民謠인가」, 『한국문학사의 쟁점』, 집문당.
권기호(1975), 「靑山別曲과 禪詩」, 『동양문화연구』, 동양문화연구소.
권두환·김학성 편(1984), 『古典詩歌論』, 새문사.
김대행 외(1986), 『高麗詩歌의 情緒』, 개문사.
김대행(1976), 『韓國詩歌構造研究』, 삼영사.
김대행(1989), 『우리 詩의 틀』, 문학과 비평사.
김대행(1995), 『국어교과학의 지평』, 서울대출판부.
김대행(1996), 「고려시가의 문학적 특성」, 『고려가요연구의 현황과 전망』, 성대 인
            문과학연구소 편, 집문당.
김대행(1997), 「<雙花店>의 反轉과 意味」, 『고려가요 악장 연구』(국어국문학회 편),
            태학사.
김대행(1998), 「가사 양식의 문화적 의미」, 『한국시가연구』 3집, 한국시가학회.
김대행(1998), 「매체언어교육론서설」, 『국어교육』 제97호, 한국국어교육연구학회.
김대행(1998), 「賞春曲 : 抽象의 意味」, 『南畔朴焌圭博士停年退任紀念論文集』, 동논
            총간행위원회.
김대행(2000), 『문학교육 틀짜기』, 도서출판 역락.
김대행(2007), 「국어교육의 위계화」, 『국어교육연구』 제19집, 서울대학교 국어교육

연구소, 2007.

김대행(2007), 「매체 환경의 변화와 국어교육의 방향」, 『국어교육학연구』 제28집, 국어교육학회.

김명준(2004), 『악장가사주해』, 다운샘.

김명호(1983), 「고려속요의 전반적인 성격」, 『한국시가문학연구』, 신구문화사.

김문태(1999), 「高麗俗謠의 朝鮮朝 受容樣相－성종·중종조의 고려속요 비판을 중심으로」, 『韓國詩歌研究』 제5집, 한국시가학회.

김복희(1986), 「청산별곡의 신화적 의미」, 『고려시가의 정서』, 개문사.

김석회(1999), 「고전시가 교육과 작품 해석의 개방적 정합성」, 『국어교육』 100호, 한국국어교육연구회.

김선기(2000), 「<高麗史> 樂志 俗樂歌詞에 관한 종합적 고찰」, 『韓國詩歌研究』 제8집, 한국시가학회.

김성문(2007), 「<만전춘별사>의 시적 문맥과 정서 표출 양상 연구」, 『우리문학연구』 21집, 우리문학회.

김수곤(2007), 「<정읍사>의 여성 화자 태도와 그 의미에 대한 시론적 고찰」, 『한국고전여성문학연구』 14집, 한국고전여성문학연구회.

김열규·신동욱 편집(1982), 『高麗時代의 가요문학』, 새문사.

김영수(2012), 「만전춘별사의 악장적 성격 고찰」, 『동양학』 제51집, 동양학연구소.

김완진(2000), 『향가와 고려가요』, 서울대출판부.

김정우(2000), 「이미지를 중심으로 본 매체교육의 방향」, 『선청어문』 제28집, 서울대 국어교육과.

김쾌덕(2004), 「조선 건국 초 고려 속가 수용 상황과 변개」, 『한국학논총』 38집, 한국문학회.

김쾌덕(2006), 『고려속가의 연구』, 국학자료원.

김학성(1980), 『한국고전시가의 연구』, 원광대출판부.

김학성(1982), 「경기체가」, 『한국문학연구입문』(황패강 외), 지식산업사.

김향숙(2010), 「빌헬름 보링거의 추상과 감정이입」, 『미술사학보』 34집, 한국미술사학회.

김형규(1967), 『고가요 주석』, 일조각.

김효정(2007), 『문학수용에서의 공감교육 연구』, 서울대 석사.

김홍규(1997), 「高麗俗謠의 장르적 多元性」, 『韓國詩歌研究』 제1집, 한국시가학회.

로버트 엑설로드(2009), 『협력의 진화』, 시스테마.

로트만(1991), 유재천 역, 『예술 텍스트의 구조』, 고려원.

류수열(2001), 「매체경험의 국어교육적 의의」, 『선청어문』 제29집, 서울대 국어교육과.

류종국(1990), 『古詩歌樣式論』, 계명문화사.

말틴 하이데거(1979), 『藝術作品의 根源』, 경문사.

박노준(1990), 『고려가요의 연구』, 새문사.

박노준(1995), 「시가문학사의 관점에서 본 고려속요의 정서」, 『모산학보』 제7집, 동아인문학회.

박노준(2003), 『고전시가 엮어 읽기』, 태학사.

박병탁(1990), 「정통정신분석과 자기심리학에서의 공감」, 『정신치료학』 4권 1호, 정신치료학회.

박성희(2004), 『공감학 어제와 오늘』, 학지사.

박연호(2007), 「문화 코드 읽기와 문학교육-<면양정가>와 <성산별곡>을 대상으로」, 『문학교육학』 제22호, 한국문학교육학회.

박인기(2000), 『국어교육과 미디어 텍스트』, 삼지원.

빌렘 플루서(2004), 김성재 옮김, 『피상성 예찬』, 커뮤니케이션북스.

서광선 엮음(1989), 『한의 이야기』, 보리.

서수생(1963), 「청산별곡소고」, 『경북사대 연구지』 1집, 경북대.

서영숙(2002), 『우리 민요의 세계』, 역락.

서유경(2000), 「웹에서의 국어교육설계 방향 연구」, 『고전문학과 교육』 2집, 한국고전문학교육학회.

서유경(2002), 『공감적 자기화를 통한 문학교육 연구』, 서울대 박사.

성기옥(1994), 「<악학궤범>의 시문학 사료적 가치」, 『진단학보』 77호, 진단학회.

성기옥(2000), 「악학궤범과 성종대 속악 논의 행방」, 『韓國詩歌研究』 제7집, 한국시가학회.

성기옥·김은미(1999), 「고려속요의 문학교육적 제도 방안-고려속요에 나타난 해석의 다양성을 중심으로-」, 『교과교육학연구』 3권, 이대 교과교육연구소.

성대인문과학인문연구소편(1996), 『高麗歌謠硏究의 現況과 展望』.

성현경(1972), 「청산별곡 고」, 『국어국문학』, 국어국문학회.

스티븐 홀츠만(2002), 이재현 옮김, 『디지털 모자이크』, 커뮤니케이션북스.

신동욱(1982), 「청산별곡과 평민적 삶 의식」, 『고려시대의 가요와 문학』, 새문사.

안장리(2005), 「지역경관의 문화컨텐츠 개발을 위한 토대 구축」, 『열상고전연구』 제

21집, 열상고전문학연구회.

양주동(1947), 『麗謠箋注』, 을유문화사.

양주동(1987 중판), 『麗謠箋注』, 을유문화사.

양태순(1986), 「정읍사는 백제 노래인가」, 『한국문학사의 쟁점』(장덕순 외), 집문당.

양태순(1996), 「음악적 측면에서 본 고려가요」, 『고려가요연구의 현황과 전망』(성대 인문과학연구소 편), 집문당.

여증동(1973), 「西京別曲考究」, 『金思燁博士頌壽紀念論叢』, 학문사.

여증동(1985), 「雙花店考究」, 『鄕歌麗謠硏究』(황패강, 박노준,임기중 공편), 반도출판사.

염은열(1991), 『고려속요의 미적 구조에 관한 연구』, 서울대 석사.

염은열(2000), 『고전문학과 표현교육론』, 도서출판 역락.

염은열(2001), 「19세기 무명씨 금강산가사의 생활 문화적 의미」, 『고전문학연구』 별집 8호, 한국고전문학회.

염은열(2006), 「기행가사의 공간 체험의 교육적 의미」, 『고전문학교육』 12집, 한국 고전문학교육학회.

염은열(2007), 『고전문학의 교육적 발견』, 도서출판 역락.

염은열(2008), 「교육의 관점에서 본 고전시가 해석의 다양성」, 『한국시가연구』 제24 집, 한국시가학회.

염은열(2012), 「학교 바깥 고전시가의 변용과 향유에 대한 교육적 성찰─<가시리> 를 예로─」, 『문학치료연구』 23집, 문학치료학회.

우한용(2011), 「국어국문학의 경계와 융합」, 『국어국문학』 제158호, 국어국문학회.

유효석(1996), 「서경별곡의 編詞意識」, 『고려가요 연구의 현황과 전망』, 집문당.

윤병철(1999), 『커뮤니케이션─사회학의 매듭』, 한울아카데미.

윤영옥(1991), 『高麗詩歌의 硏究』, 영남대학교 출판부.

윤영옥(1997), 「望夫石 說話와 <井邑詞>」, 『고려가요─악장 연구』(국어국문학회 편), 태학사.

윤철중(1996), 「<정석가> 고」, 『고려가요연구의 현황과 전망』, 일조각.

이능우(1979), 「고려속요의 성격」, 『고려가요연구』(국어국문학회 편), 정음문화사.

이명구(1981), 「딩하돌하 당금에 계상이다」, 『문학사상』 105호.

이명구(1984), 『高麗歌謠의 硏究』, 신아사.

이봉원(1982), 「高麗歌謠의 歌型에 대한 文體論的 一考察」, 『고려시대의 가요문학』 (김열규·신동욱 편집), 새문사.

이봉재(1989), 「이름과 지시 : 인과적 이름 이론을 중심으로」, 『哲學論究』 17집, 서울대 철학과.

이사라(1986), 「井邑詞의 情緖 構造」, 『고려시가의 정서』(김대행 외), 개문사.

이어령 외(1970), 『고전의 바다』, 현암.

이임수(1988), 「만전춘의 문학적 복원」, 『여요연구』, 형설출판사.

이푸 투안(1995), 구동회 외 옮김, 『공간과 장소』, 대윤.

이형규(2003), 『古歌謠註釋』, 일조각.

이희승(1971), 「井邑詞解釋에 대한 疑問點 二三」, 『백제연구』 2집, 충남대 백제문화
　　　　연구소.

임동권(1982), 「<동동>의 해석」, 『高麗時代의 가요문학』, 새문사.

임하최진원박사정년퇴임논총(1991), 『古典詩歌시가의 理念과 表象』, 동간행위원회.

임형택(1992), 「<井邑詞>論」, 『한국고전시가작품론1』, 집문당.

잔느 베르니스(1983), 『想像力』, 탐구당.

장덕순 外(1986), 『韓國文學史의 爭點』, 집문당.

장덕순(1975), 『韓國文學史』, 동화문화사.

장덕순(1995), 『한국문학사』, 박이정.

잭 바바렛(2009), 『감정과 사회학』, 이학사.

전국국어교사모임 매체연구부(2005), 『매체교육의 길 찾기』, 나라말.

전규태(1976), 『고려속요 연구』, 정음사.

전규태(1986), 『한국시가연구』, 고려원.

전규태(1992), 「<만전춘별사> 고」, 『고려시대의 가요 문학』, 새문사.

전택규(1975), 「별곡의 구조」, 『고려시대의 언어와 문학』, 형설출판사.

정병욱(1975), 『한국고전시가론』, 신구문화사.

정상홍(2001), 「시경 '풍'의 시가발생학적 양상 연구」, 『중국문학연구』 제22집, 한
　　　　국중문학회.

정운채(1996), 「<雙花店>과 <雙花曲>의 偏向과 江湖歌道의 論議 再考」, 『고려가
　　　　요 연구의 현황과 전망』, 집문당.

정현선(2004), 『다매체 시대의 국어교육과 문화교육』, 도서출판 역락.

정현선(2004), 「디지털 리터러시의 국어교육적 고찰」, 『국어교육학연구』 제21집, 한
　　　　국국어교육학회.

정현선(2005), 「'언어 · 텍스트 · 매체 · 문화' 범주와 '복합 문식성' 개념을 통한 미디
　　　　어교육의 국어교육적 수용에 관한 연구」, 『한국초등국어교육』 제28
　　　　집, 한국초등국어교육학회.

제러미 리프킨(2010), 『공감의 시대』, 민음사.

조규익(1990), 『鮮初樂章文學研究』, 숭실대학교 출판부.

조규익(1998), 「조선조 시가 수용의 한 측면」, 『국어국문학』 98호, 국어국문학회.

조규익(2007), 「頌禱 모티프의 연원과 전개양상」, 『고전문학연구』 제32집, 한국고전
　　　　문학회.

조동일(1976), 「경기체가의 장르적 성격」, 『학술원논문집』, 학술원.

조동일(1983), 『한국문학통사 3』, 지식산업사.

조만호(1996), 「고려가요의 정조와 악장으로서의 성격」, 『고려가요 연구의 현황과
　　　　전망』, 성대 인문과학연구소, 집문당.

조윤제(1984), 『國文學槪說』, 탐구당.

조종혁(1998), 『현실과 신화』, 외대출판부.

지헌영(1947), 『鄕歌麗謠新釋』, 정음사.

지헌영(1985), 「정읍사 연구」, 『고려시가 연구』, 정음문화사.

질베르뒤랑(1983), 『象徵的 想像力』.

천이두(1985), 『한국문학과 한』, 이우.

최미정(1991), 『고려속요의 수용사적 연구』, 서울대 박사논문.

최미정(1992), 「<동동>의 풀이와 짜임」, 『한국고전시가작품론1』, 집문당.

최미정(2002), 『고려 속요의 전승 연구』, 계명대학교 출판부.

최미정(2003), 「고려속요의 유절양식과 분련체의 관련 양상 고찰」, 『한국문학이론과
　　　　비평』 제19호, 한국문학이론과 비평학회.

최용수(1993), 『고려 가요 연구』, 계명문화사.

최용수(1996), 『한국고시가』, 태학사.

최인자(2002), 「다중문식성과 언어문화 연구」, 『국어교육』 제109호, 한국국어교육연
　　　　구학회.

최재천(2012), 『다윈지능』, 사이언스북스.

최혜실(2000), 『모든 견고한 것들은 하이퍼텍스트 속으로 사라진다』, 생각의 나무.

최혜진(2004), 「판소리 대중화를 위한 문화콘텐츠 전략」, 『비교민속학』 제27호, 비
　　　　교민속학회.

패트리시아 스턴벅, 안토니나 가르시아 공저(1999), 『사회극을 통한 우리들의 만남』,
　　　　학지사.

폴 에얼릭·로버트 온스타인(2012), 『공감의 진화』(고기탁 옮김), 에이도스.

한국고전문학회(1999), 『國文學의 口碑性과 記錄性』, 태학사.

허남춘(1996),「<동동>의 예악사상」,『고려가요연구의 현황과 전망』, 일조각.

許素羅(1979),「井邑詞 主題攷」,『一山 金俊榮先生 華甲紀念論叢』, 동논문간행위원회.

황병익(2010),「<동동> 송도지사 개효선어의 의미 고찰」,『고전문학연구』제37집, 한국고전문학회.

황패강·박노준·임기중 공편(1985),『鄕歌麗謠硏究』, 반도출판사.

N. 네그로폰테(1996), 백욱인 옮김,『디지털이다(being digital)』, 커뮤니케이션북스.

Alex Preminger & T. V . R. Brogan ed.(1992), *The New Princeton Encyclopedia of Poetics*, Princeton Uni. Press.

Amy Coplan & Peter Goldie ed.(2012), *Empathy : philosophical and psychological perspectives*, Oxford Uni. Press.

Carolyn Calloway-Thomas(2010), *Empathy in the global world*, Sage.

Christian Keysers(2011), *The empathic brain*, Kindle E-book.

David H. Richter(1994),『*Falling into theory-Conflicting views on reading literature*』, Bedford Books of St. Martin's Press(boston).

Marco Iacoboni(2008), *Mirroring people*, Picador.

Michael Holquist(1990), *Dialogism : Bakhtin and his World*.